Management de projet

Un référentiel de connaissances

Management de projet

Un référentiel de connaissances

AFNOR

Concernant les examens de la Certification PMP, **le référentiel est le** *PMBok guide : a guide to the Project Management Body of Knowledge.*

Management de projet. Un référentiel de connaissances est traduit de l'anglais de ***A Guide to the Project Management Body of Knowledge*** du PMI's edition (2e édition, 1996)

ISBN : 2-12-470712-4

AFNOR - Tour Europe - 92049 Paris La Défense Cedex - Tél. : 01 42 91 55 55.

SOMMAIRE

II DOMAINES DU MANAGEMENT DE PROJET

III ANNEXES

Préface au PMBOK

Le *Project Management Institute Chapitre Français* se félicite de la publication du *PMBOK*. Cet ouvrage de référence, dédié au management de projet, répond aux besoins des professionnels pour l'ensemble des secteurs d'activité.

L'essor du management de projet renvoie à une double nécessité, économique et sociale. Les entreprises, confrontées à une concurrence mondialisée, ne trouvent plus dans les organisations traditionnelles, pyramidales ou tayloriennes, les modes adaptés à leur développement.

La nécessité de progresser dans la gestion du triangle d'or coût-délai-qualité, implique d'adopter un nouveau management de projet : ses méthodes, ses processus et son langage. Pour atteindre cet objectif, les entreprises doivent disposer à l'échelle mondiale d'un standard. Cette approche normalisée devenant une nouvelle frontière, tant pour conquérir des marchés que pour réorganiser les entreprises.

Quel est le standard en management de projet, aujourd'hui ?

Le *Projet Management Institute* (**PMI**), créé en 1969, est la plus grande organisation internationale en management de projet. Il est constitué de plus de 40 000 membres provenant de tous les secteurs d'activité.

Cette fédération indépendante est représentée par 135 Chapitres répartis sur 42 pays, auxquels s'ajoutent 8 Chapitres étudiants et 50 Chapitres potentiels. Elle dispose de SIG (*Specific Interest Groups*) qui sont autant de forums et de réseaux de compétence regroupés par secteur d'activité, tels que : *l'aéronautique et la défense ; l'automobile ; la construction ; l'énergie ; les systèmes d'information ; les télécommunications ; etc.*

Le PMI propose à la fois un standard : le corpus de connaissances en management de projet, le *Project Management Body of Knowledge* (PMBOK), objet de cette traduction, et une Certification en management de projet s'y référant : *Project Management Professionals (PMP).* Cette certification confère aux professionnels qui la détiennent une légitimité supplémentaire : près de 8 000 personnes sont actuellement certifiées PMP.

La naissance du PMI a pour origine un constat : les pratiques et les méthodes requises pour le management des projets sont communes à tous les secteurs d'activité. C'est sur la base de cette orientation qu'a été bâti le *PMBOK*. Avec cette synthèse, les professionnels des projets peuvent désormais s'appuyer sur le référentiel mondial et partager ainsi le même langage.

Cette traduction en français devenait indispensable pour tous les acteurs francophones du management de projet, la méconnaissance de l'anglais étant un frein à la diffusion de ce standard dans nos pays. Il est utile de préciser que cet ouvrage va être traduit sous peu, en : allemand, coréen, espagnol, japonais et portugais.

Le *PMBOK* est élaboré sur la base des meilleurs pratiques en management de projet et des techniques avancées. Il offre, dans le cadre d'une approche systémique, une synthèse accessible pour l'ensemble des acteurs concernés par le management de projet, intégrant : les connaissances, les processus, les méthodes, les techniques, les outils et une terminologie.

Ce standard est élaboré à partir des neuf grands domaines de connaissance du management de projet, que sont : l'intégration du projet, le contenu du projet, les délais du projet, les coûts du projet, la qualité du projet, les ressources humaines du projet, la communication du projet, les risques du projet et les approvisionnements du projet.

Toute la richesse de ce livre se trouve dans la description exhaustive et parfaitement structurée des processus et de leurs interactions, intégrée dans une vision globale.

Par son pragmatisme, sa rigueur et son universalité, ce référentiel constitue un outil indispensable pour toutes les entreprises et les organisations. Il les appuiera efficacement dans leur développement et la mise en œuvre de leurs projets.

J'ai la conviction que cet ouvrage vous aidera dans vos projets.

Stéphane Derouin
Président du PMI Chapitre Français

Avant-propos

Ce présent document *Management de projet. Un référentiel de connaissances* est la traduction française du *PMBOK Guide. A guide to The Project Management Body of Knowledge* (Corpus des connaissances en management de projet), issu du *PMI Standards Committe.* Ce PMBOK Guide de 1996 remplace l'édition parue en 1987. Afin de faciliter l'utilisation de ce nouveau document aux personnes connaissant les précédentes éditions en langue anglaise, nous avons repris ci-après les principales différences.

1. Le titre a été changé pour bien mettre l'accent sur le fait que ce document n'est pas le PMBOK. Le document de 1987 définissait le PMBOK comme «l'ensemble des questions d'actualité, domaines de réflexion et processus intellectuels qui sont impliqués dans la mise en œuvre de principes de management de base dans les projets». En termes clairs, un seul document ne pourra jamais contenir l'ensemble du PMBOK.

2. L'articulation des chapitres a été complètement repensée. Les titres des chapitres nouveaux sont :

- **Introduction**, qui explicite l'objectif du document et développe la définition des termes de «projet» et «management de projet».
- **Contexte du management de projet**, qui traite du contexte dans lequel les projets sont menés : le cycle de vie du projet, les attentes des parties prenantes, les influences extérieures, et les compétences clés en management de projet.
- **Processus du management de projet**, qui décrit les interactions entre les divers éléments du management de projet.

3. La définition du «projet» a été révisée. Nous recherchions une définition qui était tout à la fois exhaustive (qu'il ne puisse y avoir une entreprise considérée généralement comme un projet qui ne corresponde pas à la définition) et exclusive (qu'il ne puisse y avoir une entreprise qui corresponde à la définition et ne soit pas considérée habituellement comme un projet). Nous avons revu de nombreuses définitions du projet dans la littérature existante et aucune ne nous a semblé complètement satisfaisante. La nouvelle définition insiste sur l'unicité d'un projet : un projet est une entreprise temporaire réalisée en vue de créer un produit ou un service unique.

4. Le concept de cycle de vie du projet a été revu. Le document de 1987 définissait les phases du projet comme des subdivisions du cycle de vie du projet. Nous avons réorganisé cette vision et défini le cycle de vie du projet comme un ensemble de phases dont le nombre et les désignations sont déterminés par les besoins de contrôle de l'organisme en charge du projet.

5. Les parties principales précédemment appelées fonctions ont été rebaptisées disciplines. Le terme fonction a souvent été compris à tort comme un élément d'une organisation fonctionnelle. Cette nouvelle appellation devrait éviter pareille erreur de compréhension.

6. Nous avons officiellement reconnu l'existence d'une neuvième discipline. Il existe depuis quelque temps déjà un consensus pour reconnaître le management de projet en tant que processus de coordination. Le chapitre 4, **Management de l'intégration du projet**, donne à ce sujet toute son importance.

7. Nous avons ajouté le mot « projet » à chacun des titres des disciplines. Bien que cela paraisse redondant, cela permet de clarifier le contenu du document. Par exemple, le chapitre **Management des ressources humaines** ne traite uniquement que des aspects des ressources humaines qui sont spécifiques ou quasi spécifiques à l'environnement du projet.

8. Nous avons choisi de décrire les disciplines par les processus qui les composent. La recherche d'une méthode de présentation nous a conduit à restructurer entièrement le document de 1987 en trente-sept « processus de management de projet ». Chaque processus est décrit en termes de données d'entrée, de données de sortie ainsi que d'outils et méthodes. Les données d'entrée et données de sortie sont des documents (par exemple, l'état d'avancement du contenu) ou des éléments susceptibles d'être documentés (par exemple, liaisons logiques entre activités). Les outils et méthodes sont les mécanismes appliqués aux données d'entrée pour produire les données de sortie. En plus de sa grande simplicité de forme, cette approche présente de nombreux autres avantages :

- Elle met l'accent sur les interactions entre disciplines. Les données de sortie d'un processus deviennent les données d'entrée de l'autre.
- La structure est souple tout en étant bien définie. Des modifications dans la connaissance et dans les pratiques peuvent être assimilées en ajoutant un nouveau processus, en réarrangeant les séquences de processus, en créant des subdivisions à l'intérieur des processus, ou en ajoutant des descriptifs à l'intérieur d'un processus.

– Les processus forment le cœur d'autres normes. Par exemple, les normes de la qualité de l'*International Organization for Standardization* (la série ISO 9000) sont basées sur l'identification des processus commerciaux.

9. Nous avons ajouté quelques illustrations. Lorsqu'il s'agit d'organigrammes des activités, de diagrammes de réseau et de courbes en S, un croquis vaut mieux que de longues phrases.

10. Nous avons réorganisé le document de manière significative. Le tableau ci-après permet de comparer les principaux titres de chapitres du document de 1987 et du document actuel :

Numérotation et désignation de 1987	Numérotation et désignation de 1997
0. Normes du PMBOK	B. Évolution du Guide du PMBOK
1. Cadre général : Logique de conception	1. Introduction (Principales définitions) 2. Contexte du management de projet (cycles de vie)
2. Cadre général : Vue d'ensemble	1. Sections diverses 2. Sections diverses 3. Sections diverses
3. Cadre général : Modèle de coordination	3. Processus du management de projet 4. Management de l'intégration du projet
4. Glossaire des termes généraux	IV. Glossaire
A. Management du contenu	5. Management du contenu du projet
B. Management de la qualité	8. Management de la qualité du projet
C. Management des délais	6. Management des délais du projet
D. Management du coût	7. Management des coûts du projet
E. Management des risques	11. Management des risques du projet
F. Management des ressources humaines	9. Management des ressources humaines du projet
G. Management des approvisionnements	12. Management des approvisionnements du projet
H. Management de la communication	10. Management de la communication du projet

11. La liste des objectifs ne mentionne plus « la classification ». Ce document, comme la version de 1987, propose un cadre pour organiser la connaissance en management de projet, mais ni l'un ni l'autre ne sont spécialement des outils de classification. Premièrement, la liste des questions abordées n'est pas exhaustive – ne sont pas comprises les pratiques innovantes ou inhabituelles. Ensuite, de nombreux éléments n'appartiennent pas qu'à une seule discipline ou à un seul processus, si bien que les catégories ne sont pas uniques.

Nous prévoyons des mises à jour régulières de ce document. Nous vous remercions de nous adresser vos commentaires à :

– *Version en langue anglaise*

PMI Standards Committee
4, Campus Boulevard
Newton Square PA 19073-3299
USA
Phone : 610-356-4600
Fax : 610-356-4647
E-mail : chap@pmi.org
Website : http//www.pmi.org

– *Version en langue française*

PMI Chapitre Français
12, avenue Léonard de Vinci
92916 Paris la Défense Cedex
Tél. : 01 41 16 73 39
Fax : 01 41 16 73 15
E-mail : ph.gonnet@hol.fr
Site Web : http//www.pmi.org/chapter/France

CADRE DU MANAGEMENT DE PROJET

I

1 INTRODUCTION

Le *Corpus des connaissances en management de projet (PMBOK)* est un terme générique qui englobe la totalité des connaissances nécessaires pour la profession de management de projet. Comme pour d'autres professions, telles que le droit, la médecine ou la comptabilité, ce corpus dépend des praticiens et des enseignants qui l'utilisent et le font progresser. Ce corpus comprend la connaissance des méthodes éprouvées et classiques, largement utilisées, mais aussi celle des techniques avancées dont l'usage est encore relativement limité.

Ce chapitre définit et explique plusieurs termes fondamentaux et offre un survol général du reste de l'ouvrage. Il comprend les sections suivantes :

1.1 Objectif de l'ouvrage

1.2 Qu'est-ce qu'un projet ?

1.3 Qu'est-ce que le management de projet ?

1.4 Liens avec les autres disciplines de management

1.5 Notions connexes

1.1 Objectif de cet ouvrage

L'objectif premier de cet ouvrage est de définir et de décrire les éléments du corpus qui sont d'un **usage généralisé**. Par usage généralisé, on veut dire que les connaissances et les méthodes décrites sont applicables à la plupart des projets, la majorité du temps, et qu'il s'est établi un consensus général sur leur valeur et leur utilité. Cela ne signifie pas que ces connaissances et ces méthodes soient ou devraient être utilisées uniformément pour tous les projets ; l'équipe de management de projet est toujours responsable du choix de ce qui est approprié dans le cas de son propre projet.

Ce livre a également pour objectif d'offrir un langage commun à la profession, lorsqu'elle parle de management de projet. Le management de projet est en effet une profession relativement jeune, et bien qu'il existe une pratique commune assez large dans l'action, la terminologie utilisée est assez variée.

Cet ouvrage fournit une référence de base pour quiconque est intéressé par le management de projet. Ce public comprend, de façon non limitative :

– les chefs de projet et les autres membres des équipes de projet,

- les directeurs des chefs de projet,
- les clients des projets et les autres parties prenantes,
- les responsables de services fonctionnels, dont les membres sont impliqués dans les projets,
- les enseignants en management de projet et disciplines connexes,
- les consultants et autres spécialistes en management de projet,
- les formateurs qui développent des programmes éducatifs en management de projet.

En tant qu'ouvrage de référence, ce livre ne prétend être ni exhaustif, ni totalement détaillé. L'annexe E concerne l'extension pour les domaines de développements, et l'annexe F donne une liste de références afin d'obtenir des informations complémentaires sur le management de projet.

Cet ouvrage est également utilisé par le *Project Management Institute (PMI)* comme référentiel pour ses programmes de développement professionnel, à savoir :

- la certification professionnelle en management de projet (PMP),
- l'accréditation des programmes de formation préparant à un diplôme en management de projet.

1.2 Qu'est-ce qu'un projet ?

Les entreprises (ou organisation) réalisent des travaux. Ces travaux consistent normalement, soit en opération, soit en projet, bien que les deux puissent se recouvrir. Les opérations et les projets ont beaucoup de caractéristiques communes, par exemple, ils sont :

- réalisés par des personnes,
- soumis à la contrainte de ressources limitées,
- programmés, réalisés et contrôlés.

Les opérations et les projets diffèrent en premier lieu parce que les opérations sont permanentes et répétitives, alors que les projets sont temporaires et uniques. Un projet peut, en effet, être défini par certains traits caractéristiques : un projet est une entreprise temporaire, décidée en vue de produire un résultat unique, produit ou service. **Temporaire** signifie que tout projet a un début et une fin explicites ; **unique** signifie que le produit ou le service possède des traits distinctifs de tout autre produit ou service similaire.

Des projets sont entrepris à tous les niveaux d'une organisation. Ils peuvent impliquer une seule personne ou des milliers. Leur achèvement peut nécessiter moins de 100 heures ou plus de 10 millions d'heures de travail. Les projets peuvent concerner un seul département d'une entreprise ou dépasser le cadre de l'organisation, comme c'est le cas dans les groupements d'entreprises et les joint-ventures. Les projets constituent souvent des éléments critiques dans la stratégie des entreprises. On peut citer par exemple :

- le développement de nouveaux produits ou services,
- les modifications dans la structure, la hiérarchie ou le mode de fonctionnement d'une organisation,
- la conception d'un nouveau véhicule de transport,
- le développement ou l'acquisition d'un système d'information nouveau ou modifié,
- la construction d'un bâtiment ou d'une installation,
- la conduite d'une campagne électorale,
- la mise en place de nouvelles méthodes de travail.

1.2.1 Temporaire

Temporaire signifie que tout projet a un début et une fin explicites. La fin se produit lorsque les objectifs du projet ont été atteints, ou lorsqu'il devient évident que les objectifs du projet ne seront pas ou ne peuvent pas être atteints, et que le projet est abandonné. Temporaire ne veut pas nécessairement dire de courte durée ; un certain nombre de projets durent plusieurs années. Mais dans tous les cas, la durée d'un projet est une valeur finie ; les projets ne sont pas des opérations permanentes.

En outre, temporaire ne s'applique généralement pas au produit ou au service obtenu par le projet. Beaucoup de projets sont entrepris pour obtenir un résultat durable. Par exemple, le projet de construction d'un monument national doit conduire à un résultat que l'on espère durer des siècles.

De nombreuses opérations sont temporaires du fait qu'elles s'achèvent à un moment donné. Par exemple, les opérations de montage sur une chaîne d'automobiles peuvent être arrêtées et l'usine elle-même être démantelée. Les projets sont fondamentalement différents parce que le projet cesse d'exister quand son objectif déclaré a été atteint, alors que des opérations adoptent et évoluent vers une nouvelle série d'objectifs et continuent d'exister.

La nature temporaire des projets peut s'appliquer aussi à d'autres aspects, par exemple :

- L'opportunité ou le créneau du marché est généralement temporaire – de nombreux projets n'ont qu'une période limitée pour générer leur produit ou service.
- L'équipe de projet, en tant qu'équipe, survit rarement au projet – beaucoup de projets sont réalisés par des équipes réunies dans le seul but de leur réalisation, et lorsque le projet est terminé, l'équipe est dissoute et ses membres affectés ailleurs.

1.2.2 Produit ou service unique

Les projets comportent l'exécution d'activités qui n'ont pas été accomplies précédemment, et qui sont donc uniques. Un produit ou service peut être unique même s'il appartient à un domaine très vaste. Par exemple, des milliers d'immeubles de bureaux ont été édifiés, mais chaque installation est unique – propriétaires différents, emplacements différents, constructeurs différents, conceptions différentes, ...

L'existence d'éléments répétitifs ne modifie pas l'unicité fondamentale de l'ensemble, par exemple :

- un projet de développement d'un nouvel avion commercial peut conduire à plusieurs prototypes,
- un projet de commercialisation d'un nouveau produit pharmaceutique peut demander la préparation de milliers de doses pour les essais cliniques,
- un projet immobilier peut comporter des centaines de logements individuels.

Parce que le résultat de chaque projet est unique, les caractéristiques distinctives du produit ou du service doivent être élaborées progressivement. Élaborer signifie que l'on procède par étapes ; progresser régulièrement peu à peu, signifie œuvrer avec le souci du détail ; travailler minutieusement [1]. Les caractéristiques distinctives doivent être fixées de manière générale dès le début du projet et sont précisées et détaillées au fur et à mesure que l'équipe de projet acquiert une compréhension meilleure et plus complète du produit.

L'élaboration progressive des caractéristiques du produit doit être soigneusement confrontée à la définition du contenu réel du projet, surtout si celui-ci est réalisé sous contrat. S'il est bien défini, le contenu du projet – le produit à réaliser – doit rester permanent même si les caractéristiques du produit sont élaborées petit à petit. Les relations entre le contenu du produit réalisé et le contenu du projet seront étudiées au chapitre 5.

Les deux exemples suivants illustrent cette élaboration progressive dans deux domaines d'application différents.

Exemple 1

Un atelier de produits chimiques prend naissance dans le service des procédés d'une ingénierie, pour y définir les caractéristiques du produit. Ces caractéristiques sont utilisées pour définir les équipements principaux de l'atelier. Ces informations deviennent la base des études de conception, qui conduisent, d'une part aux implantations détaillées, d'autre part aux spécifications mécaniques des équipements principaux et auxiliaires. On en déduit les plans de détail qui conduisent aux plans d'exécution (isométriques de construction). Pendant la construction, des interprétations et des adaptations peuvent se révéler nécessaires et sont soumises à approbation. Cette élaboration progressive des caractéristiques est formalisée sous la dénomination de « plans conformes à l'exécution ». Durant les essais et la mise en service, une ultime adaptation est souvent effectuée, sous forme d'ajustements opérationnels.

Exemple 2

Le résultat d'un projet de recherche biopharmaceutique peut être initialement qualifié d'« essais cliniques de XYZ », puisque le nombre d'essais, et l'ampleur de chacun d'eux est encore inconnu. Quand le projet avance, le travail peut être décrit plus explicitement par « trois essais phase I, quatre essais phase II et deux essais phase III ». L'étape suivante de l'élaboration progressive peut se concentrer exclusivement sur le protocole des essais de phase I – combien de patients recevront telles doses et avec quelle fréquence. Dans l'étape finale du projet, les essais de phase II seront explicitement définis sur la base des informations recueillies et analysées au cours des essais de phases I et II.

1.3 Qu'est-ce que le management de projet ?

Le management de projet est l'application des connaissances, des compétences, des outils et des méthodes, aux activités d'un projet, en vue d'atteindre ou de dépasser les besoins et les attentes des parties prenantes du projet. Atteindre ou dépasser les besoins et les attentes des parties prenantes signifie que l'on trouve un équilibre entre des contraintes concurrentes, telles que :

- contenu, coût, délai et qualité,
- besoins et attentes différentes entre les parties prenantes,

– exigences identifiées (besoins) et non identifiées (attentes).

Le terme management de projet est parfois employé pour décrire une nouvelle approche organisationnelle du management quotidien de l'entreprise. Cette approche, appelée plus correctement management **par** projet, traite un grand nombre d'aspects d'opérations courantes comme s'ils étaient des projets, afin de leur appliquer les méthodes du management de projet. Bien qu'une bonne compréhension du management de projet soit évidemment nécessaire pour une organisation du management par projet, l'étude détaillée de cette approche sort du contenu du présent ouvrage.

La connaissance du management de projet peut être exposée de diverses façons. Le présent ouvrage comporte deux parties principales, divisées en douze chapitres, qui sont présentés ci-après.

1.3.1 Cadre du management de projet

La première partie, **Cadre du management de projet**, présente une structure de base pour la compréhension du management de projet.

Le chapitre 1, **Introduction,** définit les termes clés, et donne une vue générale sur l'ensemble du document.

Le chapitre 2, **Contexte du management de projet**, décrit l'environnement dans lequel un projet se déroule. L'équipe de management du projet doit comprendre ce contexte plus large ; la gestion au jour le jour des activités du projet est nécessaire à son succès, mais n'est pas suffisante.

Le chapitre 3, **Processus du management de projet**, donne une vue générale de la façon dont les divers processus du management de projet interagissent habituellement. Comprendre ces interactions est indispensable pour comprendre le contenu des chapitres 4 à 12.

1.3.2 Disciplines du management de projet

La partie II, **Disciplines du management de projet**, décrit ces connaissances et leur pratique, en termes de processus constitutifs. Ces processus ont été organisés en neuf domaines de connaissance, comme décrit ci-après, et illustré par la figure 1.1.

Le chapitre 4, **Management du projet**, décrit les processus requis pour assurer l'intégration correcte des divers éléments du projet. Cela comporte l'élaboration du plan de projet, la mise en œuvre du plan de projet et la maîtrise d'ensemble des modifications.

Figure 1.1 Vue d'ensemble des disciplines et des processus du management de projet.

Le chapitre 5, **Management du contenu du projet**, décrit les processus qui permettent d'assurer que le projet prévoit toutes les activités nécessaires, et seulement elles, pour réaliser le projet avec succès. Il comporte le démarrage du projet, la planification, la définition et la vérification du contenu, et la maîtrise des modifications du contenu du projet.

Le chapitre 6, **Management des délais du projet**, décrit les processus nécessaires pour assurer la réalisation du projet en temps voulu. Cela comporte l'identification des activités, le séquencement des activités, l'estimation de la durée des activités, l'ordonnancement des activités et la maîtrise du planning.

Le chapitre 7, **Management des coûts du projet**, décrit les processus nécessaires à l'exécution du projet dans les limites budgétaires fixées. Il comporte : la planification des ressources, l'estimation des coûts, la budgétisation et la maîtrise des coûts.

Le chapitre 8, **Management de la qualité du projet**, recouvre les processus nécessaires pour assurer que le projet répondra aux besoins pour lesquels il a été entrepris. Il comporte : la planification de la qualité, l'assurance de la qualité et la maîtrise de la qualité.

Le chapitre 9, **Management des ressources humaines du projet**, décrit les processus nécessaires au meilleur emploi possible des personnels impliqués dans le projet. Il comporte la planification de l'organisation, l'obtention des ressources humaines des effectifs et le développement de l'équipe.

Le chapitre 10, **Management de la communication du projet**, décrit les processus qui permettent d'assurer en temps voulu et de façon appropriée la rédaction, la collecte, la diffusion, la conservation et le traitement final des informations du projet. Cela comporte la planification des communications, la diffusion de l'information, les rapports d'avancement et la clôture administrative.

Le chapitre 11, **Management des risques du projet**, traite des processus permettant l'identification, l'analyse et la prise en compte des risques de projet. Il concerne l'identification des risques, la quantification des risques, l'élaboration d'une réponse aux risques et la maîtrise des réponses aux risques.

Le chapitre 12, **Management des approvisionnements du projet**, décrit les processus mis en jeu pour l'acquisition de biens et services extérieurs à l'organisation en charge du projet. Il comprend le programme d'approvisionnement, le programme de consultation, les consultations, le choix des fournisseurs, la gestion des contrats et la clôture des contrats.

1.4 Liens avec les autres disciplines de management

Bien des connaissances nécessaires au management de projet sont spécifiques ou presque spécifiques à cette activité (par exemple, l'analyse du chemin critique ou structure de découpage du projet). Cependant, le PMBOK recouvre partiellement d'autres disciplines de gestion, comme illustré dans la figure 1.2.

Le management en général englobe la programmation, l'organisation, l'encadrement, l'exécution et le contrôle des opérations dans une entreprise. Il recouvre aussi des disciplines d'appui, telles que l'informatisation, le droit, la théorie des probabilités et la statistique, la logistique et la gestion du personnel.

Le PMBOK recouvre le management dans de nombreux domaines – conduite organisationnelle, prévisions financières et méthodes de planification stratégique, pour n'en citer que quelques-uns. Le paragraphe 2.4 traite plus amplement de cette question.

Les domaines d'application sont des catégories de projet partageant des éléments significatifs communs, qui n'existent pas nécessairement dans tous les projets. Les domaines d'application sont généralement définis en termes de :

- caractéristiques techniques, telles que développement de logiciels, produits pharmaceutiques ou génie civil ;
- caractéristiques managériales, telles que marchés publics ou développement de produits nouveaux ;
- domaines économiques, tels que automobile, produits chimiques ou services financiers.

L'annexe E présente une discussion plus détaillée sur les domaines d'application du management de projet.

1.5 Notions connexes

Certains types d'opérations sont très proches de la notion de projet. Ce sont les suivants :

- **Programme**

Un programme est un groupe de projets conduits d'une façon coordonnée, afin d'en obtenir un résultat global que ne permettrait pas un management indépendant de chacun d'eux [2]. Beaucoup de programmes incluent également des opérations courantes, par exemple :

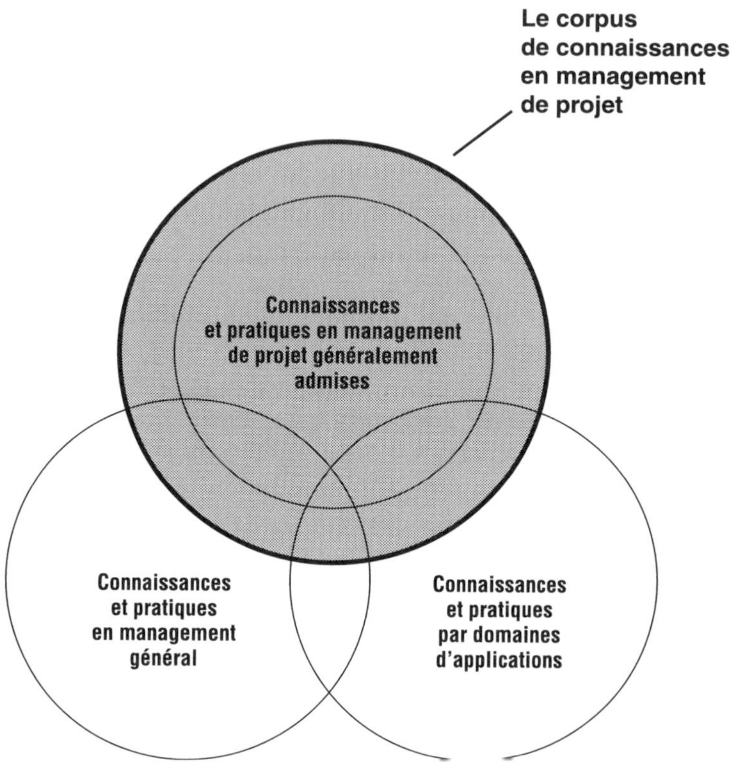

Cette figure est une illustration de ces relations.
Les recouvrements indiqués ne sont pas proportionnels.

Figure 1.2 Lien entre le management de projet et les autres disciplines de gestion.

– le « programme de l'avion XYZ » comprend tout à la fois le projet, ou les projets d'étude et de développement de l'avion, puis sa fabrication en série et le soutien logistique des escadrilles ;
– beaucoup d'entreprises d'électronique ont des « directeurs de projet » qui sont à la fois responsables du développement unitaire des produits et de la coordination des différentes versions au cours du temps (opérations récurrentes).

Les programmes peuvent également comporter un certain nombre d'activités cycliques ou répétitives, par exemple :

– les services publics parlent souvent de « programme annuel d'investissement », qui constitue une opération régulière et répétitive impliquant de nombreux projets ;
– beaucoup d'organismes sans but lucratif ont des « programmes de collecte de fonds » régulièrement menés pour obtenir des subsides, qui comportent souvent une série de projets du genre recherche d'adhérents ou vente aux enchères ;
– la publication d'un journal ou d'une revue est aussi un programme – la publication elle-même nécessite un effort continu, mais chaque numéro est un projet.

Dans quelques domaines d'application, le management de programme et le management de projet sont considérés comme synonymes ; dans d'autres, le management de projet est un sous-ensemble du management de programme. Plus rarement, c'est le management de programme qui est un sous-ensemble du management de projet. Cette diversité d'acception rend indispensable de faire précéder toute discussion sur ce sujet d'un accord sur le sens précis de chacun des termes, management de projet et management de programme.

- **Sous-projets**

Les projets sont souvent décomposés en éléments plus faciles à gérer, les sous-projets. L'exécution de ces sous-projets est souvent confiée à des entreprises extérieures ou à des unités fonctionnelles indépendantes de l'organisme en charge du projet. On peut citer comme exemples de sous-projets :

– une phase simple du projet (les phases du projet sont décrites au paragraphe 2.1),
– les installations de plomberie ou d'électricité dans un projet de bâtiment,
– les tests automatisés de programmes informatiques lors d'un projet de développement de logiciel,

– la fabrication d'un grand nombre de doses pour permettre les essais cliniques d'un nouveau médicament pendant un projet de recherche et de développement.

Cependant, du point de vue de l'entreprise en charge de l'ensemble du projet, un sous-projet est plus souvent considéré comme un service que comme un produit, et le service est unique. En conséquence, les sous-projets sont typiquement envisagés comme des projets et gérés comme tels.

2 CONTEXTE DU MANAGEMENT DE PROJET

L'ensemble des projets et le management de projet se déroulent dans un environnement plus large que celui d'un projet particulier. L'équipe de management de projet doit être consciente de ce contexte élargi. La gestion au jour le jour est nécessaire au succès, mais n'est pas suffisante. Ce chapitre décrit des aspects clés du contexte du management de projet qui ne sont pas couverts dans d'autres parties de cet ouvrage. Les sujets abordés sont :

2.1 Phases du projet et cycle de vie du projet

2.2 Parties prenantes au projet

2.3 Influences organisationnelles

2.4 Compétences clés en management

2.5 Influences socio-économiques

2.1 Phases du projet et cycle de vie du projet

Parce que les projets sont des réalisations uniques, ils comportent un certain degré d'incertitude. Les organisations qui réalisent des projets les décomposent généralement en plusieurs *phases de projet*, pour assurer une meilleure gestion et des liens compatibles avec leurs opérations courantes. L'ensemble des phases du projet constitue le *cycle de vie du projet.*

2.1.1 Caractéristiques des phases du projet

Chaque phase du projet est marquée par l'achèvement d'un ou plusieurs livrables. **Un livrable** est un résultat tangible et vérifiable, par exemple une étude de faisabilité, une étude de détail ou un prototype en ordre de marche. Les livrables, et par conséquent les phases, sont les éléments d'un déroulement séquentiel logique, étudié pour assurer la définition correcte du résultat de projet.

La conclusion d'une phase de projet est généralement marquée par une revue des livrables majeurs, et également des performances du projet en vue de :

a) décider si le projet doit passer à la phase suivante,

b) déceler et corriger efficacement les erreurs ayant un impact sur les coûts.

Ces revues de fin de phase sont souvent appelées **revues de projet** ou **revue de contrôle.**

Chaque phase de projet comporte normalement la présentation d'une série de résultats définis en fonction du niveau souhaité pour la maîtrise du projet. La majeure partie de ces résultats est liée au résultat du principal livrable de la phase, et les phases tirent leur désignation de cet élément : analyse du besoin, ingénierie, construction, documentation, démarrage, révision,..., suivant le cas. Plusieurs cycles de vie de projet typiques sont décrits au paragraphe 2.1.3.

2.1.2 Caractéristiques du cycle de vie du projet

La notion de cycle de vie est utilisée pour définir le début et la fin du projet. Par exemple, lorsqu'une organisation décèle qu'il peut saisir une opportunité, il devra souvent effectuer une étude de faisabilité avant de décider s'il va entreprendre le projet. La définition du cycle de vie du projet doit déterminer si cette étude de faisabilité doit être considérée comme la première phase du projet, ou si c'est un projet indépendant.

La définition du cycle de vie permet de déterminer quelles activités de transition en fin de projet doivent être comprises dans celui-ci, ou en être exclues. De cette façon, la définition du cycle de vie du projet peut être utilisée pour relier celui-ci aux opérations courantes de l'entreprise.

La succession des phases dans la plupart des cycles de vie du projet implique généralement une forme de transfert de technologie, ou de livraison, tels que spécifications pour ingénierie, construction pour la mise en route, ou études pour la fabrication.

Les livrables de la phase amont sont généralement approuvés avant le début de la phase suivante. Néanmoins, une phase amont peut parfois être lancée avant l'approbation des livrables de la phase aval, lorsque le risque pris est jugé acceptable. Cette pratique de recouvrement des phases est souvent appelée « exécution par chevauchement » (*fast tracking*).

Les cycles de vie d'un projet définissent généralement :

- quels travaux techniques doivent être effectués dans chaque phase (par exemple, est-ce que le travail de l'architecte fait partie de la phase de définition ou de la phase d'exécution ?) ;
- qui doit être impliqué dans chaque phase (par exemple, l'ingénierie concourante requiert la participation des réalisateurs à l'analyse des besoins et aux études) ?

Les descriptions du cycle de vie peuvent être très générales ou très détaillées. Les descriptions très détaillées peuvent comporter de nombreux formulaires, tableaux et listes de contrôle, pour expliquer la structure et la teneur des phases. Des approches aussi détaillées sont souvent appelées méthodologies de management de projet.

Bien des descriptions des cycles de vie de projet présentent des caractéristiques communes, comme :

- L'importance des dépenses et de l'équipe de projet est faible au début, augmente lorsque l'on avance et chute rapidement lorsque le projet tend vers son achèvement. Ce modèle est illustré dans la figure 2.1.
- Les incertitudes sont les plus élevées au début du projet, la probabilité d'achever favorablement le projet croît progressivement avec son avancement.
- La possibilité pour les parties prenantes d'infléchir les caractéristiques finales du produit, et le coût global du projet, est maximale au début du projet, et décroît progressivement avec son avancement. La cause majeure de ce phénomène est que le coût des modifications et de la correction des erreurs augmente généralement avec l'avancement du projet.

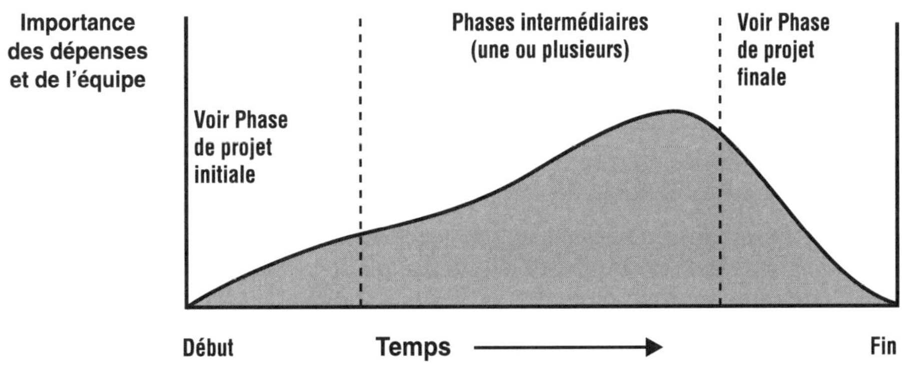

Figure 2.1 Exemple typique de cycle de vie d'un projet.

On doit prêter attention à distinguer entre le cycle de vie du projet et le cycle de vie du produit (ouvrage) résultant du projet. Par exemple, le projet qui permet de produire un nouvel ordinateur de bureau sur le marché n'est que la première phase du cycle de vie du produit.

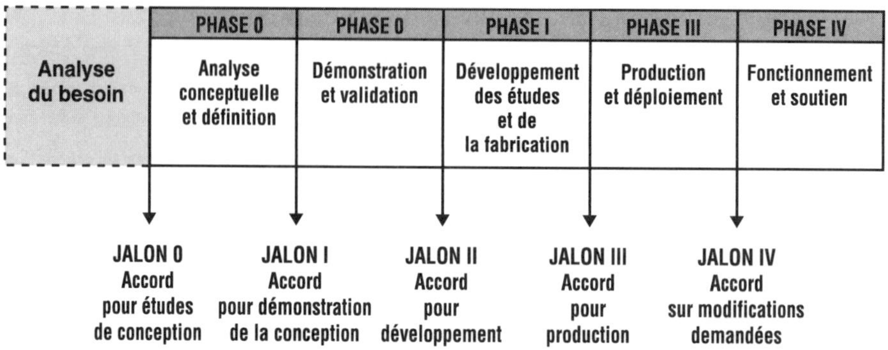

Figure 2.2 Exemple de cycle de vie d'un approvisionnement, selon US DoD 5000.2 (rév. 26.2.93).

Bien que de nombreux cycles de vie de projet utilisent des noms de phases similaires pour des travaux similaires, bien peu sont identiques. Beaucoup comportent quatre ou cinq phases, mais quelques-uns en ont neuf ou plus. Jusque dans le même domaine d'application, il peut exister des variations significatives.

Dans une société, le cycle de vie de développement de logiciels peut avoir une phase d'étude unique, alors que dans un autre il aura des phases séparées pour les études fonctionnelles et de détail.

À l'intérieur des projets, les sous-projets peuvent aussi avoir des cycles de vie distincts. Par exemple, un cabinet d'architecte effectuant le projet d'un nouveau bâtiment de bureaux participe d'abord à la phase de définition avec le propriétaire, quand il effectue l'étude, et à la phase de mise en œuvre, lorsqu'il participe à la supervision des travaux. Le projet d'étude de l'architecte, cependant, possède son propre phasage, de l'étude conceptuelle à la finition, en passant par la définition et la mise en œuvre. L'architecte peut même considérer l'étude des installations et la supervision des travaux comme des projets distincts, avec leurs propres phases.

2.1.3 Exemples typiques de cycles de vie de projet

Les cycles de vie de projet ci-après ont été choisis pour illustrer la diversité des approches usuelles. Les exemples donnés sont typiques ; aucun n'est recommandé ou préféré. Dans chaque cas, les noms des phases et des principaux livrables sont ceux utilisés par l'auteur.

- **Approvisionnement militaire**

La directive 5000.2 du Département de la Défense (DoD), révision février 1993, décrit une série de jalons et de phases illustrés dans la figure 2.2, à savoir :

- Analyse du besoin, qui se conclut par l'accord pour les études de conception.
- Analyse conceptuelle et définition, prenant fin avec l'accord pour la démonstration du concept.
- Démonstration et validation, terminées par l'accord pour le développement du produit.
- Développement des études et de la fabrication, achevées avec l'accord pour la production.
- Production et déploiement, qui recouvrent partiellement la mise en opération et le soutien logistique.

- **Construction**

Morris [1] décrit le cycle de vie d'un projet de construction comme l'illustre la figure 2.3, à savoir :

- Faisabilité – explicitation du projet, études de faisabilité, études de principe et approbation. Une décision « faire ou pas » est prise à la fin de cette phase.
- Programmation et étude – ingénierie de base, coût et délai, termes et conditions contractuelles, planning détaillé. Les principaux contrats sont conclus à la fin de cette phase.
- Réalisation – fabrications, livraisons, génie civil, montage et essais. L'installation est pratiquement achevée à la fin de cette phase.
- Mise en marche et mise en production – essai de réception et maintenance. L'installation fonctionne normalement à la fin de cette phase.

- **Produits pharmaceutiques**

Murphy [2] décrit le développement d'un nouveau produit pharmaceutique aux États-Unis comme l'illustre la figure 2.4, à savoir :

- Découverte et sélection – comporte les recherches fondamentales et appliquées pour déterminer les candidats aux tests précliniques.

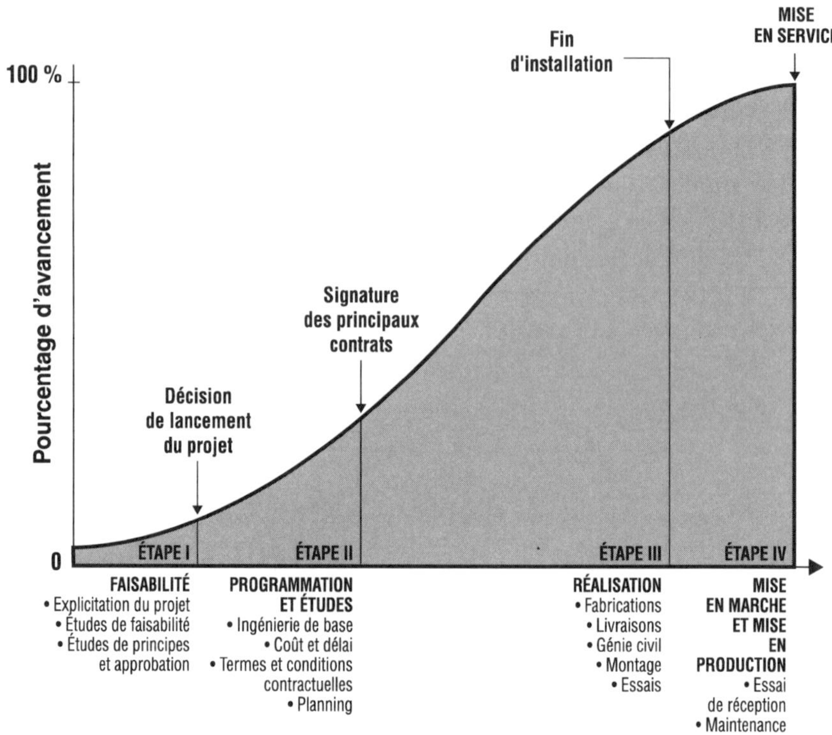

Figure 2.3 Cycle de vie représentatif d'un projet de construction, d'après Morris.

- Recherche préclinique – constituée par les essais de laboratoire et sur animaux, pour apprécier la sûreté et l'efficacité, ainsi que la préparation et la demande de préhomologation *Investigational New Drug (IND).*
- Homologation – représentée par les tests cliniques Phases I, II, et III, ainsi que la préparation et la demande d'homologation définitive *New Drug Application (NDA).*
- Activités après homologation – entraînées par les demandes formulées au cours de l'examen de la NDA par l'Administration de la Santé publique.

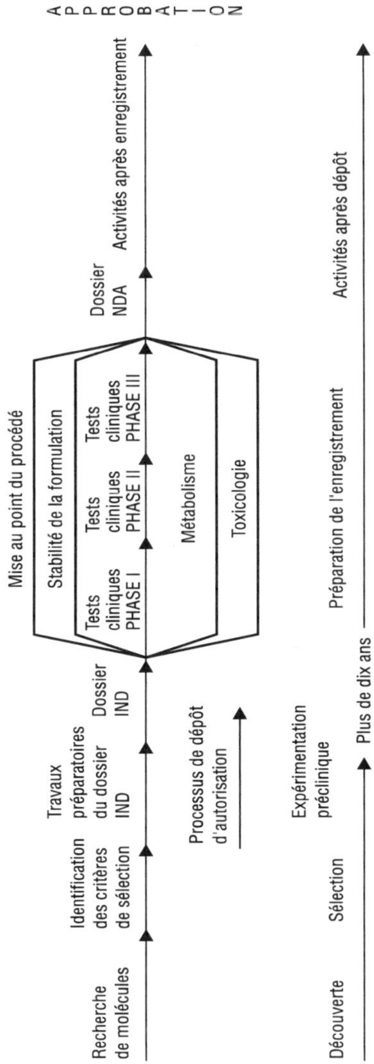

Figure 2.4 Cycle de vie représentatif d'un projet pharmaceutique, d'après Murphy.

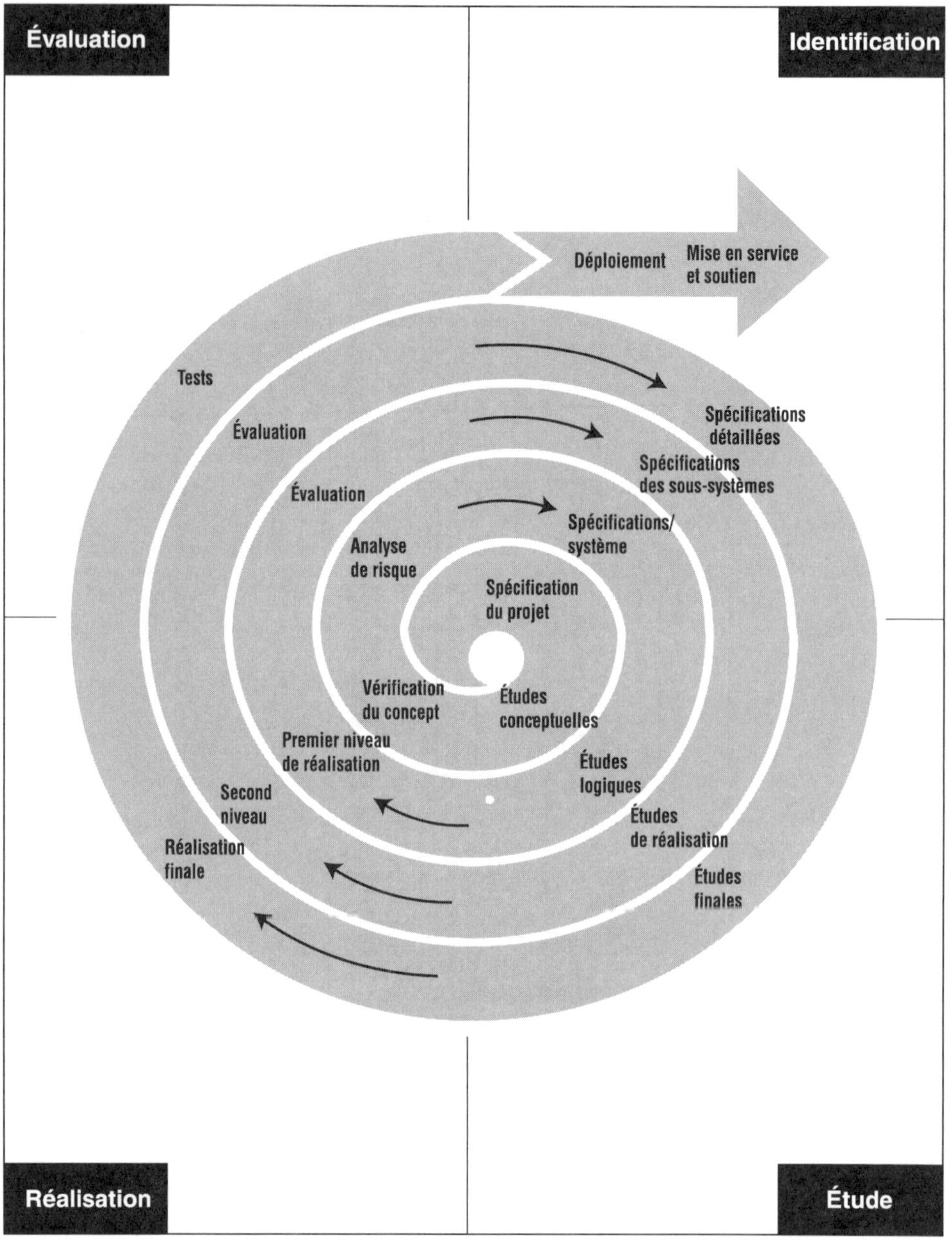

Figure 2.5 Cycle de vie représentatif d'un développement de logiciel, d'après Muench.

• **Développement d'un logiciel**

Muench et *al.* [3] décrivent un modèle en spirale pour le développement d'un logiciel, avec quatre cycles et quatre quartiers, comme illustré sur la figure 2.5 :

– Cycle probatoire du concept – établir les spécifications du projet, définir les objectifs de ce premier cycle, effectuer l'étude conceptuelle du système, étudier et réaliser la validation conceptuelle, établir le programme des tests de recettes, faire l'analyse des risques et les recommandations.

– Cycle du premier niveau de réalisation – spécifications des systèmes dérivés, définition des objectifs du premier niveau, faire l'étude de la logique du système, étudier et produire le premier niveau, établir le planning d'essai du système, évaluer le premier niveau et faire des recommandations.

– Cycle du second niveau de réalisation – spécifications des besoins système, définition des objectifs du second niveau, réaliser l'étude concrète, établir le planning d'essai du système, évaluer le second niveau et faire les recommandations.

– Cycle final – spécifications détaillées, étude finale, réalisation de l'état final, exécution des tests unitaires, par sous-systèmes, par systèmes, et de recette.

2.2 Parties prenantes au projet

Les parties prenantes au projet sont les individus et les organismes activement impliqués dans le projet, ou ceux dont les intérêts peuvent être affectés positivement ou négativement en conséquence de l'exécution ou de la réalisation effective du projet. L'équipe de management du projet doit identifier toutes les parties prenantes, déterminer quels sont leurs besoins, leurs attentes, pour pouvoir gérer et orienter ces attentes vers la réussite du projet. L'identification des parties prenantes peut être particulièrement difficile. Par exemple, est-ce que le monteur dont l'emploi dépend de l'issue du projet d'étude d'un nouveau produit est partie prenante ?

Les parties prenantes principales de tout projet sont :

• Le chef de projet – la personne qui est responsable de son management.

• Le client – l'individu ou l'organisme qui utilisera le résultat du projet. Il peut exister plusieurs niveaux de clients. Par exemple, les clients d'un nouveau produit pharmaceutique peuvent être les médecins qui le prescrivent, les malades qui l'absorbent, ou la Sécurité sociale et les mutuelles qui finalement le payent.

- L'organisme en charge du projet – l'entreprise dont les personnels sont le plus directement impliqués dans l'exécution du projet.
- Le sponsor (ou garant) – la personne ou la cellule de l'organisme en charge du projet qui assure les ressources financières du projet, en argent ou en appui.

Il existe en outre plusieurs sortes de parties prenantes internes et externes, clients et actionnaires, fournisseurs et entrepreneurs, membres de l'équipe de projet et leurs familles, agences gouvernementales et intermédiaires, simples citoyens, groupes d'influence permanents ou temporaires, et la société, au sens large. Pouvoir nommer ou classifier les parties prenantes est d'abord une aide pour identifier quels individus ou organismes se considèrent eux-mêmes comme parties prenantes. Le rôle des parties prenantes et leurs responsabilités peuvent se chevaucher, comme lorsqu'une société d'ingénierie fournit le financement pour une installation qu'elle est en train d'étudier.

La gestion des attentes des parties prenantes peut être difficile, car les parties prenantes ont souvent des objectifs divergents, qui peuvent entrer en conflit, par exemple :

- Le chef d'un département qui a requis un nouveau système d'information désire qu'il soit peu coûteux, l'architecte du système vise l'excellence technique, et le chargé de la programmation est intéressé à maximiser son bénéfice.
- Le Directeur de la recherche d'une firme électronique définira la réussite d'un produit nouveau comme représentant l'état de l'art au niveau technologique, pour le Directeur de la Production, ce sera la pratique de fabrication d'une entreprise de taille mondiale, alors que la préoccupation du Directeur du Marketing sera le nombre d'applications nouvelles.
- Le promoteur s'intéressera aux délais de réalisation, les autorités locales voudront maximiser les taxes locales, un groupe écologiste souhaitera diminuer les effets nuisibles sur l'environnement, alors que les habitants du voisinage espéreront que le projet se réalisera ailleurs.

En général, les divergences entre les parties prenantes devraient être tranchées en faveur du client. Cela ne signifie pas, néanmoins, que les besoins et les attentes des autres parties prenantes puissent ou doivent être négligées. Trouver la solution appropriée à ce type de confrontation peut être l'un des défis majeurs posés au management de projet.

2.3 Influences organisationnelles

Les projets font habituellement partis d'un grand nombre d'organisations – entreprises, agences gouvernementales, institutions de santé, organismes internationaux, associations professionnelles ou autres. Même lorsque le projet est constitué en organisme autonome (joint-venture, groupement d'entreprises), il est encore influencé par l'organisme ou les organismes qui l'ont suscité. Les paragraphes suivants décrivent les aspects principaux de ces structures plus larges, qui sont susceptibles d'influer sur le projet.

2.3.1 Systèmes d'organisation

Les organisations gérées par projets sont celles dont l'activité consiste essentiellement à réaliser des projets. On peut les classer en deux catégories :

- Les organisations dont la source de revenu réside dans la réalisation de projets pour d'autres entités – cabinets d'architecte, sociétés d'ingénierie, consultants, entreprises générales, organes d'état,...
- Les organisations qui ont adopté le management par projets (*cf.* paragraphe 1.3).

Ces organisations tendent vers des systèmes de management qui favorisent le management de projet. Par exemple, leur gestion financière est souvent spécialement conçue pour la comptabilité, le suivi et le compte rendu de multiples projets simultanés.

Les organisations dont la structure ne se réfère pas aux projets, manufactures, sociétés de services financiers,..., ont rarement un système de gestion qui convienne effectivement et efficacement aux besoins des projets. Cette lacune rend souvent plus difficile le management de projet. Dans certains cas, ces organisations créeront des départements ou autres divisions qui fonctionneront en management par projet, avec des liaisons pour se raccorder au système général.

L'équipe de management de projet doit être particulièrement sensibilisée aux répercussions du système de gestion sur le projet. Par exemple, si l'entreprise impose à ses directeurs fonctionnels d'imputer le temps de leurs équipes aux projets, l'équipe de management de projet doit mettre en place un contrôle de la participation effective de ces équipes à l'avancement du projet.

2.3.2 Culture et style organisationnels

La majorité des organisations ont développé leur propre culture, singulière. Cette culture apparaît dans les valeurs, dans les convictions, les normes et les attentes que partagent leurs membres, mais aussi dans les règlements internes et les procédures, dans leur conception des relations hiérarchiques, et dans de nombreux autres traits. Les cultures organisationnelles internes ont souvent une influence directe sur le projet, par exemple :

– une équipe qui propose une approche inhabituelle ou risquée a plus de chances d'être soutenue dans une entreprise dynamique ou agressive ;
– un chef de projet au style très participatif rencontrera des problèmes dans une entreprise très hiérarchisée, alors qu'un chef de projet autoritaire sera pour sa part contesté dans une entreprise de culture participative.

2.3.3 Structures organisationnelles

La structure de l'entreprise en charge du projet lui impose souvent des contraintes quant à la disponibilité des ressources ou leurs conditions d'affectation. Les caractéristiques des structures organisationnelles des entreprises forment un large éventail, depuis le type fonctionnel (hiérarchique), jusqu'aux organisations par projet, en passant par toute une variété de structures matricielles. La figure 2.6 présente les éléments principaux de ces diverses catégo-

Type d'organisation / Caractéristique du projet	Fonctionnelle (hiérarchique)	Matricielle			Organisation par projet
		Matrice faible	Matrice équilibrée	Matrice forte	
Autorité du chef de projet	faible ou nulle	limitée	faible à modérée	modérée à forte	forte à presque totale
Proportion du personnel de l'organisme en charge affecté à plein temps au projet	pratiquement pas	0 – 25 %	15 – 60 %	50 – 95 %	85 – 100 %
Rôle du chef de projet	temps partiel	temps partiel	plein temps	plein temps	plein temps
Titre habituel du chef de projet	Coordinateur ou responsable de projet		Chef de projet	Chef ou Directeur de projet	Directeur de projet ou de programme
Affectation de l'équipe de gestion	temps partiel	temps partiel	temps partiel	plein temps	plein temps

Figure 2.6 Influence des structures organisationnelles sur le projet.

ries de structures. L'organisation du projet est traitée dans le paragraphe 9.1, planification de l'organisation.

L'organisation fonctionnelle classique décrite dans la figure 2.7 repose sur la hiérarchie, où chaque employé a un supérieur clairement identifié. Les équipes sont regroupées par spécialité, par exemple fabrication, marketing, ingénierie et comptabilité, au niveau supérieur, avec l'ingénierie divisée elle-même entre mécanique et électricité.

Les organisations fonctionnelles peuvent elles aussi réaliser des projets, mais le contenu du projet se limite à la fonction : le département ingénierie dans une organisation fonctionnelle travaillera de manière indépendante des services fabrication et marketing. Par exemple, si le développement d'un produit nouveau est entrepris dans une organisation purement fonctionnelle, la phase d'étude est appelée projet d'étude, et ne concerne que les personnels de service ingénierie. Si une question se pose, concernant la fabrication, il faut remonter la hiérarchie jusqu'au chef du département ingénierie qui s'en entretient avec le chef du département fabrication. Le chef du département ingénierie communique alors la réponse par la voie hiérarchique au responsable du projet ingénierie.

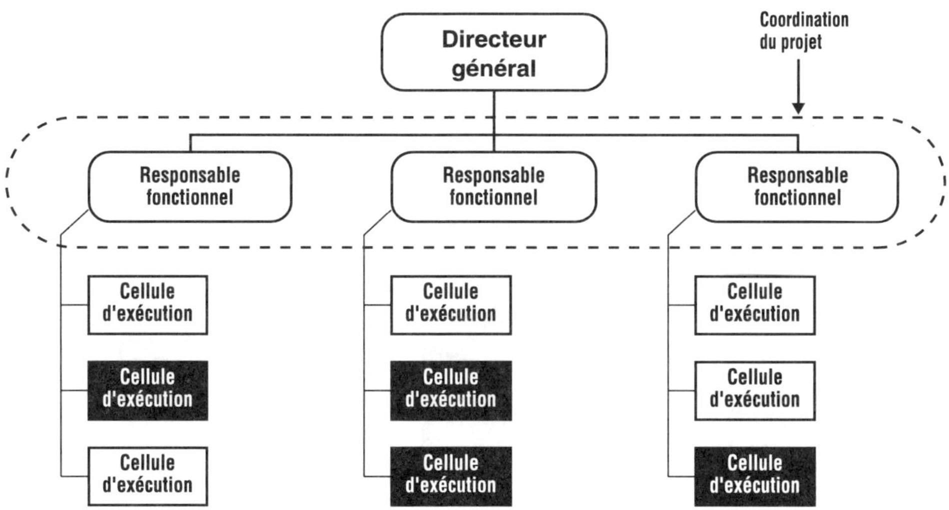

(en noir sont représentées les cellules participant à des activités de projet)

Figure 2.7 Organisation fonctionnelle.

À l'autre bout de l'éventail, on trouve l'organisation par projet représentée dans la figure 2.8. Dans l'organisation par projet, les membres de l'équipe de projet sont souvent regroupés dans un même local. Une grande partie des ressources de la structure sont impliquées dans des projets et les chefs de projet ont une grande marge d'indépendance et d'autorité. Les organisations par projet ont souvent des divisions opérationnelles appelées département, mais ces groupes en réfèrent directement aux chefs de projet ou prêtent leur concours aux divers projets.

Les structures matricielles, illustrées dans les figures 2.9 à 2.11, représentent une combinaison des structures fonctionnelles et dédiées. Les matrices faibles conservent bien des caractéristiques des structures fonctionnelles et le rôle du chef de projet est plus celui d'un coordinateur ou d'un facilitateur que celui d'un patron. Semblablement, les matrices fortes ressemblent beaucoup à l'organisation par projet – avec des chefs de projet à temps plein, ayant une forte autorité, et une équipe de gestion de projet à plein temps.

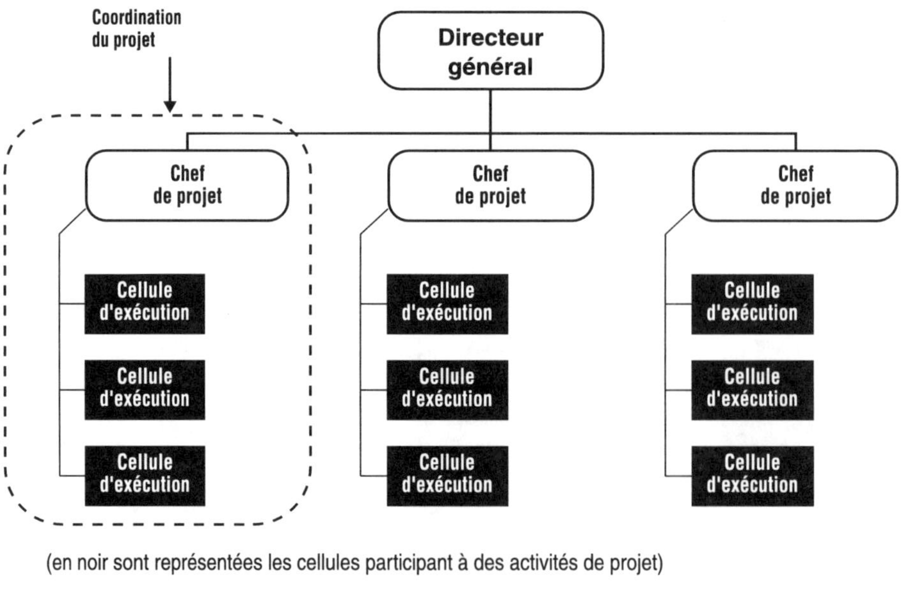

Figure 2.8 Organisation par projet.

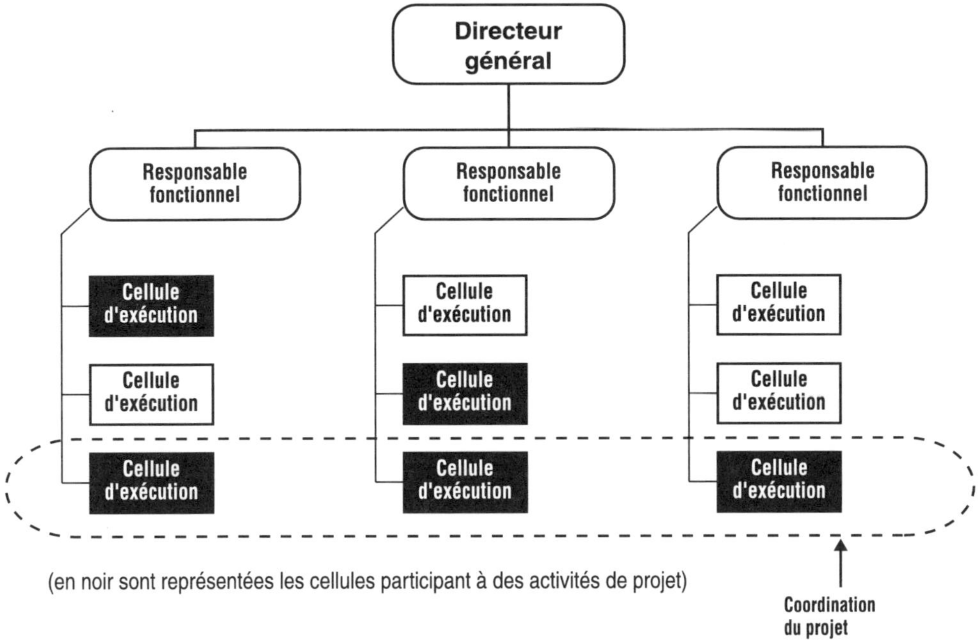

Figure 2.9 Structure matricielle faible.

Beaucoup d'organisations modernes utilisent toutes ces structures, à des niveaux différents, comme le montre la figure 2.12. Par exemple, même une entreprise de culture foncièrement hiérarchique peut créer une équipe affectée spécialement à un projet, lorsque celui-ci est critique. Une telle équipe pourra présenter beaucoup de caractéristiques d'une organisation par projet : un groupe de projet à temps plein, issu des différents départements fonctionnels, développant son propre corpus de procédures opérationnelles, et travaillant en marge du système hiérarchique formalisé.

2.4 Compétences clés en management

Le management est un vaste sujet qui touche à tous les aspects du management d'une entreprise. Il concerne, entre autres les domaines suivants :

- finance et comptabilité, vente et marketing, recherche et développement, production et distribution;
- planification stratégique, tactique et opérationnelle;

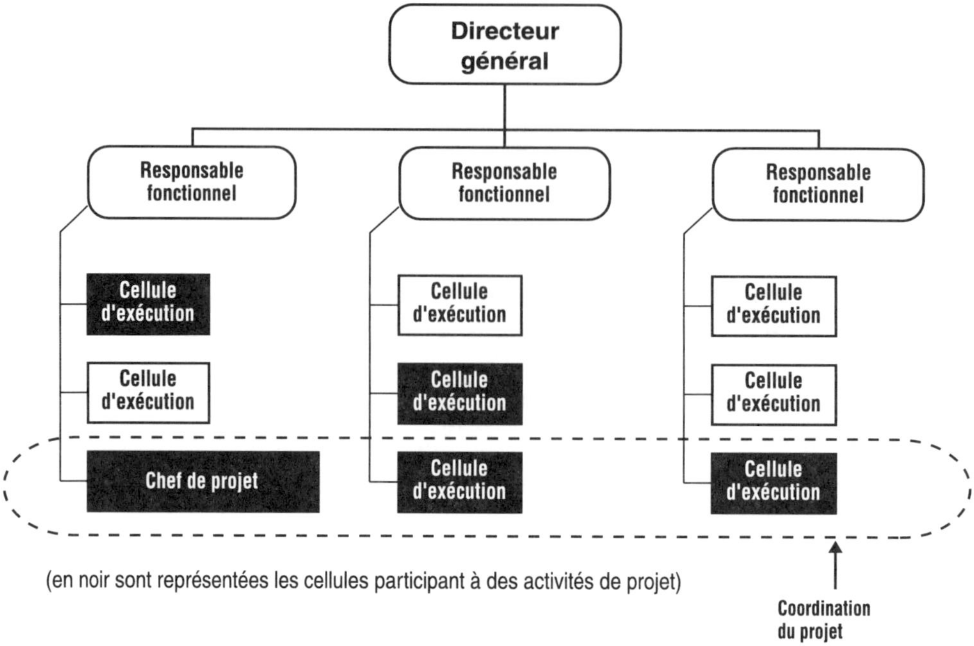

Figure 2.10 Structure matricielle équilibrée.

- structure et comportement organisationnels, administration du personnel, incitation, charges sociales et plan de carrière ;
- gestion des relations de travail par la motivation, la délégation, la supervision, l'esprit d'équipe, la gestion des conflits et autres techniques ;
- gestion personnelle de son propre temps, traitement des urgences et autres techniques.

Les compétences en management général apportent beaucoup d'éléments fondamentaux à la compétence en management de projet. Ils sont souvent essentiels pour le chef de projet. Sur n'importe quel projet, la maîtrise d'une part importante de ces compétences peut être nécessaire. Ce paragraphe envisage celles des compétences clés du management général qui ont les plus grandes chances de s'appliquer à la plupart des projets, et qui ne sont pas traitées par ailleurs. La bibliographie du management général traite assez bien de ces compétences, et leur emploi est sensiblement le même dans le projet.

On trouve aussi beaucoup de compétences du management général qui ne concernent que certains projets ou certains domaines d'application. Par exemple, la sécurité des membres de l'équipe est critique sur presque tous les projets de construction et de faible importance sur les projets de développement informatique.

2.4.1 Aptitude à diriger

Kotter [4] fait la distinction entre diriger et manager, tout en insistant sur la nécessité de l'un et de l'autre ; l'un sans l'autre ne produira que des résultats médiocres. Il affirme que le management consiste surtout à « obtenir les résultats concrets attendus par les parties prenantes » alors que l'aptitude à diriger consiste à :

- établir les orientations – formuler une vision de l'avenir, et les stratégies qui conduiront aux changements réalisant cette vision ;
- fédérer l'équipe – communiquer cette vision par le geste et la parole, à tous ceux dont la participation peut être nécessaire à la réalisation de cette vision ;
- motiver et animer – aider les gens à trouver en eux-mêmes l'énergie nécessaire pour surmonter les obstacles politiques, bureaucratiques et matériels au changement.

Dans un projet, particulièrement un grand projet, on attend généralement du chef de projet qu'il soit aussi un meneur d'hommes. Cette qualité n'est pas cependant limitée au chef de projet : elle peut se révéler chez différents individus à différentes étapes du projet. Cette aptitude à diriger doit se prouver à tous les niveaux du projet (maîtrise d'ensemble, technique, direction d'équipe).

2.4.2 Communication

Les compétences en communication sont utilisées lors de l'échange d'information. L'émetteur doit donner une information claire, sans ambiguïté, et complète afin que le récepteur puisse la recevoir correctement et confirmer qu'il l'a bien comprise. Le récepteur quant à lui doit s'assurer qu'il reçoit bien l'intégralité de l'information et qu'il la comprend correctement. La communication a de multiples dimensions :

- écrite ou orale, écoutée ou exprimée,
- interne (au sein du projet) et externe (à l'attention du client, des médias, du public, ...),
- formalisée (rapports, briefings, ...) et informelle (mémos, conversations *ad hoc*, ...),

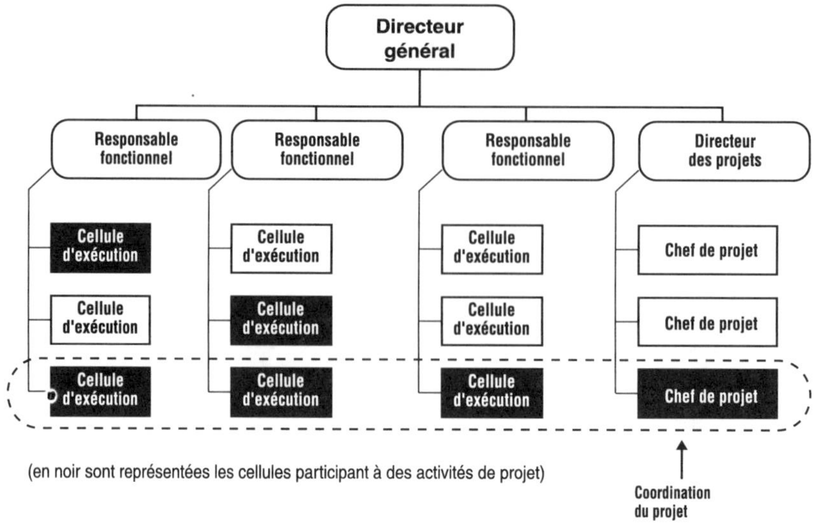

Figure 2.11 Structure matricielle forte.

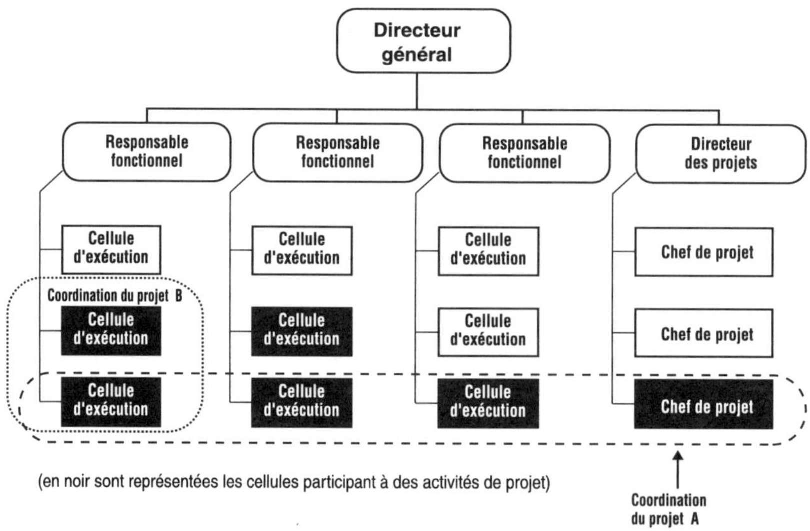

Figure 2.12 Organisation mixte.

– verticale (de haut en bas et de bas en haut au sein de la structure) et horizontale (entre pairs).

La compétence en communication dans le management général est proche du management de la communication dans le projet (traitée au chapitre 10) sans être tout à fait identique. Communiquer est un sujet plus large, il implique des techniques, qui ne sont pas spécifiques au projet, par exemple :

– modèles émetteur-récepteur : boucles de contrôle, obstacles à la communication, ...,
– choix des médias : quand communiquer par écrit ou par oral, quand rédiger un mémo informel et quand faire un compte rendu officiel, ...,
– style d'écriture : voix active ou passive, structure des phrases, choix des mots, ...,
– techniques de présentation : expression corporelle, préparation des aides visuelles, ...,
– techniques de conduite de réunion : préparation de l'ordre du jour, gestion des conflits, ...

Le management de la communication de projet est l'application de ces idées générales aux besoins spécifiques du projet ; par exemple, décider quand, comment, sous quelle forme et à qui rendre compte des performances du projet.

2.4.3 Négociation

La négociation consiste à discuter avec d'autres pour trouver une solution ou conclure un accord. Les accords peuvent être négociés directement ou avec une aide extérieure : la médiation et l'arbitrage sont deux types de négociations assistées.

Il y a beaucoup d'occasions de négociations, à bien des moments et des niveaux du projet. Au cours d'un projet typique, l'équipe de projet peut être amenée à négocier sur tout ou partie :

– des objectifs de contenu, de coût et de délai,
– des modifications du contenu, des coûts ou des délais,
– des termes et conditions contractuels,
– des affectations de personnel,
– des ressources.

2.4.4 Résolution des problèmes

La résolution des problèmes comprend à la fois leur définition et la prise de décision. Elle concerne les problèmes qui sont déjà posés (par opposition au management des risques, qui concerne les problèmes potentiels).

La définition du problème nécessite de distinguer les causes des symptômes. Les problèmes peuvent être internes (un acteur clé d'un projet réaffecté à un autre projet) ou externe (le retard d'une autorisation de commencer un travail). Les problèmes peuvent être techniques (différences d'opinion sur la meilleure façon d'étudier un produit), managériaux (un groupe fonctionnel ne travaille pas conformément au plan) ou interpersonnels (confrontation de personnes ou de style).

La prise de décision comporte l'analyse du problème, pour identifier les solutions viables, et le choix à effectuer. La décision peut être prise ou imposée (par le client, par l'équipe, ou par un responsable fonctionnel). Une fois prises, les décisions doivent être appliquées. Les décisions recèlent aussi un facteur temps, la « bonne » décision peut ne pas être la meilleure si elle est prise trop tôt ou trop tard.

2.4.5 Influencer l'organisation

Influencer l'organisation veut dire que l'on a la capacité d'obtenir que les choses soient faites. Cela demande que l'on comprenne à la fois les structures officielles et informelles de toutes les organisations impliquées – l'entreprise en charge du projet, le client, les entrepreneurs et bien d'autres, suivant le cas. Influer sur l'organisation demande aussi d'avoir compris les mécanismes de pouvoir et les politiques.

Les termes de pouvoir et de politique sont employés ici dans un sens positif. Pfeffer [5] définit le pouvoir comme : « la capacité potentielle d'influer sur le comportement, de changer le cours des événements, de vaincre les résistances et d'obtenir des gens qu'ils fassent des choses qu'ils ne voulaient pas faire autrement ». De même, Eccles [6] dit que : « la politique consiste à obtenir une action collective d'un groupe de personnes qui peuvent avoir des intérêts tout à fait différents. Ce peut être une volonté d'utiliser de façon créative les conflits et le désordre. Un sens négatif advient lorsqu'elle cherche à concilier des intérêts pour conquérir le pouvoir, et à jouer des organisations d'une façon parfois totalement improductive ».

2.5 Influences socio-économiques

Comme le management, les influences socio-économiques comportent un grand nombre de sujets et de problèmes. L'équipe de management de projet doit comprendre que la situation environnante et les tendances peuvent avoir des répercussions importantes sur leur projet – un petit changement ici peut se transformer, généralement avec un certain délai, en conséquence cataclysmique sur le projet lui-même. Parmi les nombreuses influences socio-économiques possibles, on cite ci-après quelques catégories principales qui affectent fréquemment les projets.

2.5.1 Standards et réglementations

L'Organisation Internationale de Standardisation (ISO) fait la différence suivante entre standard et réglementation [7] :

- Un **standard** est un « document approuvé par un organisme reconnu, qui donne, en vue d'une utilisation générale et répétée, des règles, des instructions, ou des caractéristiques de produits, de processus ou de services dont l'application n'est pas obligatoire ». Il y a de nombreux standards qui concernent des quantités de choses, depuis la stabilité thermique des fluides hydrauliques, jusqu'à la taille des disquettes d'ordinateur.
- Une **réglementation** est un « document qui présente des caractéristiques d'un produit, d'un processus ou d'un service, y compris les conditions administratives d'application, dont l'application est obligatoire ». Les codes de construction constituent un exemple de réglementation.

On doit faire attention lorsque l'on parle de standards et de réglementations, car il reste une vaste zone d'ombre entre les deux, par exemple :

- les standards débutent souvent sous forme de conseils décrivant une approche préférable, et ultérieurement, du fait de leur adoption générale, deviennent des réglementations *de facto* (par exemple, l'emploi de la méthode du chemin critique pour la planification des projets de construction) ;
- l'application peut être requise à différents niveaux (par exemple, par une agence gouvernementale, par la direction de l'entreprise en charge du projet, ou par l'équipe de gestion de projet).

Pour beaucoup de projets, les standards et réglementations (quelle que soit leur définition) sont bien connus et les différents plans du projet en tiennent compte. Dans d'autres cas, l'influence est inconnue ou incertaine et doit être envisagée dans le cadre du management du risque.

2.5.2 Internationalisation

De plus en plus d'entreprises s'engagent dans des opérations qui dépassent les frontières nationales, et donc de plus en plus de projets sont internationaux. En plus des questions classiques concernant le contenu, les coûts, les délais et la qualité du projet, l'équipe de management de projet doit encore tenir compte du décalage horaire, des congés et fêtes nationales et régionales, des voyages pour les réunions de travail, de la logistique des téléconférences et de différences politiques souvent subtiles.

2.5.3 Influences culturelles

La culture est « l'ensemble des comportements transmis par la Société, dans les domaines de la réflexion, du goût, des croyances, des institutions, et tous autres produits de la pensée et du travail humains » [8]. Tout projet se réalise dans le contexte d'une (ou plusieurs) norme(s) culturelle(s). Ce type d'influence s'exerce dans les domaines politique, économique, démographique, pédagogique, éthique, ethnique, religieux et autres, qui à travers leurs pratiques, leurs convictions et leurs comportements, peuvent affecter la manière dont interagissent les personnes et les organisations.

3 PROCESSUS DU MANAGEMENT DE PROJET

Le management de projet résulte d'une coordination d'activité – une action, ou l'absence d'action, dans un domaine a généralement des conséquences dans les autres domaines. Les interactions peuvent être directes et évidentes, ou elles peuvent être plus subtiles et incertaines. Par exemple, une modification du contenu affecte presque toujours le coût d'un projet, mais elle peut aussi affecter plus ou moins le moral de l'équipe ou la qualité du résultat.

Ces interactions nécessitent souvent un arbitrage entre les objectifs du projet – l'amélioration dans un domaine peut être seulement contrebalancée par une diminution de performance dans un autre domaine. La réussite du management de projet exige une gestion active de ces interactions.

Pour éclairer la nature complexe du management de projet, et pour insister sur l'importance de l'intégration, ce chapitre explique le management de projet en fonction de ses processus constitutifs et de leurs interactions. Il constitue une introduction au concept de management de projet considéré comme un système de processus interconnectés, et donne donc les bases nécessaires à la compréhension des descriptions proposées dans les chapitres 4 à 12.

Ses paragraphes sont :

3.1 Processus du projet

3.2 Groupes de processus

3.3 Interactions entre processus

3.4 Personnalisation des interactions

3.1 Processus du projet

Un projet est constitué de processus. Un processus est « une série d'actions entreprises en vue d'un objectif » [1]. Les processus de projet sont réalisés par des personnes, et se classent généralement en deux catégories :

- **Les processus de management de projet**, concernent la description et l'organisation du travail (façon dont est réalisé le projet). Les processus de management de projet applicables à la plupart des projets, la plupart du temps, sont décrits brièvement dans ce chapitre, et en détail dans les chapitres 4 à 12.

- **Les processus orientés-produit** concernent la spécification et l'élaboration du produit résultant du projet. Les processus orientés-produit sont définis par le cycle de vie du projet (traité au § 2.1) et varient selon le domaine d'application (traité à l'annexe F).

Les processus de management de projet et les processus orientés-produit se recoupent et interfèrent tout au long du projet. Par exemple, les objectifs du projet ne peuvent être définis sans une connaissance minimale sur la manière de réaliser le produit.

3.2 Groupes de processus

Les processus de management de projet peuvent être classés en cinq groupes, comprenant chacun un ou plusieurs processus :

- Processus de démarrage – pour constater que le projet, ou la phase doit commencer et s'y engager.
- Processus de planification – pour élaborer et faire vivre un schéma exécutable de réalisation des activités que le projet est chargé d'exécuter.
- Processus de réalisation – pour coordonner les personnels et autres moyens nécessaires à la réalisation du plan.
- Processus de maîtrise – pour assurer que les objectifs du projet sont atteints, en surveillant et en mesurant l'avancement, et en prenant les actions correctives si nécessaire.
- Processus de clôture – pour formaliser l'acceptation du projet ou de la phase de projet et s'assurer de sa bonne fin.

Les groupes de processus sont liés par leurs résultats, les données de sortie de l'un devenant les données d'entrée de l'autre. Parmi les groupes principaux de processus, les liens sont itératifs. La planification fournit pour la réalisation un plan d'action initial, puis au fur et à mesure des mises à jour de ce document. Ces liens sont représentés dans la figure 3.1. En outre, les groupes de processus de management de projet ne sont pas des événements discrets, uniques ; ce sont des activités qui se chevauchent avec plus ou moins d'importance au cours de chaque phase du projet. La figure 3.2 montre comment les groupes de projet se chevauchent et évoluent au cours d'une phase.

Finalement, les interactions entre les groupes de processus dépassent aussi le cadre des phases, de manière que les données de clôture d'une phase fournissent une entrée pour démarrer la suivante. Par exemple, achever une phase d'étude demande l'acceptation par le client des documents d'étude. En même

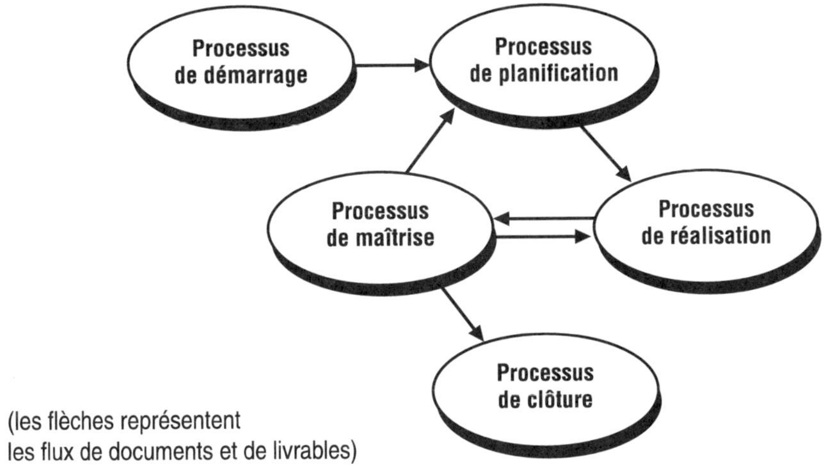

Figure 3.1 Liens entre les groupes de processus au cours d'une phase.

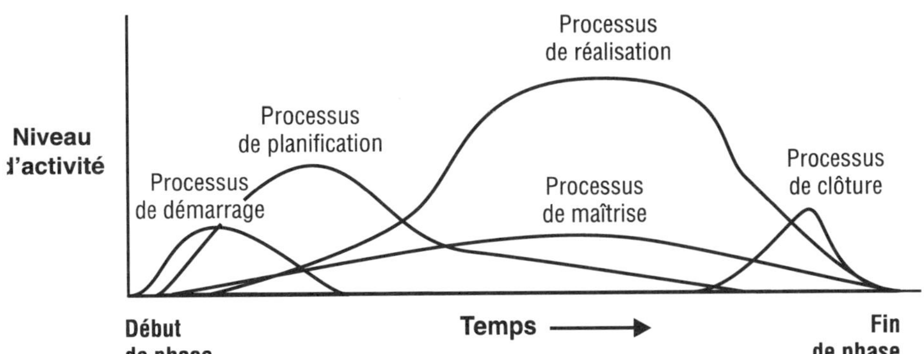

Figure 3.2 Liens entre les groupes de processus au cours d'une phase.

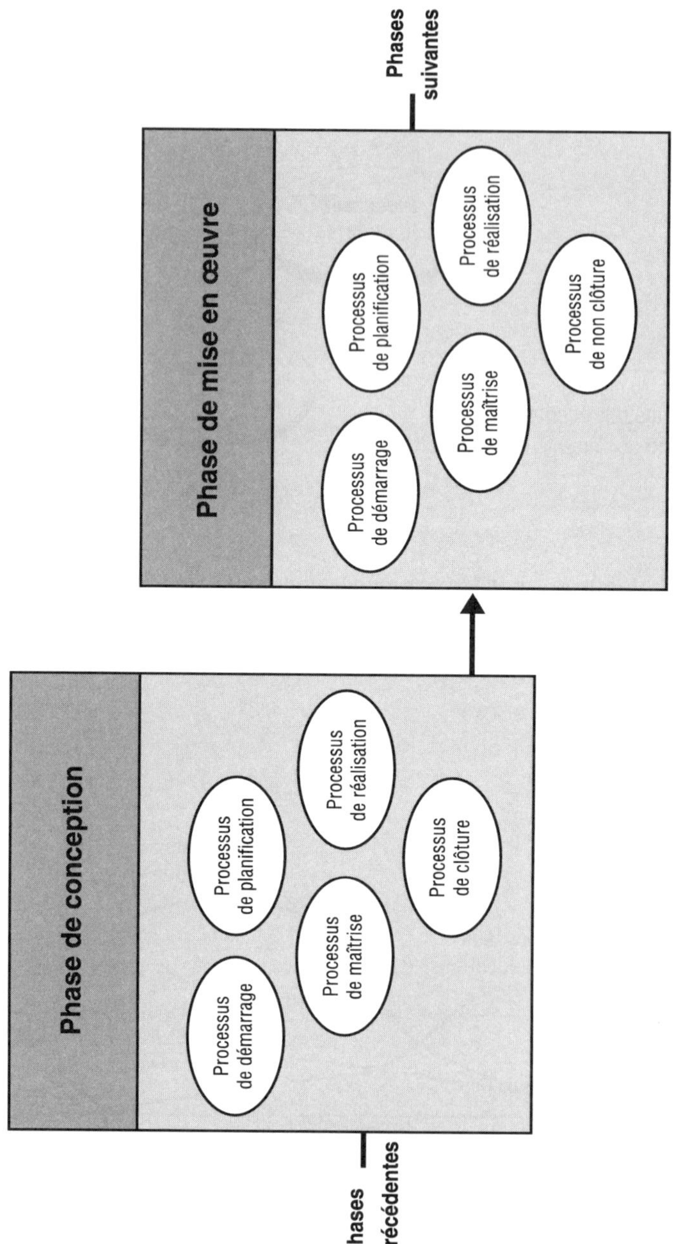

Figure 3.3 Interaction entre phases.

temps, ces documents d'étude forment la description du produit utilisée pour la phase de mise en œuvre. Cette interaction est illustrée figure 3.3.

La répétition d'un processus de démarrage au début de chaque phase aide à garder le projet centré sur le besoin qu'il est censé satisfaire. Cela permet aussi d'arrêter le projet si le besoin ressenti n'existe plus, ou si le projet n'est pas adapté à sa satisfaction. Les besoins du projet sont traités plus en détail dans l'introduction du paragraphe 5, Démarrage.

Bien que la figure 3.3 représente des phases et des processus individualisés, les projets réels présentent de nombreux recouvrements. Les processus de planification, par exemple, ne doivent pas seulement produire les détails de l'œuvre à réaliser pour la phase en cours, mais également une description préliminaire des actions qui doivent être menées au cours des phases ultérieures. Cette progression dans le détail du projet est souvent appelée « planification à fenêtre glissante » (*Rolling wave planning*).

3.3 Interactions entre processus

À l'intérieur de chacun des groupes de processus, les processus élémentaires sont reliés les uns aux autres par leurs données d'entrée et leurs données de sortie. En s'appuyant sur ces liaisons, chaque processus peut être décrit par les éléments suivants :

- **données d'entrée** – documents ou livrables qui seront traités pour débuter le processus ;
- **outils et méthodes** – opérations appliquées aux données d'entrée pour produire les données de sortie ;
- **données de sortie** – documents ou livrables documentés résultant du processus.

Les processus de management de projet communs à la plupart des projets dans la plupart des domaines d'application sont énumérés ci-après et décrits en détail dans les chapitres 4 à 12. Le nombre placé entre parenthèses après le nom du processus renvoie au chapitre et au paragraphe où il est décrit. Les interactions entre les processus décrites ici sont également typiques de la plupart des projets et domaines d'application. Le paragraphe 3.4 décrit la mise en application des descriptions de processus et de leurs interactions.

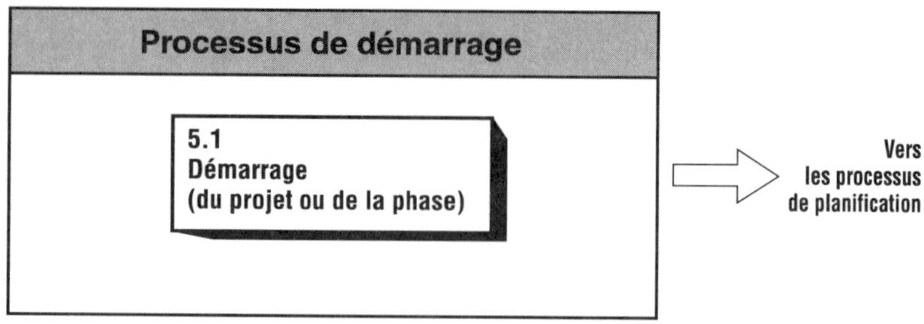

Figure 3.4 Processus de démarrage.

3.3.1 Processus de démarrage

La figure 3.4 illustre le seul processus constituant ce groupe.

- Démarrage (du projet ou de la phase) (5.1) – pour engager l'entreprise à démarrer la phase suivante du projet.

3.3.2 Processus de planification

La planification est d'une importance capitale pour un projet, car il implique de réaliser quelque chose qui n'a jamais été fait auparavant. Il en résulte un assez grand nombre de processus dans cette section. Néanmoins, cela ne signifie pas que le management de projet se réduise à planifier. L'ampleur de l'effort de planification doit être proportionnée aux objectifs du projet et à l'utilité des informations produites.

Les relations entre les processus de planification du projet sont montrées par la figure 3.5 (qui est un éclaté de la bulle «processus de planification» de la figure 3.1). Ces processus sont soumis à de fréquentes itérations, avant l'achèvement du plan. Par exemple, si la date initialement prévue pour l'achèvement est inacceptable, les moyens mis en œuvre, le coût, voire l'objectif devront peut-être être remis en cause. En outre, la planification n'est pas une science exacte – deux équipes de projet différentes peuvent concevoir des plans d'exécution tout à fait différents pour le même projet.

- **Processus principaux**

Certains processus de planification ont des conséquences telles qu'elles imposent leur élaboration dans un ordre identique sur la plupart des projets. Par exemple, les activités doivent être définies avant d'être ordonnancées ou estimées. Ces processus principaux de planification sont susceptibles de plusieurs itérations au cours d'une même phase de projet. Ce sont :

- la planification du contenu (5.2) – pour élaborer un énoncé du contenu du projet comme base des décisions ultérieures le concernant;
- la définition du contenu (5.3) – pour décomposer les livrables principaux en éléments plus petits et plus faciles à gérer;
- l'identification des activités (6.1) – pour identifier les activités spécifiques que l'on doit accomplir pour produire les différents livrables du projet;
- le séquencement des activités (6.2) – pour identifier et documenter les relations d'ordre entre activités;
- l'estimation des durées des activités (6.3) – pour évaluer le nombre d'unités de temps nécessaires à l'accomplissement de chacune des activités, individuellement;
- l'élaboration de l'échéancier (6.4) – pour analyser l'enchaînement des activités, leur durée et les ressources nécessaires afin d'établir l'échéancier du projet;
- la planification des ressources (7.1) – pour déterminer les moyens à mettre en œuvre (personnels, équipements, matériaux) et quelle quantité de chaque doit être utilisée pour réaliser les activités du projet;
- l'estimation des coûts (7.2) – pour chercher une valeur approchée (estimation) du coût des moyens à mettre en œuvre pour achever complètement le projet;
- la budgétisation (7.3) – pour répartir le coût total estimé entre les divers lots de travail;
- l'élaboration du plan de projet (4.1) – pour rassembler tous les résultats des autres processus de planification, pour en faire un document logique et cohérent.

- **Processus de soutien**

Leur interférence avec les autres processus de planification dépend beaucoup de la nature du projet. Par exemple, dans certains projets, il peut n'y avoir que peu ou pas de risques identifiables, tant qu'une grande partie de la planification n'a pas été réalisée, et que l'équipe de projet n'a pas découvert que le coût et le délai sont extrêmement tendus et entraînent des risques considérables. Bien que ces processus de soutien ne se déroulent que de façon discontinue et à la demande, ils n'en sont pas pour autant facultatifs, ce sont :

- la planification de la qualité (8.1) – pour identifier quelles sont les normes de qualité applicables au projet, et déterminer comment les respecter;

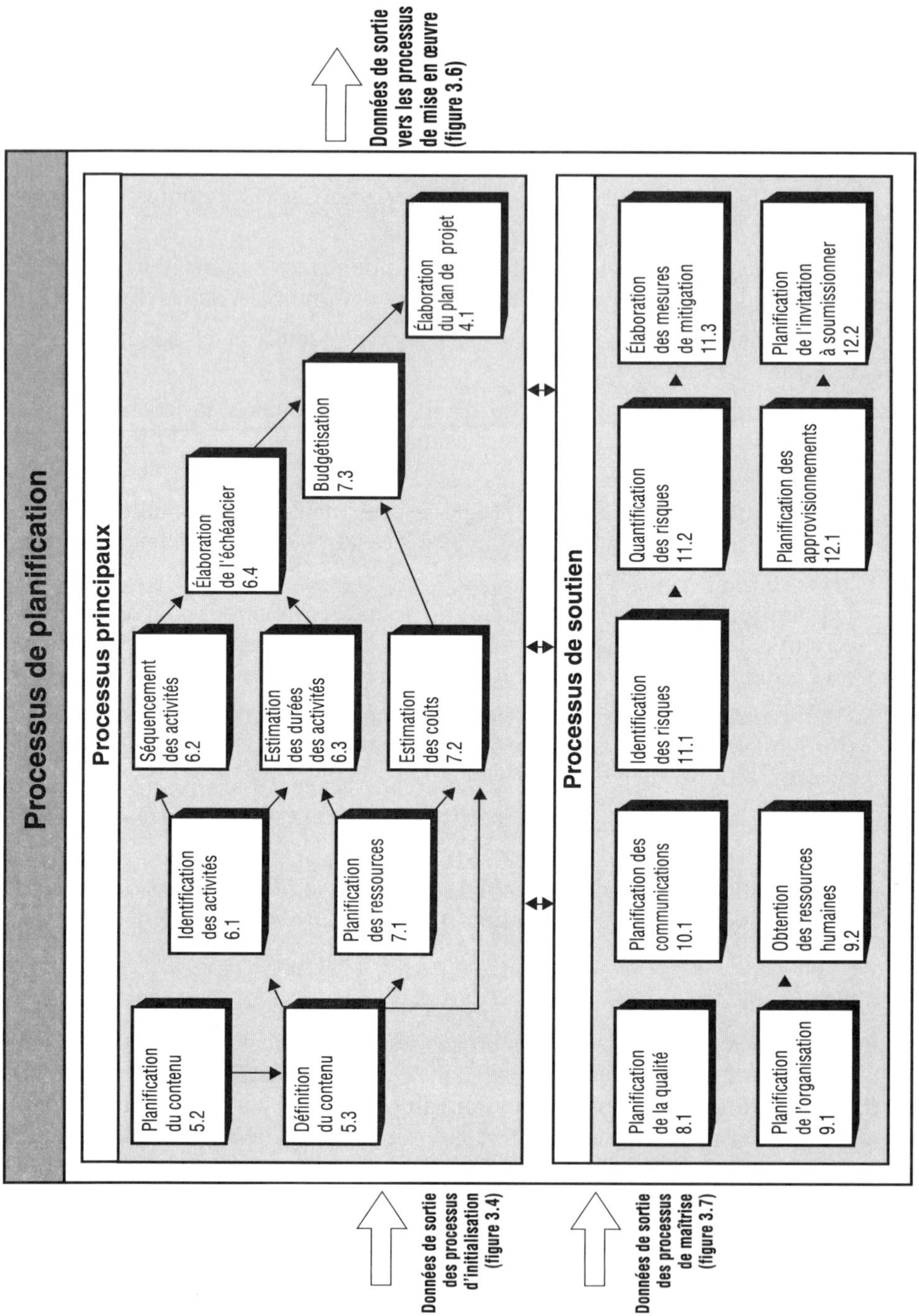

Figure 3.5 Relations entre les processus de planification.

– la planification de l'organisation (9.1) – pour identifier, rédiger et affecter les rôles, les responsabilités et les rapports hiérarchiques dans le projet ;
– l'obtention des ressources humaines (9.2) – pour trouver les ressources humaines nécessaires et les faire affecter au projet ;
– la planification des communications (10.1) – pour déterminer les besoins en information et en communication des parties prenantes : qui a besoin de quelle information, quand, et sous quelle présentation ;
– l'identification des risques (11.1) – pour déterminer quels risques peut encourir le projet, et établir les caractéristiques de chacun ;
– la quantification des risques (11.2) – pour évaluer les risques et leurs interactions afin d'estimer la marge de déviation possible du projet ;
– l'élaboration des mesures de mitigation (11.3) – pour définir les possibilités de profiter des opportunités et les parades aux menaces ;
– la planification des approvisionnements (12.1) – pour déterminer ce qui est à acquérir, et quand ;
– la planification de l'invitation à soumissionner (12.2) – pour établir la liste des fournitures nécessaires et la liste de leurs fournisseurs potentiels.

3.3.3 Processus de réalisation

Comme dans le paragraphe 3.3.2, Processus de planification, les processus de réalisation comportent des processus principaux et des processus de soutien. La figure 3.6 illustre leurs relations :

– la réalisation du plan de projet (4.2) – pour concrétiser ce qui a été prévu, en accomplissant les activités identifiées ;
– la vérification du contenu (5.4) – pour formaliser le fait que les objectifs atteints sont acceptables ;
– l'assurance de la qualité (8.2) – pour évaluer les performances globales du projet par rapport à des critères normalisés, afin de s'assurer que le projet atteindra un niveau de qualité satisfaisant par rapport aux normes et standards appropriés ;
– le développement de l'équipe (9.3) – pour développer les compétences des individus et du groupe afin d'améliorer le résultat du projet ;
– la diffusion de l'information (10.2) – pour mettre à disposition des parties prenantes l'information nécessaire, en temps voulu ;
– l'invitation à soumissionner (12.3) – pour obtenir les cotations, les soumissions, les offres ou les propositions dont on a besoin ;

– le choix des fournisseurs (12.4) – pour sélectionner parmi les fournisseurs potentiels ;
– la gestion des contrats (12.5) – pour gérer les relations avec les fournisseurs.

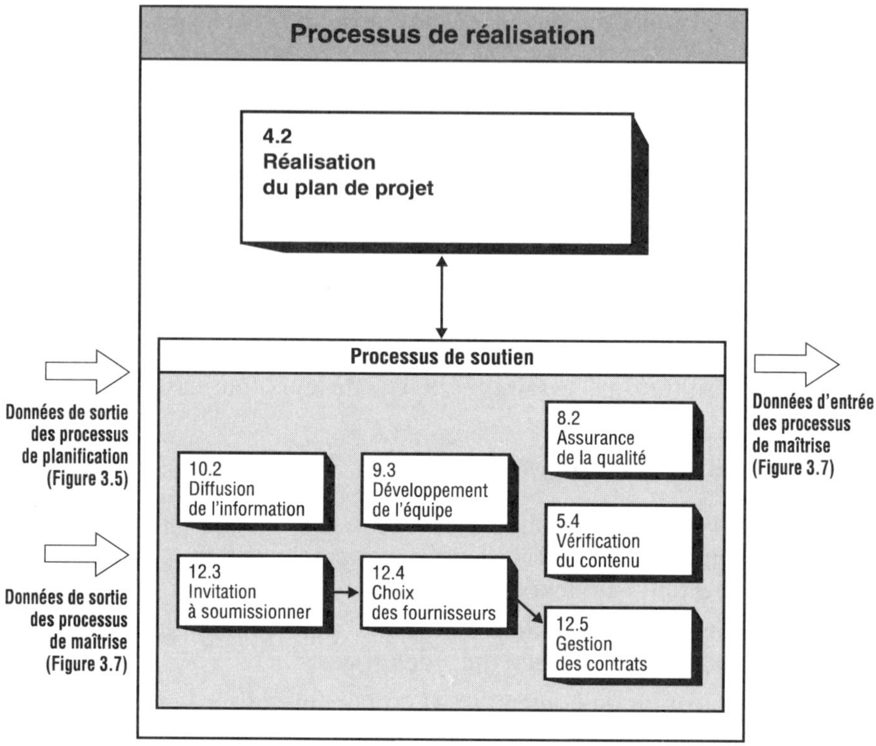

Figure 3.6 Relations entre les processus de mise en œuvre.

3.3.4 Processus de maîtrise

Les performances du projet doivent être mesurées régulièrement pour mettre en évidence les écarts avec le plan de projet. Ces écarts alimentent les processus de maîtrise dans les diverses disciplines. Dans la mesure où des écarts significatifs sont relevés (c'est-à-dire ceux qui peuvent faire échouer le projet), des ajustements à la planification sont apportés, en retouchant les processus de projet appropriés. Par exemple, le dépassement d'une date de fin d'activités peut entraîner des réajustements de la planification des ressources humaines, des heures supplémentaires ou un rééquilibrage entre les objectifs de coût et de délai. La maîtrise comporte aussi l'engagement d'actions préventives pour anticiper d'éventuels problèmes.

Comme pour le paragraphe 3.3.2, Processus de planification, les processus de maîtrise comportent des processus principaux et des processus de soutien. La figure 3.7 montre comment ces processus interfèrent :

- gestion des modifications (4.3) – pour coordonner les modifications dans les divers domaines du projet ;
- maîtrise des modifications du contenu du projet (5.5) – pour contrôler les modifications du contenu du projet et autres éléments caractérisant le résultat du projet ;
- maîtrise de l'échéancier (6.5) – pour maîtriser les modifications apportées au calendrier de réalisation du projet ;
- maîtrise des coûts (7.4) – pour maîtriser les modifications du budget de projet ;
- maîtrise de la qualité (8.3) – pour contrôler les résultats du projet, afin de vérifier leur conformité avec les standards de qualité applicables, et de déterminer la façon d'éliminer les causes de résultats insuffisants ;
- rapports d'avancement (10.3) – pour rassembler et diffuser l'information sur les performances. Cela comprend les rapports proprement dits, la mesure de l'avancement et la prévision des résultats ;
- maîtrise des mesures de mitigation (11.4) – pour adopter les réponses appropriées aux risques survenant au cours du projet.

3.3.5 Processus de clôture

La figure 3.8 illustre la façon dont les processus suivants interviennent :

- clôture administrative (10.4) – pour constituer, rassembler et diffuser les informations qui formalisent l'achèvement de la phase ou du projet ;
- clôture (ou liquidation) des contrats (12.6) – pour régler les contrats, y compris toutes les questions en suspend.

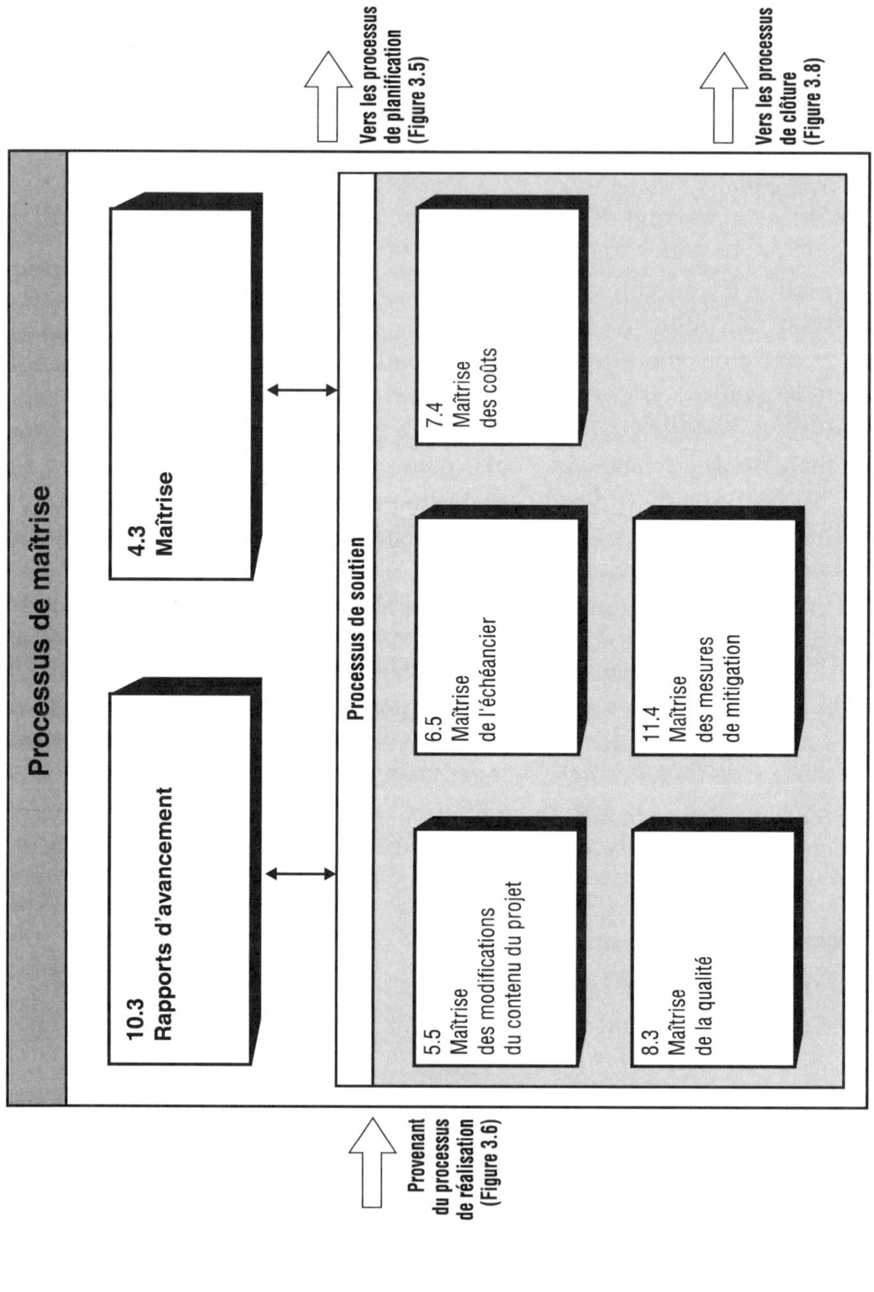

Figure 3.7 Relations entre les processus de maîtrise.

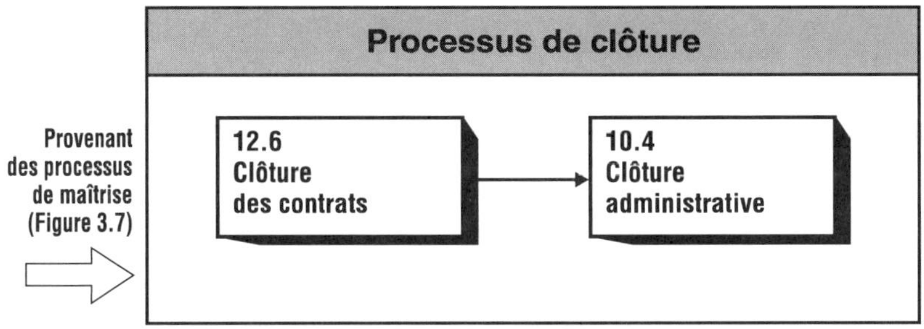

Figure 3.8 Relations entre les processus de clôture.

3.4 Mise en jeu des interactions entre processus

Les processus identifiés et les interactions illustrées dans le paragraphe 3.3 sont généralement admis. Ils s'appliquent à la plupart des projets la majorité du temps. Cependant, tous ne sont pas nécessaires à tous les projets, et toutes les interactions n'entrent pas toujours en jeu, par exemple :

- Un organisme qui utilise systématiquement des sous-traitants peut explicitement dire dans le processus de planification où se situe le processus d'approvisionnement.
- L'absence de processus ne signifie pas que le travail ne doit pas être fait. L'équipe de management de projet doit identifier et gérer tous les processus qui sont nécessaires pour assurer la réussite du projet.
- Les projets qui dépendent d'une ressource précise (développement d'un logiciel commercial, produits biopharmaceutiques,...) peuvent définir les rôles et les responsabilités avant de définir les objectifs, puisque ce qui sera fait sera fonction de celui qui sera disponible pour le faire.
- Certains objectifs des processus peuvent être prédéfinis comme des contraintes. Par exemple, la direction peut spécifier une date objective d'achèvement, plutôt que de la laisser déterminer par les processus de planification.
- Les grands projets exigent relativement plus de détails. Par exemple, l'identification des risques peut être subdivisée en études séparées des risques de coûts, risques sur le délai, risques techniques, risques sur la qualité.

– Pour les sous-projets et les petits projets, un effort relativement faible doit être consacré aux processus dont les données de sortie ont été définies au niveau du projet principal (c'est-à-dire qu'un sous-contractant peut ignorer les risques explicitement assumés par l'entrepreneur général) ou aux processus qui n'offrent qu'une utilité marginale (on peut se passer d'une planification des communications formalisée dans une équipe de quatre personnes).

Lorsqu'il y a besoin d'effectuer une modification, celle-ci doit être clairement identifiée, soigneusement évaluée et gérée activement.

DOMAINES DU MANAGEMENT DE PROJET

II

4 MANAGEMENT DE L'INTÉGRATION DU PROJET

Le management de l'intégration du projet comprend les processus nécessaires pour s'assurer d'une bonne intégration de tous les éléments du projet. Cela implique de procéder à des arbitrages entre des objectifs et des solutions contradictoires, pour pouvoir satisfaire ou dépasser les besoins et les attentes des parties prenantes. Bien que tous les processus du management de projet soient plus ou moins intégratifs, ceux décrits dans ce chapitre le sont par essence.

La figure 4.1 donne une vue d'ensemble des principaux processus :

4.1 Élaboration du plan de projet – utilisant les autres processus de planification pour en tirer un document d'ensemble logique et cohérent.

4.2 Mise en œuvre du plan de projet – pour réaliser le projet, en exécutant les activités prévues au plan de management.

4.3 Gestion des modifications – pour coordonner l'effet des modifications sur l'ensemble du projet.

Ces processus interagissent entre eux et aussi avec les processus des autres domaines du management de projet. Selon les nécessités du projet, chaque processus peut nécessiter la participation d'une personne ou de toute une équipe. Chacun de ces processus se réalise au moins une fois, en général, au cours de chaque phase du projet.

Bien que les processus décrits ici soient des activités bien identifiées, avec des limites très claires, ils peuvent en pratique se dérouler parallèlement et interagir de façon non décrite ici. Les interactions entre processus ont été vues en détail au chapitre 3.

Les processus, outils et méthodes utilisés pour l'intégration du projet sont le sujet de ce chapitre. Par exemple, le processus de coordination intervient quand une estimation des coûts est nécessaire pour quantifier les aléas ou lorsqu'il faut évaluer les risques associés à diverses variantes dans la stratégie. En fait, pour qu'un projet soit réussi, la coordination doit s'appliquer à de nombreux autres domaines, par exemple :

– le travail sur le projet doit être concilié avec les opérations courantes de l'organisme en charge du projet,

– le contenu du projet et les exigences relatives au produit qui en résulte doivent être cohérents (les différences entre ces deux objectifs sont traitées dans l'introduction du chapitre 5),
– les livrables des différentes spécialités fonctionnelles (par exemple, les plans de génie civil, d'électricité et de mécanique, dans un projet d'études d'ingénierie) doivent être intégrés.

4.1 Élaboration du plan de projet

Le plan de projet utilise les résultats des processus de planification des diverses disciplines pour constituer un document logique et cohérent qui peut être utilisé pour guider aussi bien la réalisation que la maîtrise du projet. Ce processus suppose toujours plusieurs itérations. Par exemple, le premier jet peut décrire les moyens de façon générale et ne précise pas les durées des activités, alors que la version finale détaille les ressources spécifiques et explicite les dates. Le plan de projet est utilisé pour :

– guider l'exécution du projet,
– laisser une trace écrite des hypothèses émises lors de la planification,
– laisser une trace des motifs de choix entre les variantes,
– faciliter la communication avec les parties prenantes,
– fixer les revues de projet principales, quant à leur contenu, leur étendue et leur date,
– fournir un référentiel pour mesurer l'avancement et la maîtrise du projet.

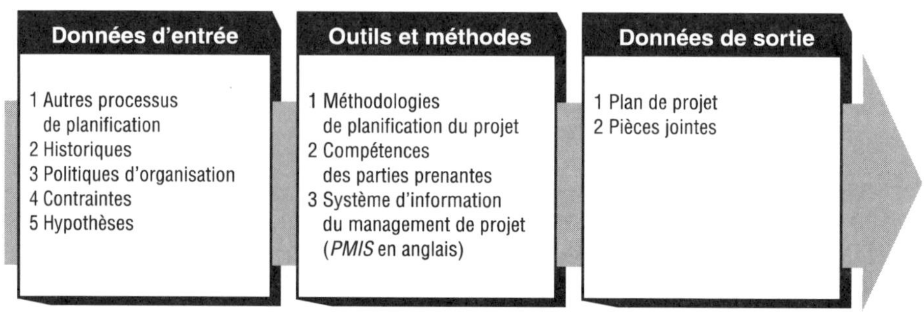

4.1.1 Données d'entrée pour l'élaboration du plan de projet

4.1.1.1 Données provenant des autres processus de planification

Toutes les données de sortie des processus de planification des autres disciplines (le paragraphe 3.3 en donne un résumé) servent de données d'entrée pour l'élaboration du plan de projet.

On dispose notamment de documents fondamentaux, comme la structure de découpage des tâches (SDP ou WBS) ainsi que ses éléments détaillés. Beaucoup de projets nécessitent aussi l'utilisation de documents spécifiques (par exemple, la plupart des projets de construction demandent l'élaboration d'un plan de trésorerie prévisionnel).

4.1.1.2 Historiques

Les données historiques disponibles (par exemple, les bases de données d'estimation, les archives de précédents projets) devraient avoir été consultées lors du déroulement des autres processus de planification. Mais ces informations doivent également être disponible pour préparer le plan de projet, pour aider à la vérification des hypothèses et estimer les variantes que l'on peut inclure dans ce projet.

4.1.1.3 Politiques d'organisation

Toute organisation impliquée dans le projet peut avoir des règles de fonctionnements formelles ou informelles, dont les conséquences doivent être prises en compte. Les procédures à considérer sont entre autres :

- le management de la qualité – audit des processus, objectif d'amélioration continue,
- la gestion du personnel – règles d'embauche et de licenciements, entretiens d'évaluation des collaborateurs,
- le contrôle financier – rapport d'avancement, revues des dépenses, codification des comptes, provisions contractuelles standard.

4.1.1.4 Contraintes

Les contraintes sont les facteurs qui limitent la liberté de choix de l'équipe de projet. Par exemple, un budget imposé est une contrainte qui limite considérablement les choix de l'équipe pour le contenu, les effectifs et le délai. Lorsque l'exécution d'un projet résulte d'un contrat, les provisions contractuelles constituent généralement une contrainte.

4.1.1.5 Hypothèses

Les hypothèses sont des facteurs que, pour les besoins de la planification, l'on va considérer comme vrais, réels ou assurés. Par exemple, si la date à laquelle une personne clé doit être disponible n'est pas certaine, l'équipe va fixer arbitrairement une date de début. Les hypothèses entraînent généralement un certain degré de risque.

Figure 4.1 Vue d'ensemble du management de l'intégration du projet.

4.1.2 Outils et méthodes d'élaboration du plan de projet

4.1.2.1 Méthodologie de planification du projet

On peut considérer comme méthodologie de planification du projet, toute approche structurée utilisée pour aider l'équipe de projet dans l'élaboration du plan de projet. Ce peut être simplement un formulaire ou un canevas standard (sur papier ou informatisé, formalisé ou non), ou beaucoup plus complexe, avec une série de simulations (par exemple, l'analyse des risques de délais par la méthode de Monte-Carlo). Beaucoup de méthodologies de planification de projet combinent les outils, tels que les programmes informatiques, et des techniques, comme les réunions de lancement.

4.1.2.2 Compétences des parties prenantes

Chaque partie prenante a des compétences qui peuvent être utilisées dans la préparation du plan de projet. L'équipe de management de projet doit créer une ambiance telle que les parties prenantes puissent apporter leur contribution (*voir* aussi paragraphe 9.3, Développement de l'équipe) : qui y contribue, qu'apporte-t-il, et quand doit-on évoluer ? Citons quelques exemples :

- dans un projet de construction traité au forfait, le contrôleur de gestion apportera une contribution majeure aux objectifs de profit durant la phase de préparation de la proposition, pendant laquelle est fixé le montant du contrat ;
- dans un projet où l'effectif est connu à l'avance, chaque intervenant peut contribuer à l'obtention des objectifs de coût et de délais en révisant les estimations de moyens et de durée.

4.1.2.3 Système d'information du management de projet (*PMIS* en anglais)

Le système d'information du management de projet est constitué des outils et méthodes utilisés pour rassembler, intégrer et diffuser les données de sortie de tous les processus de management de projet. Il sert à appuyer toutes les actions du projet, depuis le démarrage jusqu'à la clôture, et comprend généralement des systèmes manuels et automatisés.

4.1.3 Données de sortie du processus d'élaboration du plan de projet

4.1.3.1 Plan de projet

C'est un document formalisé et approuvé, utilisé pour gérer et maîtriser l'exécution du projet. Il doit être diffusé comme prévu au plan de management de la communication (par exemple, le management de l'entreprise en charge du projet peut nécessiter une large diffusion peu détaillée, alors qu'un sous-traitant peut n'avoir besoin que d'un seul sujet, mais très détaillé). Dans certains domaines d'application, le terme « plan de projet intégré » peut également être utilisé.

On doit distinguer très clairement le plan de projet et les références de base du projet. Le plan de projet est un document, ou un ensemble de documents que l'on peut s'attendre à voir évoluer au fur et à mesure de l'arrivée des informations sur le projet. Le référentiel de mesure des performances est un outil de contrôle du management, qui ne peut changer que de façon intermittente, et seulement en réponse à une modification approuvée des objectifs.

Il y a beaucoup de manières d'organiser et de présenter le plan de projet, mais il inclut habituellement les éléments suivants (qui sont décrits plus en détail plus loin) :

- charte de projet,
- description de l'approche ou de la stratégie de management de projet (résumé des plans de projet provenant des autres disciplines),
- énoncé du contenu du projet, avec les livrables du projet et ses objectifs,
- structure de découpage du projet (WBS), décomposé jusqu'au niveau où le contrôle sera effectif,
- estimation du coût, dates prévisionnelles de début, et affectation des responsabilités jusqu'au niveau effectif de contrôle,
- référentiel de mesure des performances de coût et de délai,
- jalons principaux, avec leur date prévisionnelle,
- personnel clé ou nécessaire,
- risques principaux, avec les contraintes et les hypothèses, et les réponses proposées,
- plans de management annexes, comprenant plan de management du contenu du projet, plan de management de l'échéancier, ...,
- problèmes en cours, et décisions en attente.

D'autres éléments peuvent également être inclus dans le plan de projet formalisé. Par exemple, le plan de projet d'un grand projet comporte généralement un organigramme fonctionnel.

4.1.3.2 Pièces jointes

Les pièces jointes du plan de projet comprennent :

- des éléments des autres plans de projet qui ne sont pas inclus dans le plan de projet,
- des informations complémentaires ou des documents élaborés au cours de la préparation du plan de projet (par exemple, les contraintes et les hypothèses non connues antérieurement),
- des documents techniques, tels que besoins, spécifications et conceptions,
- la documentation sur les normes applicables.

Ces éléments doivent être présentés de façon à faciliter leur emploi pendant la réalisation du projet.

4.2 Mise en œuvre du plan de projet

La mise en œuvre du plan de projet est le processus principal pour mener à bien le projet – la plus grande partie du budget sera dépensée lors du déroulement de ce processus. L'activité du chef de projet et de l'équipe, dans ce processus, est de coordonner et de piloter les diverses interfaces techniques et organisationnelles du projet. C'est parmi les différents processus du processus du projet, le plus dépendant du domaine d'application, parce que le résultat du projet y est effectivement créé.

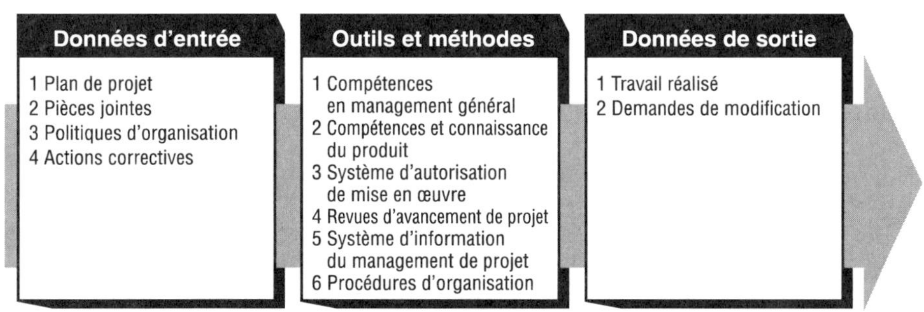

4.2.1 Données d'entrée pour la mise en œuvre du plan de projet

4.2.1.1 Plan de projet

Ce plan est décrit au paragraphe 4.1.3.1 ; les plans de management annexes (plan de management du contenu du projet, plan de management des risques, programme d'approvisionnement,...) et le référentiel de mesure des performances sont aussi des données d'entrée essentielles pour l'exécution.

4.2.1.2 Pièces jointes

Elles sont décrites au paragraphe 4.1.3.2.

4.2.1.3 Politiques d'organisation

Elles sont décrites au paragraphe 4.1.1.3. Chacune des organisations impliquées dans le projet peut avoir une politique formalisée ou informelle qui peut avoir des conséquences sur la mise en œuvre du plan de projet.

4.2.1.4 Actions correctives

Une action corrective est effectuée pour ramener les performances attendues du projet dans le cadre du plan de projet. L'action corrective est le résultat d'un quelconque des processus de maîtrise, tout autant qu'une donnée d'entrée ici, où elle participe à la boucle de rétroaction *(feedback)* nécessaire pour le management effectif du projet.

4.2.2 Outils et méthodes de mise en œuvre du plan de projet

4.2.2.1 Compétences générales de management

Ces compétences, telles que l'aptitude à diriger, la communication et la négociation sont essentielles pour mettre en œuvre efficacement le plan de projet. Ces compétences sont décrites au paragraphe 2.4.

4.2.2.2 Compétences et connaissance du produit

L'équipe de projet doit posséder une connaissance suffisante du produit devant résulter du projet. Les compétences nécessaires font parties de celles qu'il faut pour la planification (particulièrement pour la planification des ressources, paragraphe 7.1) et sont rassemblées au cours du processus d'obtention des ressources humaines (décrit au paragraphe 9.2).

4.2.2.3 Système d'autorisation de travaux

C'est une procédure formalisée pour constater que les travaux du projet sont bien réalisés en temps voulu, et dans l'ordre convenable. Le mécanisme repose essentiellement sur la nécessité d'une autorisation écrite pour débuter l'exécution d'une activité ou d'un lot de travail donné.

L'étude d'un système d'autorisation de travaux doit tenir compte à la fois de l'intérêt de la maîtrise ainsi obtenue et du coût de cette maîtrise. Par exemple, sur beaucoup de petits projets, une autorisation verbale sera la plus adaptée.

4.2.2.4 Revues d'avancement de projet

Les revues d'avancement de projet sont des réunions programmées régulièrement pour échanger des informations sur le projet. Dans beaucoup de projets, les revues d'avancement ont lieu à des fréquences variables, et à différents niveaux (par exemple, l'équipe de management de projet peut se réunir chaque semaine en interne, et mensuellement avec le client).

4.2.2.5 Système d'information du management de projet

Ce système est décrit au paragraphe 4.1.2.3.

4.2.2.6 Procédures d'organisation

Chacune des organisations impliquées dans le projet peut avoir des procédures formalisées et informelles utilisables durant la réalisation du projet.

4.2.3 Données de sortie du processus de mise en œuvre du plan de projet

4.2.3.1 Travail réalisé

Le travail réalisé est le résultat des activités accomplies au cours de la mise en œuvre du projet. L'information sur le travail réalisé – quels sont les livrables qui ont été achevés et ceux qui ne le sont pas, dans quelle mesure les standards de qualité ont été atteints, quels coûts ont été engagés ou encourus, ... – est collectée en tant qu'élément de la mise en œuvre du plan de projet et alimente le processus des rapports d'avancement (*cf.* paragraphe 10.3 pour plus de détails sur ce processus).

4.2.3.2 Demandes de modification

Les demandes de modification (par exemple, augmenter ou réduire le contenu du projet, modifier les estimations de coût ou de délai, ...) apparaissent souvent lorsque le projet est en cours de réalisation.

4.3 Gestion des modifications

La gestion des modifications consiste à :

a) agir sur les facteurs porteurs de modifications pour s'assurer que ces changements sont bénéfiques au projet ;

b) déceler si une modification est survenue,

c) gérer les modifications effectives quand et comme elles surviennent.

La gestion des modifications implique de :

– maintenir l'intégrité du référentiel de mesure des performances – toute modification approuvée doit être reportée dans le plan de projet, mais seules les modifications du contenu du projet doivent affecter le référentiel de mesure des performances ;

– s'assurer que les modifications dans le contenu du produit sont répercutées dans la définition du contenu du projet (les différences entre les contenus du projet et de son résultat sont traitées dans l'introduction du chapitre 5) ;

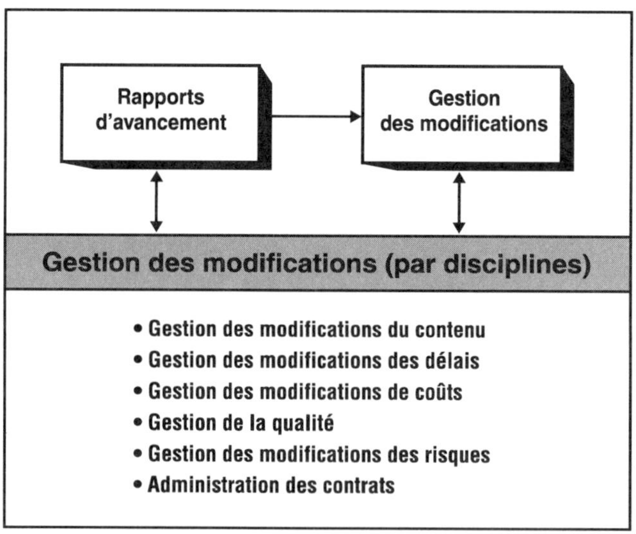

Figure 4.2 Coordination des modifications sur l'ensemble du projet.

– coordonner les modifications dans les diverses disciplines, comme l'illustre la figure 4.2 ; par exemple, une demande de modification de l'échéancier va souvent se répercuter sur le coût, le risque, la qualité et l'effectif.

4.3.1 Données d'entrée de la gestion des modifications

4.3.1.1 Plan de projet

Le plan de projet constitue le référentiel par rapport auquel les modifications seront maîtrisées (*cf.* paragraphe 4.1.3.1).

4.3.1.2 Rapports d'avancement

Les rapports d'avancement (décrits au paragraphe 10.3) fournissent l'information concernant les performances du projet. Des rapports de performance peuvent aussi alerter l'équipe de projet sur des événements qui peuvent causer des problèmes dans l'avenir.

4.3.1.3 Demandes de modifications

Les demandes de modifications peuvent apparaître sous forme, orales ou écrites, directes ou indirectes, d'origine interne ou externe, et d'application contractuelle ou optionnelle.

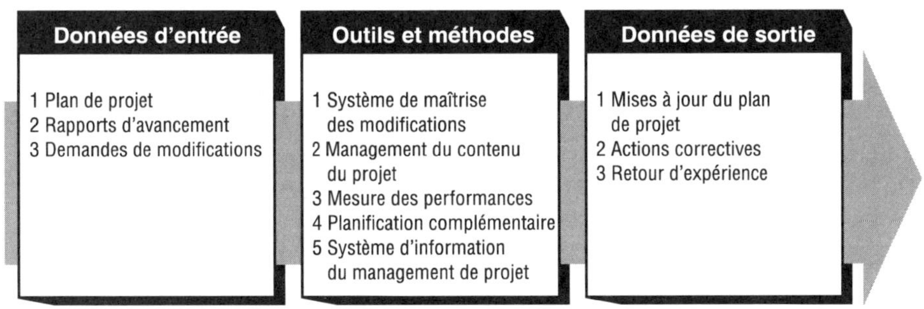

4.3.2 Outils et méthodes de la gestion des modifications

4.3.2.1 Système de maîtrise des modifications

Un système de maîtrise des modifications est un ensemble de procédures écrites formalisées, qui définit les conditions dans lesquelles les documents officiels du projet peuvent être modifiés. Cela inclut les documents, les systèmes de suivi, et les niveaux d'approbation nécessaires pour autoriser les modifications.

Dans la plupart des cas, l'entreprise en charge du projet a déjà un système de maîtrise des modifications qui peut être adopté tel quel pour son application au projet. Cependant, si un système approprié n'est pas disponible, l'équipe de management de projet doit en élaborer un dans le cadre de son projet.

Les systèmes de maîtrise des modifications comportent souvent un bureau de contrôle des modifications (*CCB* en anglais), chargé d'approuver ou de refuser les demandes de modifications. Les pouvoirs et responsabilités de cette commission doivent être clairement définis et approuvés par les parties prenantes majeures. Dans les grands projets complexes, on peut avoir plusieurs commissions avec des responsabilités différentes.

Le système de maîtrise des modifications doit aussi comporter des procédures qui permettent d'approuver la mise en œuvre d'une modification sans examen préalable, par exemple en cas d'urgence. Typiquement, un système de maîtrise des modifications doit permettre l'autorisation automatique d'une certaine catégorie de modifications. Ces modifications doivent être répertoriées et documentées afin d'éviter des problèmes par la suite.

4.3.2.2 Management de la configuration

Le management de la configuration est constitué par la procédure de documentation utilisée dans la direction et la surveillance, à la fois technique et administrative et comprend :

- l'identification et la documentation concernant les caractéristiques fonctionnelles et physiques des éléments et des systèmes,
- la maîtrise de toute modification de ces caractéristiques,
- l'enregistrement et la définition des modifications et de leur état d'applicabilité,
- l'audit des éléments et systèmes pour vérifier la conformité avec les spécifications.

Dans de nombreux domaines d'application, le management du contenu du projet est un sous-ensemble du système de maîtrise des modifications et est utilisé pour s'assurer que la description du résultat du projet est correcte et complète. Cependant, dans certains domaines, le terme de management du contenu du projet est utilisé pour qualifier tout système rigoureux de maîtrise des modifications.

4.3.2.3 Mesure des performances

Les techniques de mesure des performances, telles que la valeur acquise (décrite au paragraphe 10.3.2.4) permettent d'estimer si les déviations par rapport au plan nécessitent des actions correctives.

4.3.2.4 Planification complémentaire

Les projets se déroulent rarement selon le programme prévu. Les modifications envisagées peuvent demander des estimations nouvelles ou révisées, des changements dans les séquences d'activités, des alternatives dans les réponses aux risques, ou d'autres ajustements au plan de projet.

4.3.2.5 Système d'information du management de projet

Ce système est décrit au paragraphe 4.1.2.3.

4.3.3 Données de sortie du processus de gestion des modifications

4.3.3.1 Mises à jour du plan de projet

Ces mises à jour concernent toutes les modifications apportées au contenu du plan de projet ou de ses annexes (décrits respectivement aux paragraphes 4.1.3.1 et 4.1.3.2). Les parties prenantes doivent être destinataires pour autant que de besoin.

4.3.3.2 Actions correctives

Elles sont décrites au paragraphe 4.2.1.4.

4.3.3.3 Retour d'expérience

Les causes de déviations, la démarche justifiant le type d'actions correctives adoptées, et les autres types d'expérience acquis doivent être consignés, de sorte qu'ils fassent partie de la base de données historiques, utilisable autant pour le projet considéré que pour les autres projets de l'entreprise en charge du projet.

5 MANAGEMENT DU CONTENU DU PROJET

Le management du contenu du projet comprend les processus nécessaires pour confirmer que le projet prévoit toutes les activités nécessaires, et seulement celles-là, pour assurer la bonne fin du projet [1]. Il s'agit en premier lieu de définir et de contrôler ce qui est inclus dans le projet ou non. La figure 5.1 donne un schéma général des principaux processus de management du contenu des projets, à savoir :

5.1 Démarrage – pour engager l'organisation à débuter la phase suivante du projet.

5.2 Planification du contenu – pour élaborer un état écrit du contenu du projet, qui servira de référence pour les décisions ultérieures.

5.3 Définition du contenu – pour décomposer les principaux livrables en éléments plus petits et plus faciles à gérer.

5.4 Vérification du contenu – pour formaliser le fait que les activités réalisées au cours du projet sont acceptées.

5.5 Maîtrise des modifications du contenu – pour maîtriser les modifications au contenu du projet.

Ces processus interagissent les uns avec les autres et avec les processus des autres domaines. Chaque processus peut nécessiter la participation d'un ou plusieurs individus ou équipes, en fonction des besoins du projet. Chaque processus se déroule au moins une fois dans chaque phase du projet.

Bien que les processus soient présentés ici comme des entités séparées, avec des limites bien définies, ils peuvent en pratique se recouvrir et interagir selon des formes non décrites ici. Les interactions entre procédés sont traitées en détail au chapitre 3.

Dans le contexte d'un projet, le terme « contenu » peut se rapporter :

- au contenu du résultat du projet (le produit) – ce sont les caractéristiques et les fonctions que doit posséder le produit ou le service ;
- au contenu du projet – ce sont les activités qui doivent être réalisées pour produire un résultat ayant les caractéristiques et fonctions spécifiées.

Les processus, outils et méthodes utilisés pour gérer le contenu du projet sont l'objet de ce chapitre. Les processus, outils et méthodes utilisés pour gérer le contenu du produit sont propres à chaque domaine d'application et résultent généralement du cycle de vie du projet (le cycle de vie est traité au paragraphe 2.1).

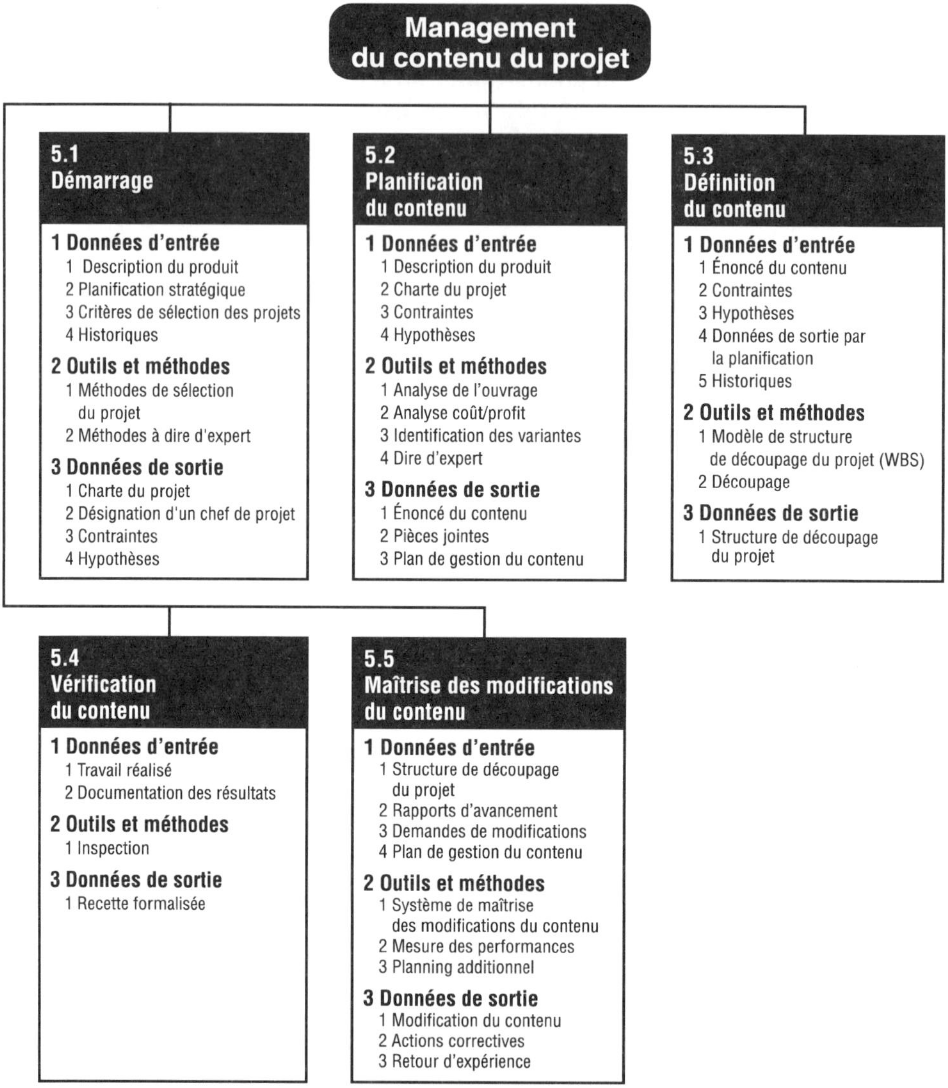

Figure 5.1 Schéma général du management du contenu du projet.

Un projet aboutit à un résultat unique, mais ce résultat peut comporter des sous-ensembles, dont chacun présentera un contenu propre, mais interdépendant de l'ensemble. Par exemple, un nouveau système téléphonique comportera généralement quatre sous-ensembles : le matériel, le logiciel, la formation et la mise en œuvre.

La conformité du contenu du produit du projet est vérifiée par rapport aux spécifications, alors que la conformité du contenu du projet est vérifiée par rapport aux plans du projet. Les deux aspects du management du contenu doivent être parfaitement intégrés, pour être assuré que l'œuvre conduira à la réalisation du produit spécifié.

5.1 Démarrage

Le démarrage est le processus qui permet de formaliser le fait qu'un nouveau projet existe, ou qu'une nouvelle phase d'un projet en cours doit être lancée (*cf.* paragraphe 2.1 pour plus de détails sur les phases du projet).

Cette formalisation du démarrage a pour but d'intégrer le projet à l'activité courante de l'organisation en charge du projet. Dans certaines organisations, un projet n'est pas formellement commencé avant la présentation d'une étude de faisabilité, d'un programme préliminaire ou de toute autre forme équivalente d'analyse, qui constitue elle-même un travail séparé. Quelques types de projets, particulièrement les projets internes et les développements de produits nouveaux, sont commencés sans décision formalisée et seules quelques actions limitées sont menées pour obtenir les approbations nécessaires à un démarrage formalisé.

Typiquement, les projets sont engagés comme une réponse à un ou plusieurs des faits suivants :

- une demande du marché (par exemple, une compagnie pétrolière autorise le projet de construction d'une nouvelle raffinerie pour répondre à un déficit chronique de carburant) ;
- une diversification d'activité (par exemple, un organisme de formation autorise le projet de créer un nouveau cours pour augmenter son chiffre d'affaires) ;
- une demande d'un client (par exemple, un producteur d'électricité autorise le projet de construire une nouvelle sous-station pour desservir une nouvelle zone industrielle) ;

– une avancée technologique (par exemple, une firme d'électronique autorise un projet de développement d'un nouveau jeu vidéo, après le lancement d'un enregistreur de vidéo cassettes) ;
– une exigence administrative (par exemple, un fabricant de peintures autorise un projet de mise en place de consignes pour la manipulation de produits toxiques).

Ces *stimuli* peuvent se présenter comme des problèmes, des opportunités ou des nécessités commerciales. Le point commun à tous ces termes est qu'ils impliquent généralement que la direction prenne une décision pour y faire face.

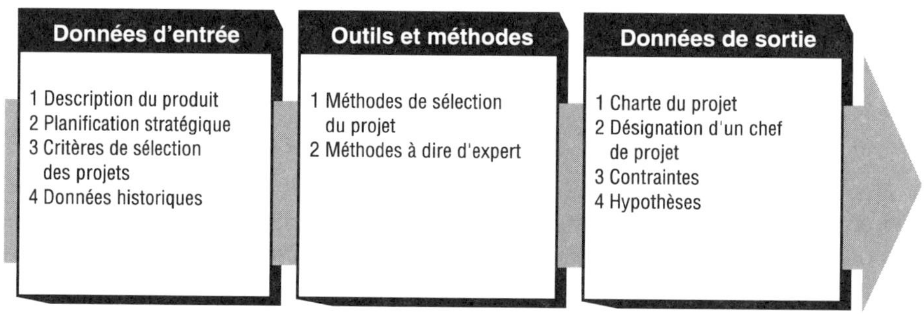

5.1.1 Données d'entrée pour le démarrage

5.1.1.1 Description du produit

La description du produit issu du projet (ouvrage) présente par écrit les caractéristiques du produit ou service pour la création duquel le projet est entrepris. La description du produit est généralement moins détaillée dans les phases initiales que dans les dernières, puisque les caractéristiques du produit sont élaborées progressivement.

La description du produit doit aussi rendre compte des relations entre le produit ou le service à réaliser et les besoins ou autres *stimuli* qui ont donné naissance au projet (*voir* plus haut). Même si la forme et le contenu de la description du produit issu du projet évolue, ils doivent toujours être suffisamment détaillés pour permettre la planification de la suite du projet.

Beaucoup de projets impliquent un organisme (le vendeur) qui réalise le travail en vertu d'un contrat signé avec un autre organisme (l'acheteur). Dans ce cas, la description initiale du produit est généralement fournie par l'acheteur. Si le travail de l'acheteur est lui-même un projet, la description de son produit est l'énoncé des travaux, comme il est dit au paragraphe 12.1.3.2.

5.1.1.2 Planification stratégique

Tout projet doit être cohérent avec les objectifs stratégiques de l'organisation qui le prend en charge. Le plan stratégique de l'organisation en charge doit toujours être un élément dans la décision de choix d'un projet.

5.1.1.3 Critères de sélection des projets

Les critères de sélection des projets sont toujours définis en termes de résultat du projet et peuvent s'étendre à tous les aspects possibles du management (profit financier, part de marché, notoriété, ...).

5.1.1.4 Historique

Les données historiques sur les résultats des précédentes décisions de choix et les performances des précédents projets doivent être considérées dans la mesure où elles sont disponibles. Si le démarrage concerne une phase ultérieure d'un projet, l'information sur les résultats des phases précédentes est souvent décisive.

5.1.2 Outils et méthodes pour le démarrage

5.1.2.1 Méthodes de sélection des projets

Ces méthodes rentrent généralement dans l'une des deux grandes catégories :

- **Méthodes d'évaluation du profit** – approches comparatives, modèles quantifiés, contribution aux bénéfices, ou modèles économiques.
- **Méthodes d'optimisation des contraintes** – modèles mathématiques utilisant des programmations linéaires, non linéaires, dynamiques, intégrales et multicritères.

Ces méthodes sont souvent appelées « modèles décisionnels ». Les modèles décisionnels comportent des techniques très répandues (arbre de décision, choix nécessaire ou autres), mais aussi des techniques très spécialisées (processus d'analyse hiérarchique, analyse du cadre logique et autres). L'utilisation de critères complexes de sélection des projets par des modèles sophistiqués est souvent considérée comme une phase séparée du projet.

5.1.2.2 Méthodes à dire d'expert

L'opinion d'experts est souvent nécessaire pour estimer les données d'entrée de ce processus. Cette opinion peut être recueillie auprès de personnes ou d'équipes possédant une connaissance et une expérience particulière dans le domaine, et peut provenir de plusieurs sources :

- autres services de l'organisation en charge du projet,
- consultants,
- associations professionnelles et techniques,
- groupements industriels.

5.1.3 Données de sortie du processus de démarrage

5.1.3.1 Charte du projet

C'est un document qui authentifie officiellement l'existence du projet. Il doit comporter, directement ou par référence à d'autres documents :

- l'explication du besoin qui a entraîné d'entreprendre le projet,
- la description du produit (*cf.* paragraphe 5.1.1.1).

La note de mission doit être émise par un directeur ne faisant pas partie de l'équipe de projet, et d'un niveau hiérarchique approprié. Elle donne au chef de projet une autorité suffisante pour pouvoir utiliser les ressources de l'organisation pour les activités du projet. Quand le projet est réalisé dans le cadre d'un contrat, le contrat signé sert généralement de charte de projet.

5.1.3.2 Identification/Désignation d'un chef de projet

Normalement, le chef de projet doit être choisi et désigné dès que le projet apparaît faisable. Le chef de projet doit toujours être mis en place avant le début de la mise en œuvre du plan de projet (*cf.* paragraphe 4.2) et de préférence avant l'élaboration de la planification du projet (les processus de planification du projet sont décrits au paragraphe 3.3.2).

5.1.3.3 Contraintes

Les contraintes sont des facteurs qui limitent les choix de l'équipe de projet. Par exemple, fixer par avance le montant d'un budget est une contrainte qui limite considérablement la liberté de choix de l'équipe de projet en ce qui concerne le contenu, le délai et l'effectif.

Lorsque le projet est réalisé en exécution d'un contrat, les provisions contractuelles sont généralement des contraintes.

5.1.3.4 Hypothèses

Ce sont des facteurs que l'on doit, pour les besoins de la planification, considérer comme vrais, réels ou assurés. Par exemple, si la date à laquelle une personne clé doit être disponible est encore incertaine, on fera néanmoins l'hypothèse d'une date de début d'activités. Les hypothèses impliquent en général un certain risque. Elles doivent être identifiées ici, ou bien être une donnée de sortie du processus d'identification des risques (*cf.* paragraphe 11.1).

5.2 Planification du contenu du projet

Dans le processus de planification du contenu, on rédige un état écrit de ce contenu, qui servira de référence pour les décisions ultérieures; cet état contiendra notamment les critères utilisés pour décider si le projet, ou la phase de projet, aura été correctement achevée. Un document écrit est nécessaire aussi bien pour le projet que pour les sous-projets. Par exemple, une firme d'ingénierie qui a signé un contrat pour l'étude d'une raffinerie de pétrole doit établir l'énoncé du contenu définissant les limites de son travail dans l'étude de ce sous-projet. Ce document constitue la base de l'accord entre l'équipe de projet et le client du projet en identifiant à la fois les objectifs du projet et les principaux livrables.

Si tous les éléments de l'énoncé du contenu sont déjà disponibles (par exemple, un appel d'offres peut définir les principaux livrables et la charte du contenu peut définir les objectifs du projet), ce processus se résume à peu près à les formaliser physiquement dans un document écrit.

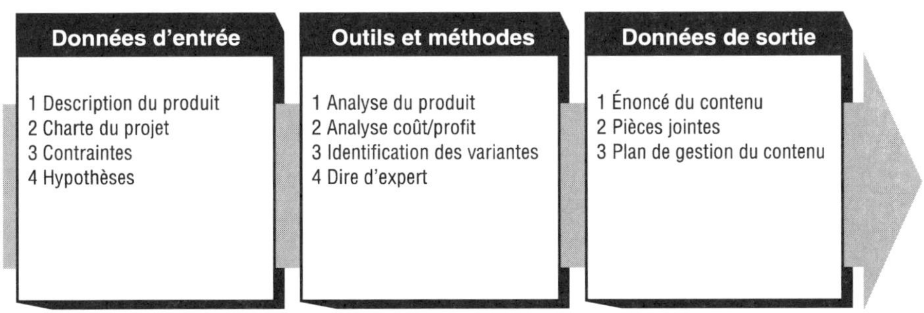

5.2.1 Données d'entrée de la planification du contenu

5.2.1.1 Description du produit

Se reporter au paragraphe 5.1.1.1.

5.2.1.2 Charte du projet

Se reporter au paragraphe 5.1.3.1.

5.2.1.3 Contraintes

Se reporter au paragraphe 5.1.3.3.

5.2.1.4 Hypothèses

Se reporter au paragraphe 5.1.3.4.

5.2.2 Outils et méthodes de planification du contenu du projet

5.2.2.1 Description du produit

L'analyse du travail à réaliser par le projet implique de le comprendre mieux. Cela englobe des techniques telles que l'analyse système, l'analyse de la valeur, l'analyse fonctionnelle et une analyse QFD.

5.2.2.2 Analyse coût/profit

L'analyse coût/profit entraîne l'estimation des coûts tangibles ou non (dépenses) et des avantages (gains) des diverses alternatives du projet, et par conséquent l'utilisation de techniques financières, telles que le retour sur investissement, ou le délai de remboursement, pour évaluer le degré d'intérêt des alternatives considérées.

5.2.2.3 Identification des variantes

Ceci est un terme général pour désigner les techniques employées pour créer différentes approches du projet. Toute une série de techniques générales de management peuvent être utilisées ici, dont les plus communes sont le remue-méninges et le raisonnement parallèle.

5.2.2.4 Méthodes à dire d'expert

Les méthodes à dire d'expert sont développées au paragraphe 5.1.2.2.

5.2.3 Données de sortie du processus de planification du contenu

5.2.3.1 Énoncé du contenu

L'état du contenu constitue une base de référence écrite pour la prise de décisions futures et pour confirmer ou expliciter une compréhension commune du contenu du projet entre les parties prenantes. Au fur et à mesure de l'avancement, l'énoncé du contenu peut nécessiter des révisions ou des précisions tenant compte des modifications du contenu du projet.

Cet énoncé doit comprendre, explicitement ou par référence à d'autres documents :

- **La justification du projet** – les besoins pour la satisfaction desquels le projet a été entrepris. La justification du projet constitue la base d'évaluation de négociations ultérieures.
- **Le produit issu du projet** – un résumé bref de la description du produit (la description du produit est étudiée au paragraphe 5.1.1.1).
- **Les livrables du projet** – une liste résumant les sous-ensembles dont la livraison complète et correcte marquera l'achèvement satisfaisant du projet. Par exemple, les livrables principaux d'un projet informatique peuvent comprendre le code exécutable, le manuel d'utilisation et un guide interactif. Lorsqu'on les connaît, les exclusions doivent être précisées, sachant que tout ce qui n'est pas explicitement inclus est implicitement exclu.
- **Les objectifs du projet** – les critères quantitatifs auxquels on doit répondre pour que le projet soit jugé satisfaisant. Les objectifs du projet doivent comporter, au moins, les coûts, les délais, et les indicateurs de qualité. Les objectifs du projet devraient avoir un attribut (par exemple, le coût), une unité de mesure (par exemple, le dollar US) et une valeur absolue ou relative (par exemple, moins de 1,5 million). Les objectifs non quantifiés (par exemple, la satisfaction de l'acheteur) entraînent les plus grands risques.

Dans quelques domaines d'application, les livrables du projet sont appelés objectifs, alors que les objectifs du projet sont appelés éléments critiques de réussite.

5.2.3.2 Pièces jointes

On doit compléter l'énoncé du contenu par tous les détails, documentés et structurés, pour en faciliter l'utilisation dans les autres processus de management de projet. Les pièces jointes doivent toujours préciser toutes les hypothèses et contraintes identifiées. Le volume des pièces jointes varie selon le domaine.

5.2.3.3 Plan de gestion du contenu

Ce document décrit comment le contenu du projet doit être géré et comment les modifications du contenu doivent être intégrées dans le projet. Cela implique également une hypothèse sur la stabilité de ce contenu (c'est-à-dire, sa propension à être modifié, avec quelle fréquence et dans quelle mesure).

Le plan de gestion du contenu doit aussi décrire clairement comment les modifications seront identifiées et classées (cela est particulièrement difficile – et par conséquent essentiel – lorsque les caractéristiques du produit sont en cours d'élaboration).

Un plan de gestion du contenu peut être formalisé ou non, très détaillé ou renvoyant largement à la définition des besoins. C'est un élément annexe du plan de projet (*cf.* paragraphe 4.1.3.1).

5.3 Définition du contenu

La définition du contenu implique de décomposer les livrables principaux du projet (tels que définis dans l'énoncé du contenu) en éléments plus petits et mieux gérables, pour :

- améliorer la précision des estimations de coût, délais et ressources,
- établir une référence de base pour mesurer et maîtriser les performances,
- faciliter l'affectation claire des responsabilités.

Une bonne définition du contenu est critique pour la réussite du projet. « Lorsque l'énoncé du contenu du projet est médiocre, on peut s'attendre à un dépassement du coût final, parce que les modifications inévitables vont rompre le rythme du projet, entraîner des reprises, allonger les délais, diminuer la productivité et saper le moral des équipes » [3].

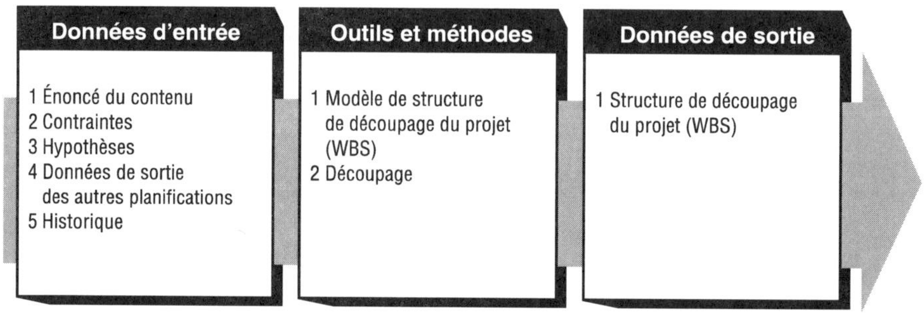

5.3.1 Données d'entrée pour la définition du contenu

5.3.1.1 Énoncé du contenu

L'énoncé du contenu est décrit au paragraphe 5.2.3.1.

5.3.1.2 Contraintes

Les contraintes sont décrites au paragraphe 5.1.3.3. Lorsqu'un projet est réalisé sous contrat, les contraintes fixées par les provisions contractuelles sont un facteur important à prendre en considération pour la définition du contenu.

5.3.1.3 Hypothèses

Les hypothèses sont décrites au paragraphe 5.1.3.4.

5.3.1.4 Données de sortie des autres planifications dans d'autres domaines de connaissance

Les données de sortie des processus de planification doivent être prises en compte pour leur impact éventuel sur la définition du contenu.

5.3.1.5 Historique

Les informations sur des projets antérieurs devraient être prises en considération pour la définition du contenu. La connaissance d'erreurs ou d'omissions lors de projets antérieurs est particulièrement utile.

5.3.2 Outils et méthodes pour la définition du contenu

5.3.2.1 Modèles de structure de découpage du projet

La structure de découpage du projet (SDP ou WBS, décrit au paragraphe 5.3.3.1) provenant d'un projet antérieur peut souvent être utilisée comme modèle pour un nouveau projet. Bien que chaque projet soit unique, la structure de découpage du projet peut souvent être réutilisée, car beaucoup de projets se ressemblent plus ou moins. Par exemple, beaucoup de projets réalisés par une organisation donnée auront des cycles de vie identiques ou similaires, et auront donc des livrables identiques ou similaires à la fin de chaque phase.

Beaucoup de domaines d'application ont établi des SDP (ou WBS) standard ou semi-standard qui peuvent être réutilisés comme modèles. Par exemple, le département de la Défense US (DoD) a défini une SDP (WBS) standard pour les matériels militaires. Une partie de ce modèle est représentée figure 5.2.

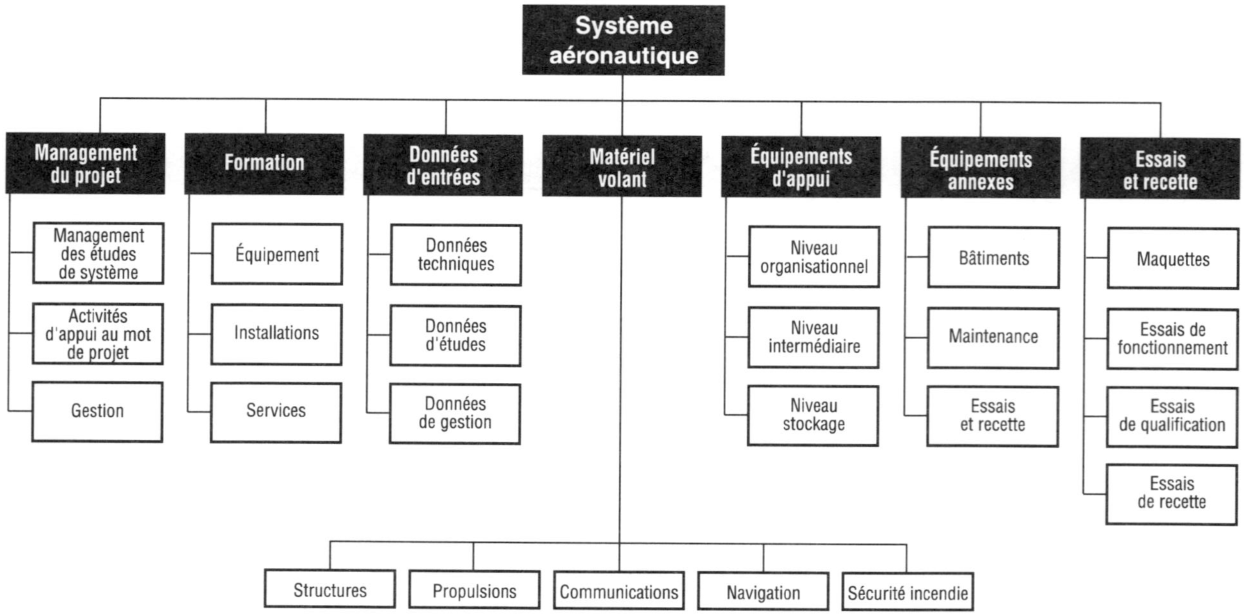

Cette SDP (WBS) est donnée à titre d'illustration. Elle ne vise pas à représenter le contenu complet d'un projet défini, ni à constituer le seul modèle d'organisation d'une SDP (WBS) pour ce type de projet.

Figure 5.2 Exemple de SDP (WBS) pour un matériel de défense.

5.3.2.2 Découpage

Le découpage consiste à fractionner les livrables principaux en éléments plus petits et mieux gérables, jusqu'à un point tel que ces éléments livrables soient suffisamment détaillés pour que l'on puisse bien définir les activités à prévoir (planification, exécution, maîtrise et achèvement). Le découpage comporte les étapes suivantes :

(1) **Identifier les principaux éléments du projet.**

En général, les éléments principaux sont les livrables et le management du projet. Cependant, les principaux éléments doivent toujours être définis en termes de management pratique et effectif, par exemple :

- les phases du cycle de vie du projet peuvent être utilisés au premier niveau de décomposition, avec les livrables du projet répétés au second niveau, comme illustré par la figure 5.3 ;
- les principes d'organisation peuvent varier dans chaque branche de la SDP (WBS) comme le montre la figure 5.4.

(2) **Décider si des estimations de coût et de durée appropriés peuvent être effectuées pour chaque élément à ce niveau de détail.**

Le sens du mot approprié peut évoluer au cours du projet. La décomposition d'un livrable qui ne sera fourni que dans une phase tardive peut n'être pas possible. Pour chaque élément, on passera à l'étape (4) si l'on peut avoir les détails appropriés, sinon l'étape (3). Ce qui veut dire que des éléments différents peuvent avoir un niveau de découpage différent.

(3) **Identifier les éléments constitutifs de livrables.**

Ces éléments constitutifs devraient être décrits en termes de résultats tangibles et vérifiables, pour faciliter la mesure des performances. Comme pour les livrables principaux, les éléments constitutifs devraient être définis en termes d'exécution pratique du projet. Les résultats tangibles et vérifiables peuvent concerner des services aussi bien que des produits (par exemple, l'état d'avancement peut être défini par l'état hebdomadaire d'avancement ; pour un produit manufacturé, les éléments constitutifs peuvent être les divers composants plus leur assemblage final). Il faut répéter l'étape (2) pour chaque élément constitutif.

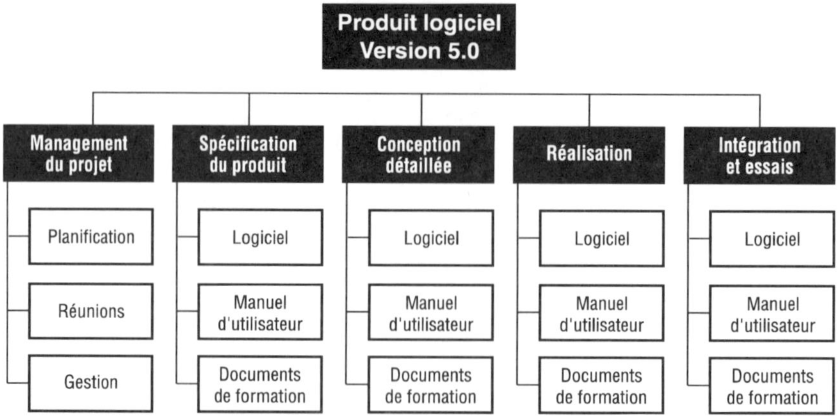

Cette SDP (WBS) est une illustration. Elle ne vise pas à représenter le contenu complet d'un projet quelconque, ni que cela constitue la seule façon d'organiser une SDP (WBS) pour ce type de projet.

Figure 5.3 Exemple de SDP (WBS) organisé par phases.

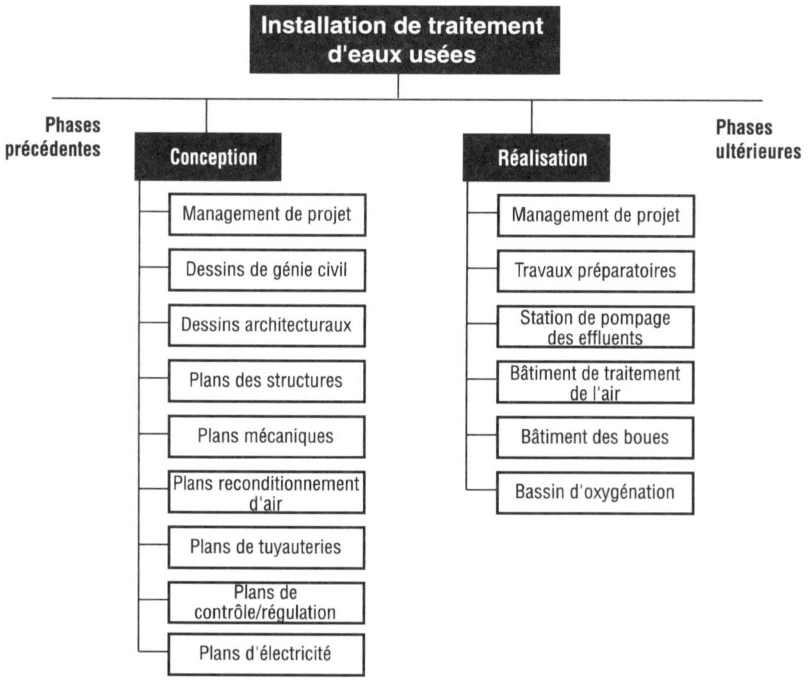

Cette SDP (WBS) est une illustration. Elle ne vise pas à représenter le contenu complet d'un projet quelconque, ni que cela constitue la seule façon d'organiser une SDP (WBS) pour ce type de projet.

Figure 5.4 Exemple de SDP (WBS) pour une installation de traitement d'eaux usées.

(4) **Vérifier l'exactitude du découpage.**

- Les éléments du niveau inférieur forment-ils un ensemble nécessaire et suffisant pour reconstituer l'élément décomposé ? Sinon, la description doit être revue ou développée.
- Chaque élément est-il clairement ou complètement défini ? Sinon, les descriptions doivent être revues et complétées.
- Chaque élément peut-il être convenablement estimé en délai et en coût ? Et être affecté à une cellule précise de l'organisation (par exemple, un service, une équipe ou une personne) qui acceptera la responsabilité de mener à bien la réalisation de cet élément ? Sinon, une révision est nécessaire pour permettre une maîtrise convenable de la gestion.

5.3.3 Données de sortie de la définition du contenu

5.3.3.1 Structure de découpage du projet (SDP ou WBS)

La SDP (WBS) est un regroupement des livrables du projet qui organise et définit la totalité du contenu du projet : une activité qui n'est pas dans la SDP est hors du contenu du projet. Comme l'état du contenu, la SDP est souvent utilisé pour amener ou confirmer une compréhension commune du contenu du projet. A chaque niveau de raffinement successif correspond une description de plus en plus détaillée des éléments du projet.

Le paragraphe 5.3.2.2 décrit la manière classique de bâtir une SDP.

Une SDP est généralement présenté sous forme de graphique, comme dans les figures 5.2, 5.3 et 5.4. Néanmoins, il ne faut pas confondre la SDP et son mode de présentation – le dessin d'une liste d'activités non structurée sous forme de tableau ne constitue pas une SDP !

En général, chaque élément de la SDP est affecté d'un repère unique. Ce repérage est généralement appelé code des postes des coûts. Les éléments qui figurent au niveau inférieur de la SDP sont appelés lots de travaux. Ces lots de travaux peuvent être décomposés ultérieurement comme expliqué au paragraphe 6.1, Identification des activités.

Les descriptions des activités élémentaires sont souvent rassemblées dans un dictionnaire des activités. Ce dictionnaire comporte la liste de tous les lots de travaux, avec leur description, leur date prévue, leur coût budgété et leur allocation en personnel.

La SDP ne doit pas être confondue avec les autres types de découpage utilisés pour présenter des informations sur le projet.

Les autres découpages généralement utilisés dans quelques domaines d'application sont :

- le découpage contractuel (CWBS) qui est utilisé pour définir le niveau de suivi et de compte rendu que le vendeur doit fournir à l'acheteur ; le CWBS généralement, inclut moins de détails que la SDP (WBS) utilisée par le vendeur pour gérer son projet ;
- l'organigramme fonctionnel (OF ou OBS), que l'on utilise pour montrer quels services fonctionnels sont responsables des divers lots de travaux ;
- l'organigramme des ressources (RBS), qui est une variante de l'OF est notamment utilisé lorsque les lots de travaux sont affectés à des individus ;
- la liste des composants (BOM), ou arborescence technique du produit, qui présente une décomposition hiérarchique des ensembles, sous-ensembles et éléments physiques nécessaires à la fabrication du produit manufacturé ;
- l'organigramme du projet (PBS), qui est fondamentalement identique à une SDP (WBS) correcte. Le terme PBS est souvent utilisé dans les domaines d'application où le terme SDP (WBS) est incorrectement employé pour désigner ce qui est en fait un BOM.

5.4 Vérification du contenu du projet

La vérification est le processus qui conduit à formaliser l'acceptation du contenu du projet par les parties prenantes (garant, client, usager,...). Elle implique un examen des résultats des travaux, pour s'assurer qu'ils ont été réalisés complètement et correctement. Si le projet est interrompu prématurément, le processus de vérification du contenu doit permettre d'établir et de documenter le niveau et l'importance de l'achèvement. La vérification du contenu diffère de la maîtrise de la qualité (décrite au paragraphe 8.3) en ce qu'elle concerne essentiellement l'acceptabilité des résultats du produit, alors que la maîtrise de la qualité concerne d'abord sa conformité.

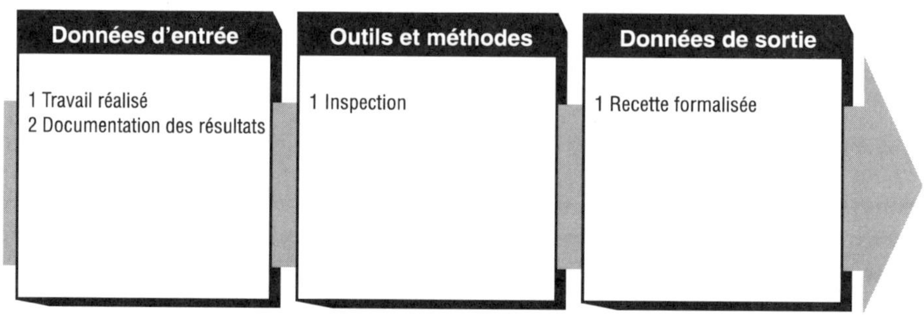

5.4.1 Données d'entrée de la vérification du contenu

5.4.1.1 Produit réalisé

Ce sont les livrables qui ont été totalement ou partiellement achevés, les coûts qui ont été engagés ou encourus, etc. C'est une donnée de sortie de la mise en œuvre du plan de projet (traité au paragraphe 4.2).

5.4.1.2 Documentation des résultats

Les documents émis pour décrire le produit résultant du projet doivent être disponibles pour examen. Les termes employés pour décrire cette documentation (plans, spécifications, documentation technique, dessins,...) varient avec les domaines d'applications.

5.4.2 Outils et méthodes pour la vérification du contenu

5.4.2.1 Inspection

L'inspection comprend les activités, telles que mesures, examens et tests, entreprises pour vérifier si les résultats sont conformes aux exigences. Les inspections peuvent être également constituées par des revues de projet, revues de produit, audits ou sondages; dans certains domaines d'application, ces différents termes peuvent avoir des significations plus limitées ou plus spécifiques.

5.4.3 Données de sortie de la vérification du contenu

5.4.3.1 Recette formalisée

Les documents démontrant que le client ou le sponsor (garant) a accepté le résultat du projet ou de la phase doivent être établis et diffusés. Une recette peut être émise avec réserves, surtout à la fin d'une phase intermédiaire.

5.5 Maîtrise des modifications du contenu

La maîtrise des modifications du contenu suppose de pouvoir :

a) agir sur les facteurs, causes de modifications, pour s'assurer que celles-ci sont bénéfiques;

b) déterminer qu'une modification est survenue, et

c) gérer les modifications lorsqu'elles apparaissent.

La maîtrise des modifications du contenu doit être parfaitement intégrée aux autres processus de maîtrise (maîtrise de délais, maîtrise de coûts, maîtrise de la qualité et autres, explicitées au paragraphe 4.3).

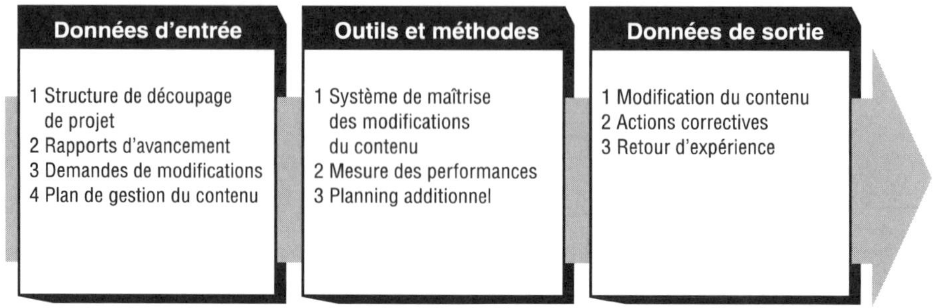

5.5.1 Données d'entrée pour le processus de maîtrise des modifications

5.5.1.1 Structure de découpage du projet

La SDP (WBS) est décrite au paragraphe 5.3.3.1. Elle constitue la référence du contenu du projet.

5.5.1.2 Rapports d'avancement

Les rapports d'avancement traités au paragraphe 10.3.3.1 donnent des informations sur l'état du projet, par exemple quels résultats intermédiaires ont été obtenus et ceux qui n'ont pas été atteints. Les rapports d'avancement doivent également alerter l'équipe de projet sur les événements qui peuvent poser problème dans l'avenir.

5.5.1.3 Demandes de modifications

Les demandes de modifications peuvent apparaître sous de multiples formes – orale ou écrite, directe ou indirecte, d'origine interne ou externe, et obligatoires ou optionnelles. Les modifications peuvent conduire à un élargissement ou à la limitation du contenu, ou permettre de le réduire. La plupart des modifications sont le résultat :

– d'événements extérieurs (par exemple, modification de dispositions réglementaires) ;

- d'erreurs ou d'omissions dans la définition du contenu du produit (par exemple, oubli d'inclure une disposition nécessaire dans l'étude d'un système de télécommunications) ;
- d'erreurs ou d'omissions dans la définition du contenu du projet (par exemple, utiliser une liste de composants au lieu de la SDP (WBS)) ;
- d'amélioration (par exemple, un projet de remise en état de l'environnement peut voir son coût diminué par l'utilisation de technologies, qui n'étaient pas disponibles au moment de la définition originale du contenu).

5.5.1.4 Plan de gestion du contenu

Le plan de gestion du contenu est détaillé au paragraphe 5.2.3.3.

5.5.2 Outils et méthodes de la maîtrise des modifications

5.5.2.1 Système de maîtrise des modifications

Un tel système comporte les procédures qui définissent dans quelles conditions le contenu du projet peut être modifié. Il comporte la partie rédactionnelle, les systèmes de suivi et les niveaux d'approbation nécessaires pour autoriser les modifications. Le système de maîtrise de modifications doit être intégré au système général de gestion des modifications, décrit au paragraphe 4.3 et en particulier à tout système destiné à contrôler le contenu du produit. Quand le projet est réalisé sous contrat, le système de maîtrise des modifications doit aussi être compatible avec les provisions contractuelles correspondantes.

5.5.2.2 Mesure des performances

Les techniques de mesure des performances, décrites au paragraphe 10.3.2, permettent d'évaluer l'importance de toute déviation qui survient. Un point important de la maîtrise des modifications est de déterminer quelle est la cause de la déviation, et de décider si elle nécessite une action corrective.

5.5.2.3 Planning additionnel

Peu de projets se déroulent exactement conformément aux prévisions. Les modifications de contenu envisagées peuvent nécessiter des modifications de la SDP (WBS) ou l'analyse de solutions alternatives.

5.5.3 Données de sortie du processus de maîtrise des modifications

5.5.3.1 Modification du contenu

Tout changement au contenu du projet tel que défini par la SDP (WBS) agréé est une modification du contenu. Une modification du contenu entraîne souvent des réajustements dans le délai, le coût, la qualité, ou autres objectifs du projet.

Les modifications du contenu sont réintroduites dans les processus de planification, les documents techniques et le calendrier sont mis à jour et les parties prenantes sont informées autant que de besoin.

5.5.3.2 Actions correctives

Est action corrective toute opération effectuée pour ramener les performances attendues du projet en conformité avec le plan de management du projet.

5.5.3.3 Retour d'expérience

Les causes de déviation, les raisons du choix des actions correctives et toutes autres leçons à tirer de la maîtrise des modifications doivent être mises par écrit, de sorte que ces informations fassent désormais partie des données historiques, autant pour le projet considéré que pour les autres projets menés par l'organisation.

6 MANAGEMENT DES DÉLAIS DU PROJET

Le management des délais comprend les processus nécessaires pour achever le projet en temps voulu. La figure 6.1 présente une vue d'ensemble des principaux processus, à savoir :

6.1 Identification des activités – pour identifier des activités spécifiques qui doivent être accomplies pour produire les différents livrables du projet.

6.2 Séquencement des activités – pour identifier et mettre en évidence les liaisons (relations d'ordre) entre activités.

6.3 Estimation des durées des activités – pour estimer le nombre d'unités de temps ouvré nécessaires pour réaliser chacune des activités.

6.4 Élaboration de l'échéancier – pour analyser les séquences d'activités, les durées des activités et les besoins en ressources d'où résulte un échéancier (planning) de réalisation du projet.

6.5 Maîtrise de l'échéancier – pour maîtriser les modifications d'échéancier de réalisation.

Ces processus interagissent les uns avec les autres, ainsi qu'avec les processus des autres disciplines. Chacun de ces processus peut nécessiter la participation d'une ou plusieurs personnes ou équipes, suivant les besoins du projet. Chaque processus intervient au moins une fois dans chacune des phases du projet.

Bien que les processus soient présentés séparément dans ce chapitre, avec des interfaces précises, ils peuvent, en pratique, se recouvrir et interagir d'une manière qui n'est pas détaillée ici. Les interactions entre processus sont analysées au chapitre 3.

Dans certains projets, particulièrement les petits projets, le séquencement des activités, l'estimation de la durée des activités et leur ordonnancement sont tellement liés qu'on peut les considérer comme un processus unique (c'est-à-dire qu'ils peuvent être réalisés par un seul individu en un temps relativement bref). Ils sont présentés ici de façons distinctes, parce qu'ils ne relèvent pas des mêmes outils et méthodes.

Actuellement, il n'existe pas de consensus dans la profession au sujet de la distinction entre les termes activités et tâches :

- Dans beaucoup de domaines d'application, on considère que les activités sont composées de tâches. Cette terminologie correspond à l'usage habituel et le plus répandu.
- Dans d'autres, les tâches sont conçues comme un ensemble d'activités.

Management des délais du projet

6.1 Identification des activités

1 Données d'entrée
1 Structure de découpage du projet
2 Énoncé du contenu
3 Données historiques
4 Contraintes
5 Hypothèses

2 Outils et méthodes
1 Découpage
2 Analogies

3 Données de sortie
1 Liste des activités
2 Pièces jointes
3 Structure de découpage du projet

6.2 Séquencement des activités

1 Données d'entrée
1 Liste des activités
2 Description du produit
3 Liaisons logiques obligatoires
4 Liaisons logiques optionnelles
5 Liaisons logiques externes
6 Contraintes
7 Hypothèses

2 Outils et méthodes
1 Méthode des antécédents (PDM)
2 Méthode du diagramme fléché (ADM)
3 Méthodes de représentation conditionnelles
4 Réseaux types

3 Données de sortie
1 Graphe de projet
2 Mise à jour de la liste des activités

6.3 Estimation des durées des activités

1 Données d'entrée
1 Liste des activités
2 Contraintes
3 Hypothèses
4 Besoins en ressources
5 Capacités des ressources
6 Historiques

2 Outils et méthodes
1 Méthodes à dire d'expert
2 Estimation par analogie
3 Simulation

3 Données de sortie
1 Estimation des durées des activités
2 Bases de l'estimation
3 Mise à jour de la liste des activités

6.4 Élaboration de l'échéancier

1 Données d'entrée
1 Graphe de projet
2 Estimation des durées des activités
3 Besoins en ressources
4 Description des possibilités de ressources
5 Calendriers
6 Contraintes
7 Hypothèses
8 Anticipations et retards

2 Outils et méthodes
1 Analyse mathématique
2 Réduction des durées
3 Simulation
4 Heuristique de nivellement des ressources
5 Logiciels de gestion de projet

3 Données de sortie
1 Planning de projet
2 Pièces jointes
3 Plan de gestion du planning
4 Mise à jour de l'histogramme des charges

6.5 Maîtrise de l'échéancier

1 Données d'entrée
1 Planning du projet
2 Rapports d'avancement
3 Demandes de modifications
4 Plan de gestion du planning

2 Outils et méthodes
1 Système de maîtrise des modifications du planning
2 Mesure des performances
3 Planning additionnel
4 Logiciels de gestion de projet

3 Données de sortie
1 Planning actualisé
2 Actions correctives
3 Retour d'expérience

Figure 6.1 Vue d'ensemble du management des délais.

Cependant, le point important n'est pas la terminologie utilisée, mais la description du travail à faire qui doit être décrite précisément, et de façon à être comprise par ceux qui doivent l'exécuter.

6.1 Identification des activités

Établir l'identification des activités demande d'identifier et de décrire les activités spécifiques qui doivent être réalisées pour produire les documents livrables et autres éléments identifiés dans la structure de découpage du projet. Ce processus entraîne de façon implicite de définir les activités de telle façon que les objectifs du projet soient atteints.

6.1.1 Données d'entrée pour l'identification des activités

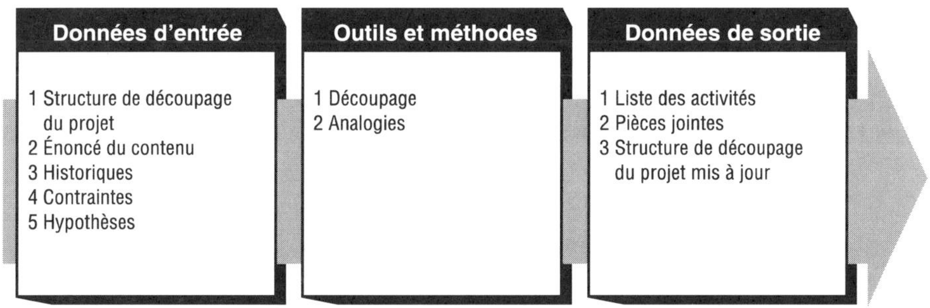

6.1.1.1 Structure de découpage du projet

La SDP (WBS) est la principale donnée d'entrée du processus d'identification des activités (*cf.* paragraphe 5.3.3.1 pour plus amples informations sur la SDP).

6.1.1.2 Énoncé du contenu

La justification et les objectifs du projet motivant l'état du contenu doivent toujours servir de référence explicite à l'identification des activités (*cf.* paragraphe 5.2.3.1 pour l'explication de l'état du contenu).

6.1.1.3 Historiques

Pour définir les activités du projet, on doit se référer aux données historiques (quelles activités ont été réellement nécessaires sur les projets similaires antérieurs).

6.1.1.4 Contraintes

Les contraintes sont les facteurs qui limitent la liberté de choix de l'équipe de management de projet.

6.1.1.5 Hypothèses

Les hypothèses sont des facteurs qui, pour les besoins de la planification, doivent être considérés comme vrais, réels ou assurés. Les hypothèses impliquent en général un certain risque et deviennent alors une donnée d'entrée du processus d'identification des risques (*cf.* paragraphe 11.1).

6.1.2 Outils et méthodes pour l'identification des activités

6.1.2.1 Découpage

Le découpage consiste à subdiviser les éléments du projet en composants plus petits et plus faciles à gérer, afin d'obtenir une meilleure maîtrise du management. Le découpage est décrit en détail au paragraphe 5.3.2.2. La différence principale entre le découpage envisagé ici et celui de la définition du contenu est que le résultat est exprimé ici en termes d'activités (ensemble d'opérations élémentaires) au lieu de l'être en termes de résultats livrables (éléments tangibles). Dans quelques domaines d'application, la SDP (WBS) et l'identification des activités sont effectués en même temps.

6.1.2.2 Modèles

Une liste d'activités (*cf.* paragraphe 6.1.3.1) ou une section d'une liste d'activités provenant d'un projet précédent est souvent utilisable comme modèle pour un nouveau projet. De plus, la liste d'activités préparée pour un élément de la SDP d'un projet en cours peut être utilisée comme modèle pour un autre élément similaire de la même SDP.

6.1.3 Données de sortie du processus d'identification des activités

6.1.3.1 Liste des activités

La liste des activités doit comprendre toutes les activités à accomplir pour le projet. Elle doit être présentée comme un complément de la SDP (WBS), pour être sûr de son exhaustivité, et qu'elle ne comporte pas d'activités qui ne sont pas indispensables pour le contenu du projet. Comme pour la SDP (WBS), la liste des activités doit comporter une description de chaque activité permettant à l'équipe de projet de comprendre comment le travail doit être fait.

6.1.3.2 Pièces jointes

Les pièces jointes à la liste des activités doivent être documentées et présentées de façon à faciliter son utilisation par les autres processus de management de projet. Elles doivent toujours inclure une documentation sur toutes les hypothèses et contraintes identifiées. L'importance de ces pièces varie selon le domaine d'application.

6.1.3.3 Mise à jour de la structure de découpage des tâches

Lorsque l'on utilise la SDP (WBS) pour identifier quelles activités sont nécessaires, l'équipe de projet peut retrouver des livrables manquants, ou constater que la description de certains livrables doit être clarifiée ou corrigée. Ce type de mise à jour doit être répercuté dans la SDP, et dans les documents qui en découlent, comme l'estimation du coût. Ces mises à jour sont souvent appelées «raffinement» et sont plus fréquentes lorsque le projet utilise des technologies nouvelles ou émergentes.

6.2 Séquencement des activités

Le processus de séquencement des activités consiste à identifier et documenter les relations d'ordre entre activités. L'ordre dans lequel les activités seront réalisées doit être établi avec soin pour que l'on puisse ensuite préparer un planning réaliste et exécutable. L'ordonnancement peut être réalisé avec un outil informatique (en utilisant un logiciel de gestion de projet) ou par des techniques manuelles. Les techniques manuelles sont souvent plus efficaces sur les petits projets, ou dans les phases initiales des grands, lorsque peu d'informations sont disponibles. On peut aussi combiner l'utilisation de techniques manuelles et informatiques.

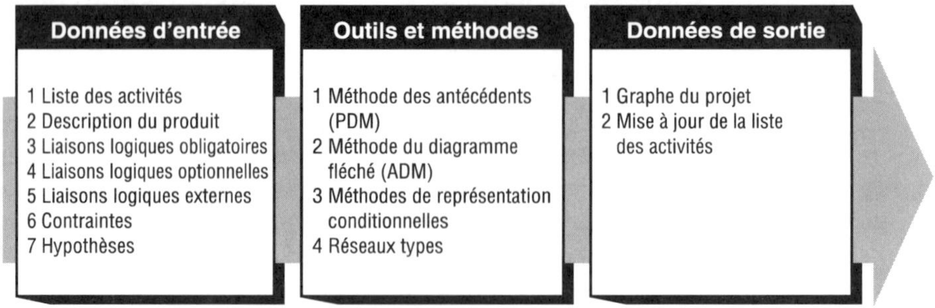

6.2.1 Données d'entrée pour le processus de séquencement des activités

6.2.1.1 Liste des activités

Cette liste est décrite au paragraphe 6.1.3.1.

6.2.1.2 Description du produit

La description du produit est traitée au paragraphe 5.1.1.1. Les caractéristiques du travail réalisé conditionnent souvent le séquencement des activités (par exemple, le plan d'implantation d'un atelier à construire, l'interface des sous-systèmes dans un projet logiciel). Bien que ces influences soient souvent apparentes dans la liste des activités, la description du produit réalisé devrait être en général revu pour s'assurer de son exactitude.

6.2.1.3 Liaisons logiques obligatoires

Ce sont celles qui sont inhérentes à la nature du travail. Elles sont souvent la conséquence de limites physiques (dans un projet de construction, les fondations précédent nécessairement les superstructures; dans un projet d'électronique, la fabrication du prototype précède nécessairement les tests). Les liaisons logiques obligatoires sont parfois appelées « hard logic ».

6.2.1.4 Liaisons logiques optionnelles

Ce sont celles qui peuvent être décidées par l'équipe de management de projet. Elles doivent être étudiées avec soin (et clairement documentées), parce qu'elles peuvent ultérieurement restreindre les options de séquencement. Les liaisons logiques optionnelles sont habituellement choisies à partir de :

- « les meilleures pratiques » du domaine d'application concerné ;
- certains aspects particuliers du projet, où une séquence spécifique est souhaitée, même si d'autres sont acceptables.

Les liaisons logiques optionnelles sont aussi appelées « prefered logic » ou « soft logic ».

6.2.1.5 Liaisons logiques externes

Ce sont celles qui dépendent d'une liaison entre des activités du projet et des activités qui n'en font pas partie. Par exemple, les tests d'un projet logiciel peuvent dépendre de la livraison d'un matériel provenant d'un fournisseur extérieur, ou bien des audits sur l'environnement doivent être menés avant que la préparation du site de construction puisse commencer.

6.2.1.6 Contraintes

Se reporter au paragraphe 6.1.1.4.

6.2.1.7 Hypothèses

Se reporter au paragraphe 6.1.1.5.

6.2.2 Outils et méthodes de séquencement des activités

6.2.2.1 Méthode des antécédents (PDM)

Dans cette méthode de représentation du graphe d'un projet, les activités sont figurées sur les nœuds et les flèches qui les relient indiquent leur relation d'ordre (*cf.* aussi paragraphe 6.2.3.1). La figure 6.2 représente le diagramme d'un réseau de projet simple selon la méthode des antécédents. Cette méthode est également appelée activités sur nœuds (AON) et elle est utilisée par la plupart des logiciels de management de projet. Cette méthode peut être employée manuellement ou avec un outil informatique. Elle utilise quatre types de relations d'ordre :

- **Liaison Fin-Début** : l'activité amont doit s'achever avant que l'activité aval ne commence.
- **Liaison Fin-Fin** : l'activité amont doit s'achever avant que l'activité aval ne débute.
- **Liaison Début-Début** : l'activité amont doit commencer avant que l'activité aval ne commence.
- **Liaison Début-Fin** : l'activité amont doit commencer avant que l'activité aval ne finisse.

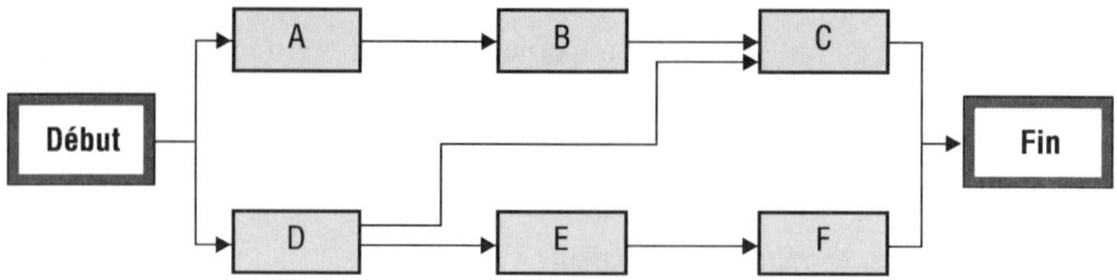

Figure 6.2 Graphe de projet reprenant la méthode des antécédents (PDM).

Dans la méthode des antécédents, la liaison Fin-Début est la plus utilisée. La relation Début-Fin est rarement employée et seulement par des professionnels de la planification. L'utilisation des liaisons Fin-Fin, Début-Début ou Début-Fin avec des logiciels de gestion de projet peut conduire à des résultats inattendus, lorsque ces types de liaisons n'ont pas été correctement introduits.

6.2.2.2 Méthode du diagramme fléché (ADM)

Dans cette méthode de représentation du graphe du projet, les activités sont figurées par des flèches, qui se rejoignent sur des nœuds qui montrent leurs interdépendances (*cf.* également paragraphe 6.2.3.1). La figure 6.3 représente le graphe de projet simple selon la méthode ADM. Cette méthode est également connue sous le nom «d'activités sur les flèches» (AOA) et bien que supplantée par la méthode des antécédents, c'est encore la technique choisie

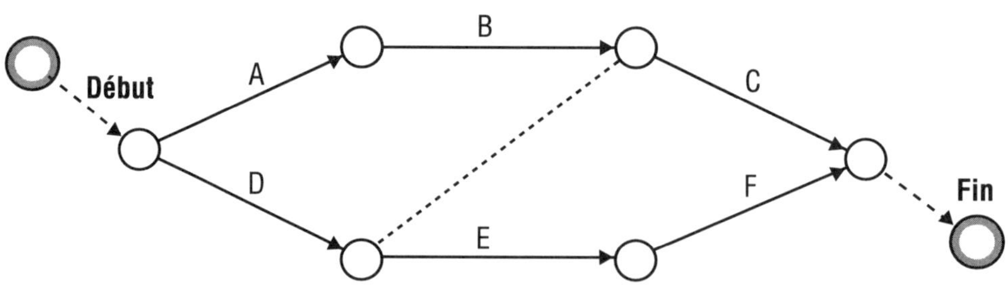

Figure 6.3 Graphe de projet reprenant la méthode du diagramme fléché.

dans certains domaines d'application. Cette méthode n'utilise que des relations d'ordre Début-Fin et peut nécessiter l'emploi d'activités fictives pour représenter correctement certaines liaisons. Elle peut être appliquée manuellement ou avec un outil informatique.

6.2.2.3 Méthodes de représentation conditionnelles

Certaines méthodes de représentation, telles que GERT (*Graphical Evaluation and Review Technique* = Technique d'évaluation et de révision graphique) et le modèle *System Dynamics* autorisent l'introduction d'activités non séquentielles (par exemple, un test qui doit être répété plusieurs fois) ou des variantes optionnelles (par exemple, une mise à jour qui n'est nécessaire que si l'inspection décèle des erreurs). Ni la méthode des antécédents, ni la méthode du diagramme fléché (ADM) n'autorisent les boucles ou les variantes optionnelles.

6.2.2.4 Réseaux types

Des réseaux standard peuvent être utilisés pour accélérer la préparation des diagrammes en réseau. Cela peut concerner la totalité du projet ou seulement une partie. Les parties de réseau sont souvent appelées « sous-réseaux ». Les sous-réseaux sont particulièrement utilisés lorsqu'un projet comporte plusieurs opérations identiques ou presque, par exemple les étages d'un immeuble de grande hauteur, les essais cliniques d'un projet de recherche pharmaceutique ou des modules de programmation d'un projet logiciel.

6.2.3 Données de sortie du processus de séquencement des activités

6.2.3.1 Graphe de projet

C'est une représentation schématique des activités du projet et de leur enchaînement logique (liaisons, ou relations d'ordre). Les figures 6.2 et 6.3 illustrent deux approches différentes du dessin représentant le graphe d'un réseau de projet. Ce graphe peut être exécuté manuellement ou avec un outil informatique. Il peut détailler complètement l'ensemble du projet, ou inclure une présentation résumée d'une ou de plusieurs activités. Ce graphe doit être accompagné d'une description sommaire qui explique les raisons principales du séquencement. Toute séquence inhabituelle doit être expliquée.

Le graphe de projet est souvent appelé, incorrectement, diagramme PERT (acronyme de *Program Evaluation and Review Technique*). En fait, le diagramme PERT est un type de graphe de projet rarement utilisé aujourd'hui.

6.2.3.2 Mise à jour de la liste des activités

De la même façon que le processus d'identification des activités conduit à la mise à jour de la SDP (WBS), la préparation du graphe peut mettre en évidence des cas où une activité doit être fractionnée ou définie différemment pour pouvoir représenter les liaisons logiques correctes.

6.3 Estimation des durées des activités

L'estimation des durées des activités consiste à évaluer le nombre d'unités de temps ouvré qui sera probablement nécessaire pour effectuer chacune des activités identifiées. La personne ou l'équipe de projet la plus familiarisée avec la nature de l'activité envisagée, doit faire ou tout au moins approuver cette estimation.

Estimer le nombre d'unités de temps ouvré nécessaires pour effectuer une activité demande souvent de considérer également le temps calendaire. Par exemple, si le temps de séchage du béton demande quatre jours, cela peut représenter entre deux et quatre jours ouvrés, selon : a) le jour de la semaine où l'activité commence, et b) que les week-ends sont ou non considérés comme jours ouvrés. La plupart des logiciels de gestion de projet traitent cette question automatiquement.

La durée globale du projet peut aussi être estimée en utilisant les outils et méthodes présentés ici, mais elle est plus correctement évaluée comme résultat du processus d'élaboration de l'échéancier (*cf.* paragraphe 6.4).

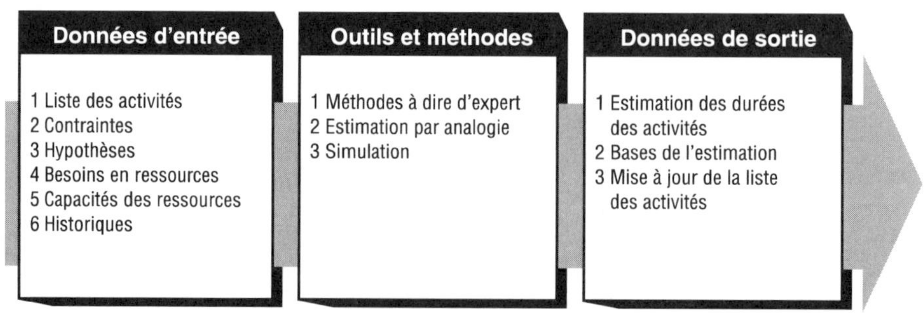

6.3.1 Données d'entrée pour l'estimation des durées des activités

6.3.1.1 Liste des activités

Se reporter au paragraphe 6.1.3.1.

6.3.1.2 Contraintes

Se reporter au paragraphe 6.1.1.4.

6.3.1.3 Hypothèses

Se reporter au paragraphe 6.1.1.5.

6.3.1.4 Besoins en ressources

Les besoins en ressources sont développés au paragraphe 7.1.3.1. La durée de la plupart des activités dépendra en grande partie des ressources qui leur seront affectées. Par exemple, deux personnes travaillant ensemble peuvent achever une tâche d'étude en moitié moins de temps que si chacun d'eux l'effectuait seul, alors qu'une personne travaillant à mi-temps passe en général au moins deux fois plus de temps que cette même personne travaillant à plein temps.

6.3.1.5 Capacité des ressources

La durée de nombreuses activités dépend considérablement de la capacité des personnes et des équipements utilisés. Par exemple, lorsque tous deux sont affectés à plein temps sur une même tâche donnée, un membre chevronné de l'équipe y passe moins de temps qu'un débutant.

6.3.1.6 Historiques

Des données historiques sur la durée probable de nombreux types d'activité peuvent provenir de l'une ou l'autre des sources suivantes :

- Dossiers de projet – une ou plusieurs organisations impliquées dans le projet peut avoir conservé l'enregistrement des résultats de projets précédents, sous une forme assez détaillée pour aider à l'estimation des durées des activités. Dans certains domaines d'application, des membres de l'équipe peuvent avoir conservé de tels historiques.
- Bases de données commercialisées – on peut trouver sur le marché des données historiques. Elles sont particulièrement utiles lorsqu'elles ne sont pas dépendantes des aspects spécifiques du projet (par exemple, durée de séchage du béton, durée de réponse de l'Administration à certains types de demandes).

– Expérience de l'équipe de projet – chaque membre de l'équipe de projet peut se souvenir d'estimation ou de réalisations précédentes. Bien que de tels souvenirs soient souvent utiles, ils sont généralement moins fiables que les résultats documentés.

6.3.2 Outils et méthodes pour l'estimation des durées des activités

6.3.2.1 Méthodes à dire d'expert

Elle est décrite au paragraphe 5.1.2.2. Les durées sont souvent difficiles à estimer à cause du nombre de facteurs qui peuvent les influencer (par exemple, niveau et productivité des ressources). La méthode à dire d'expert, guidée par les données historiques, doit être utilisée chaque fois que possible. Lorsqu'une telle expérience n'est pas disponible, les estimations sont, *ipso facto*, incertaines et risquées (*cf.* chapitre 11, Management des risques du projet).

6.3.2.2 Estimation par analogie

Également appelée estimation *top-down*, l'estimation par analogie utilise la durée réelle d'une activité antérieure similaire comme base d'estimation pour donner la durée d'une activité à réaliser. On l'utilise fréquemment pour estimer la durée d'un projet lorsque l'on ne dispose que de peu de détails sur celui-ci (par exemple, dans les phases préliminaires). L'estimation par analogie peut être considérée comme une forme de méthode à dire d'expert (décrite au paragraphe 6.3.2.1).

L'estimation par analogie est plus fiable lorsque :

a) les activités antérieures sont effectivement semblables et pas seulement en apparence, et ;

b) les personnes effectuant l'estimation ont une expérience suffisante.

6.3.2.3 Simulation

La simulation consiste à calculer plusieurs valeurs de la durée, avec des jeux d'hypothèses différents. La plus courante est la méthode de Monte-Carlo, où l'on définit pour chaque activité une distribution probabiliste de sa durée, d'où l'on tire une distribution probabiliste de résultats pour le projet complet (*cf.* aussi paragraphe 11.2.2.3, Simulation des durées).

6.3.3 Données de sortie de l'estimation des durées d'activité

6.3.3.1 Estimation des durées d'activité

C'est une évaluation numérique de la durée probable nécessaire à l'achèvement de chaque activité.
Cette estimation doit toujours indiquer d'une façon ou d'une autre la marge d'erreur possible sur le résultat. Par exemple :

- 2 semaines ± 2 jours, qui signifie que l'activité durera au moins 8 jours et au plus 12 jours.
- 15 % de dépassement probable d'un délai de 3 semaines, pour indiquer une forte probabilité – 85 % – pour que l'activité dure 3 semaines ou moins.

Le chapitre 11 sur le management des risques de projet comprend une discussion plus détaillée sur les incertitudes d'estimation.

6.3.3.2 Bases de l'estimation

Les hypothèses faites pour l'estimation doivent être documentées.

6.3.3.3 Mise à jour de la liste des activités

Se reporter au paragraphe 6.2.3.2.

6.4 Élaboration de l'échéancier

Élaborer les activités signifie que l'on va fixer leur date de début et de fin. Si les dates de début et de fin ne sont pas réalistes, le projet a peu de chances de s'achever dans le délai prévu. Le processus d'élaboration de l'échéancier est

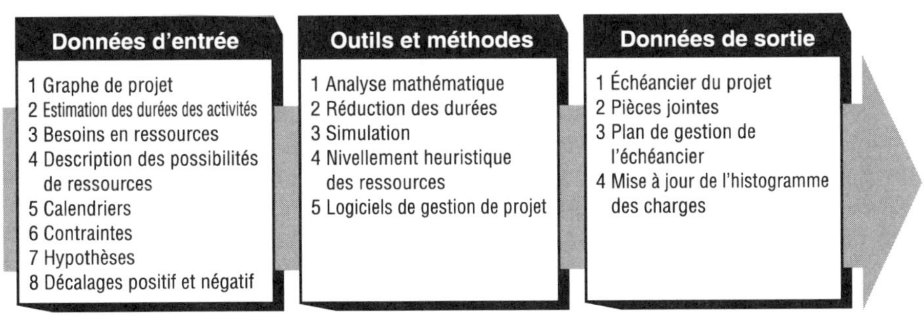

souvent itératif (comme les processus qui lui apportent ses données d'entrée, notamment l'estimation des durées et des coûts) avant la publication du planning du projet.

6.4.1 Données d'entrée pour l'élaboration de l'échéancier

6.4.1.1 Graphe de projet

Se reporter au paragraphe 6.2.3.1.

6.4.1.2 Estimation des durées des activités

Se reporter au paragraphe 6.3.3.1.

6.4.1.3 Besoins en ressources

Se reporter au paragraphe 6.3.1.4.

6.4.1.4 Description des possibilités de ressources

Pour établir l'échéancier du projet, il faut savoir quelles ressources sont disponibles à quel moment et sous quelle forme. Par exemple, des ressources partagées peuvent être particulièrement difficiles à planifier, car leur disponibilité peut être très variable.

Le niveau de détail et de précision dans la description des possibilités de ressources est très variable. Par exemple, pour établir l'échéancier préliminaire d'un projet de consultation, on peut n'avoir besoin que de savoir que deux consultants seront occupés à temps partiel. L'échéancier définitif de ce même projet nécessitera de savoir quels consultants sont disponibles.

6.4.1.5 Calendriers

Les calendriers du projet et des ressources indiquent les périodes pendant lesquelles le travail peut être fait. Le calendrier du projet s'applique à toutes les ressources (par exemple, certains projets ne peuvent être réalisés que pendant les heures normales de travail, alors que d'autres doivent s'accomplir en 3 × 8). Le calendrier des ressources s'applique à certaines ressources, ou catégories de ressources (par exemple, lorsque un membre de l'équipe de projet est en congé ou en formation ; des contrats de travail peuvent limiter certaines catégories de travailleurs certains jours de la semaine).

6.4.1.6 Contraintes

Les contraintes sont traitées au paragraphe 6.1.1.4. Deux catégories sont importantes dans l'établissement du planning :

- **Les dates imposées**. L'achèvement de certains livrables à des dates fixées peut être nécessaire pour le sponsor, le client ou pour une autre raison (par exemple, un créneau du marché pour un projet de technologie, une astreinte à court terme, pour satisfaire à une contrainte d'environnement).
- **Les événements clés, ou jalons principaux**. L'achèvement de certains livrables à des dates fixées peut être déterminé contractuellement par le sponsor, le client ou une autre partie prenante. Une fois programmées, ces dates sont attendues, et ne peuvent souvent plus être modifiées qu'avec les plus grandes difficultés.

6.4.1.7 Hypothèses

Se reporter au paragraphe 6.1.1.5.

6.4.1.8 Décalages positifs et négatifs

Toutes les liaisons logiques peuvent nécessiter la spécification d'une anticipation ou d'un retard, pour préciser la liaison (par exemple, il peut y avoir un délai de deux semaines entre la commande d'une pièce d'équipement et son installation, ou son utilisation).

6.4.2 Outils et méthodes de l'élaboration de l'échéancier

6.4.2.1 Analyse mathématique

Il s'agit de calculer les dates de début et de fin, au plus tôt et au plus tard, de toutes les activités du projet, sans tenir compte de la disponibilité des ressources. Les dates obtenues ne constituent pas un planning, mais indiquent plutôt les périodes durant lesquelles les activités devraient être programmées, en tenant compte de la disponibilité des ressources, ou d'autres contraintes connues.

Les techniques d'analyse mathématiques les plus utilisées sont les suivantes :

- **Méthode du chemin critique (CPM)**. On calcule de façon déterministe les dates de début et de fin au plus tôt et au plus tard de chaque activité, sur la base d'un réseau logique séquentiel défini et d'une estimation unique des durées. Le cœur de la méthode du chemin critique est le calcul de la marge, pour déterminer quelles activités ont le moins de liberté d'ordonnancement. Les algorithmes sous-jacents à la méthode sont souvent utilisés dans d'autres types d'analyse mathématique.
- **Méthode GERT (*Graphical Evolution and Review Technique*)**. Elle permet le traitement probabiliste à la fois du réseau logique et de l'estimation

des durées des activités (c'est-à-dire, certaines activités peuvent ne pas être effectuées, d'autres peuvent l'être partiellement, et d'autres plusieurs fois).

- **Méthode PERT (*Program Evaluation and Review Technique*).** Elle utilise les réseaux logiques séquentiels et l'estimation d'une durée moyenne pondérée, pour calculer la durée totale du projet. Bien que la différence soit superficielle, le PERT diffère surtout du CPM parce qu'il utilise la valeur moyenne de la distribution (valeur attendue) au lieu de la valeur la plus probable utilisée par le CPM d'origine (*cf.* figure 6.4). Le PERT proprement dit est rarement employé actuellement, bien que des estimations du type PERT soient souvent utilisées dans les calculs CPM.

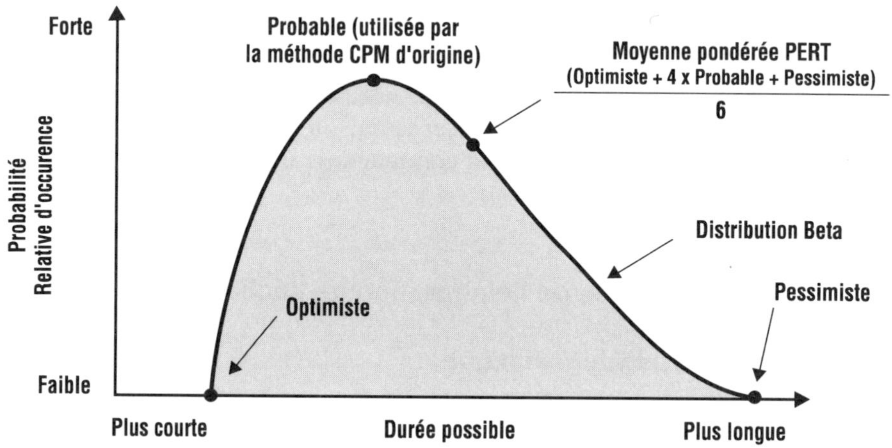

Figure 6.4

6.4.2.2 Compression des durées

C'est un cas particulier de l'analyse mathématique qui ouvre la voie à une réduction de la durée totale du projet sans modifier le contenu du projet (par exemple, pour respecter une date imposée ou un autre objectif de l'échéancier). La réduction des durées comporte des techniques, telles que :

– Compression des délais où l'on analyse l'équilibre entre coûts et délais, pour voir quel gain de temps maximum on peut obtenir avec un coût supplémentaire minimum. La compression des délais ne représente pas toujours une alternative valable, et conduit souvent à des augmentations de coût.

– Accélération par chevauchement, où l'on effectue en parallèle ce qui devrait normalement être fait en série (par exemple, commencer à écrire les lignes de programme d'un projet logiciel avant la fin de l'étude, ou commencer les fondations d'une raffinerie de pétrole avant que 25 % des études ne soient achevées). L'accélération par chevauchement conduit souvent à des reprises et augmente généralement les risques.

6.4.2.3 Simulation

Se reporter au paragraphe 6.3.2.3.

6.4.2.4 Heuristique de nivellement des ressources

L'analyse mathématique conduit souvent à un planning préliminaire qui demande pendant certaines périodes plus de ressources que de disponibles, ou nécessite des modifications du niveau des ressources qui ne sont pas gérables. Des règles d'application, telles que « attribuer les ressources rares en priorité aux activités critiques » peuvent être utilisées pour préparer un échéancier qui respecte de telles contraintes. Le nivellement des ressources conduit souvent à allonger la durée du projet par rapport au planning préliminaire. Cette technique est parfois appelée « planification par les ressources », surtout si elle est appliquée par ordinateur. La planification à ressources limitées est un cas particulier du nivellement des ressources où la règle appliquée est une limitation de la quantité de ressources disponibles.

6.4.2.5 Logiciels de gestion de projet

Les logiciels de gestion de projet sont largement utilisés pour aider à la préparation des échéanciers. Ces logiciels effectuent automatiquement les calculs mathématiques et le nivellement des ressources et par conséquent permettent d'examiner rapidement plusieurs variantes. Ils sont aussi utilisés pour éditer et présenter le résultat du développement de l'échéancier.

6.4.3 Données de sortie du processus d'élaboration de l'échéancier

6.4.3.1 Échéancier du projet

L'échéancier présente au minimum les dates de début et de fin prévues pour chaque activité du projet (Nota : le planning de projet demeure préliminaire tant que l'affectation des ressources n'a pas été confirmée. Cela advient en général avant l'achèvement du plan de projet, paragraphe 4.1).

L'échéancier de projet peut être présenté sous une forme résumée (planning d'ensemble) ou détaillée. Bien qu'il puisse être présenté sous forme de tableau, on utilise le plus souvent l'une ou l'autre des représentations graphiques suivantes :

- **Graphes de projet**, complétés par les dates (*cf.* figure 6.5). Ces graphes montrent à la fois le séquenceement et les activités critiques (*cf.* paragraphe 6.2.3.1 pour l'explication des diagrammes de réseau).
- **Diagrammes à barres**, appelés également diagrammes de Gantt (*cf.* figure 6.6), qui montrent les dates de début et de fin, ainsi que les durées, mais ne figurent pas en général les liaisons. Ils sont d'une lecture assez facile, et sont souvent utilisés pour les présentations à la direction.
- **Tables des jalons** (*cf.* figure 6.7), semblables aux diagrammes à barres, mais ne figurent que les débuts ou fins prévus des principaux délivrables, et les interfaces externes.

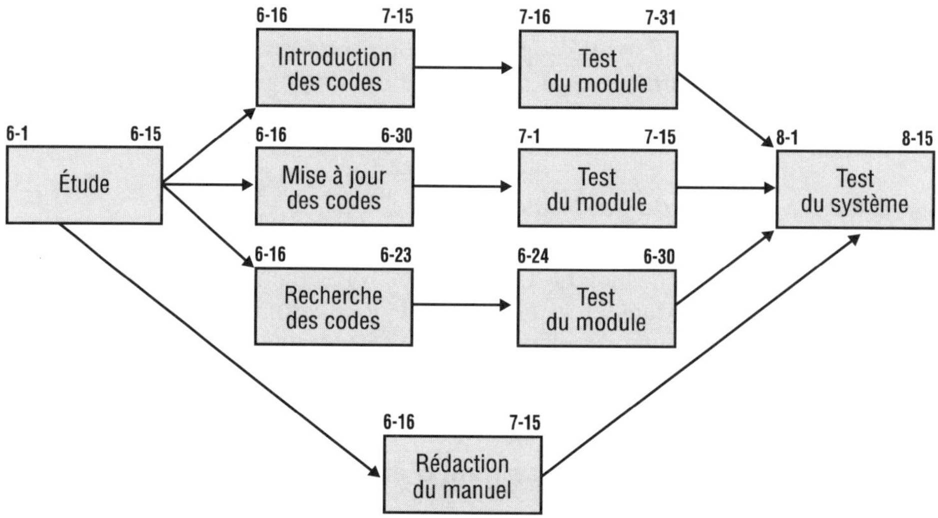

Il y a beaucoup d'autres façons de présenter l'information des dates sur le réseau.
Cette figure représente les dates de début et de fin sans préciser l'horaire.

Figure 6.5 Graphe de projet avec dates.

– **Graphes de projet calendaires** (*cf.* figure 6.8), qui constituent un mélange des diagrammes de réseaux et de diagrammes à barres, car ils donnent des informations sur la logique du projet, la durée des activités et leur ordonnancement.

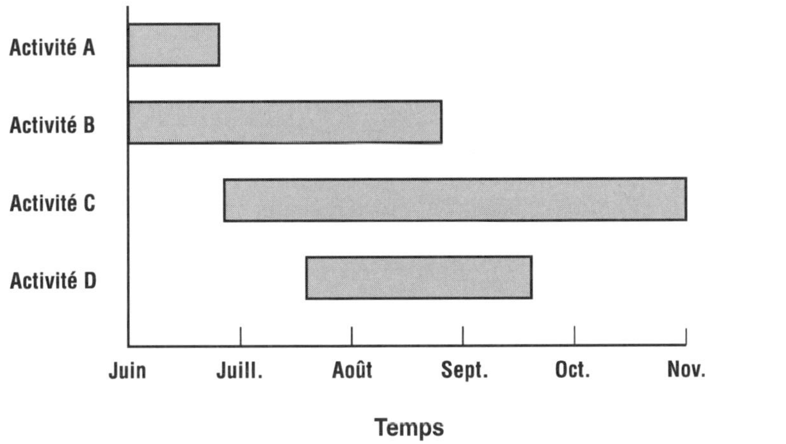

Il y a beaucoup d'autres façons de présenter l'information d'un projet sur un diagramme à barres.

Figure 6.6 Diagramme à barres (Gantt).

Date

	Janv.	Févr.	Mars	Avril	Mai	Juin	Juil.	Août
Sous-contrat signé			△ ▼					
Spécifications finales			△	▽				
Revue de projet					△			
Essais du sous-système						△		
Livraison première unité							△	
Plan de fabrication								△

Il y a beaucoup d'autres façons de présenter l'information d'un projet sur une table des jalons.

Figure 6.7 Table des jalons.

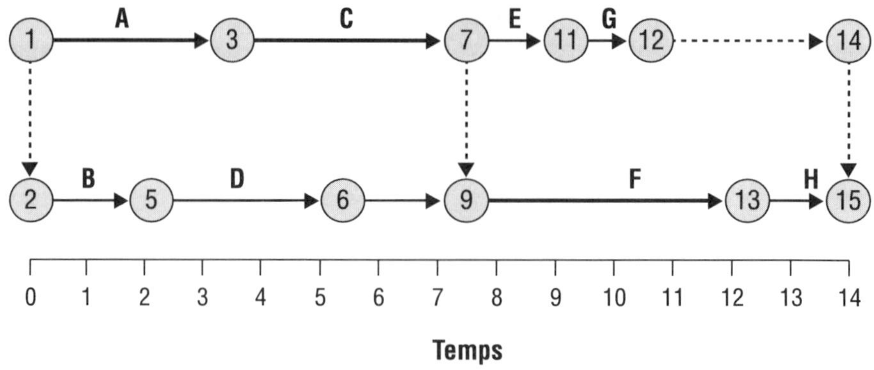

Il y a beaucoup d'autres façons de présenter l'information sur un diagramme de réseaux calendaires.

Figure 6.8 Diagramme de réseaux calendaires.

6.4.3.2 Pièces jointes

Les pièces jointes à l'échéancier du projet comprennent au moins une documentation sur toutes les contraintes et hypothèses identifiées. Le volume de ces pièces varie selon le domaine d'application, par exemple :

- dans un projet de construction, il sera préférable d'inclure des documents comme l'histogramme des ressources, les prévisions de trésorerie, et l'échéancier des commandes et des livraisons ;
- dans un projet électronique, on pourra se contenter de l'histogramme de ressources.

Les informations le plus souvent fournies sont, entre autres :

- les besoins en ressources par unité de temps, présentés souvent sous forme d'histogramme ;
- des échéanciers alternatifs (par exemple, cas favorable ou défavorable, ressources nivelées ou non, dates imposées ou non) ;
- les marges sur planning ou les hypothèses de risque sur l'échéancier (*cf.* paragraphe 11.3.3).

6.4.3.3 Plan de gestion de l'échéancier

Ce plan définit comment gérer les **modifications** de l'échéancier. Il peut être formalisé ou non, très détaillé ou reposant sur les bases générales des besoins du projet. C'est un élément annexe du plan du projet.

6.4.3.4 Mise à jour de l'histogramme des charges

Le nivellement des ressources et la mise à jour de la liste d'activités peuvent avoir d'importantes répercussions sur les estimations préliminaires en besoins de ressources.

6.5 Maîtrise de l'échéancier

La maîtrise de l'échéancier est nécessaire pour :

a) agir sur les facteurs qui provoquent des **modifications** de l'échéancier, pour s'assurer que ces **modifications** sont bénéfiques ;

b) constater si l'échéancier a évolué ;

c) gérer les changements effectifs quand ils adviennent.

La maîtrise de l'échéancier doit être étroitement liée aux autres processus de maîtrise, tels que décrits au paragraphe 4.3, Gestion des modifications.

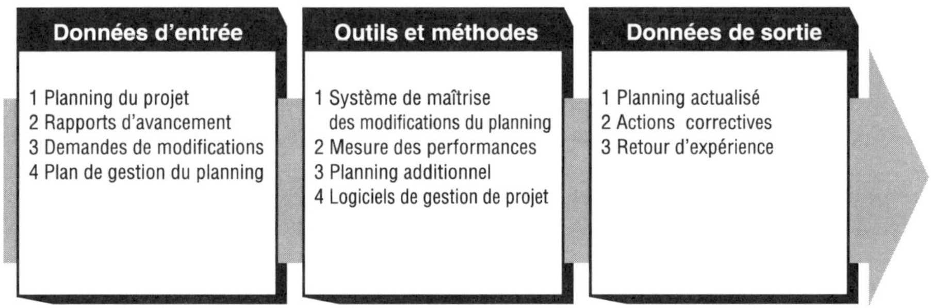

6.5.1 Données d'entrée pour la maîtrise de l'échéancier

6.5.1.1 Échéancier du projet

Cet échéancier est décrit au paragraphe 6.4.3.1. L'échéancier de projet approuvé, appelé planning de référence, est un élément du plan de projet, détaillé au paragraphe 4.1.3.1. Il constitue la base de mesure et de constat des performances de délai.

6.5.1.2 Rapports d'avancement

Les rapports d'avancement, décrits au paragraphe 10.3.3.1, donnent les renseignements sur les performances réelles de délai, par exemple quelles dates prévisionnelles ont été respectées ou non. Les rapports d'avancement peuvent également alerter l'équipe de projet sur les éventualités pouvant amener des problèmes dans le futur.

6.5.1.3 Demandes de modifications

Elles peuvent se présenter sous de multiples formes, orales ou écrites, directes ou indirectes, externes ou internes, et contractuelles ou optionnelles. Les modifications peuvent entraîner l'allongement des délais ou permettre de les réduire.

6.5.1.4 Plan de gestion de l'échéancier

Il est décrit au paragraphe 6.4.3.3.

6.5.2 Outils et méthodes de la maîtrise de l'échéancier

6.5.2.1 Système de maîtrise des modifications de l'échéancier

Ce système décrit les procédures permettant de modifier l'échéancier. Cela inclut la formalisation, le système de suivi, et la définition des niveaux d'autorité nécessaires pour approuver les modifications. Ce système doit faire partie intégrante du système général de maîtrise des modifications décrit au paragraphe 4.3.

6.5.2.2 Mesure des performances

Les techniques de mesure des performances décrites au paragraphe 10.3.2 permettent d'évaluer l'impact de toute évolution qui se présente. Une part importante de la maîtrise de l'échéancier consiste à décider si les évolutions de l'échéancier nécessitent une action corrective. Par exemple, un retard important sur une activité non critique peut n'avoir que peu d'effet sur le délai global, alors qu'un retard beaucoup plus faible sur une activité critique ou sous-critique peut imposer une action immédiate.

6.5.2.3 Planning additionnel

Peu de projets se déroulent exactement selon le programme prévu. Des évolutions probables peuvent demander une estimation des durées d'activités nouvelles, ou révisées, une modification de l'ordre des activités, ou l'étude d'échéanciers alternatifs.

6.5.2.4 Logiciels de gestion de projet

Ces logiciels sont décrits au paragraphe 6.4.2.5. La possibilité pour les logiciels de comparer les dates prévisionnelles aux dates réelles et de prévoir les conséquences d'une modification de l'échéancier, réelle ou potentielle, en fait des outils précieux pour la maîtrise de l'échéancier.

6.5.3 Données de sortie du processus de maîtrise de l'échéancier

6.5.3.1 Échéancier actualisé

Toute modification aux informations portées sur l'échéancier servant à la gestion du projet est une actualisation. Les parties prenantes concernées doivent être informées si nécessaire. La mise à jour du planning peut ou non entraîner la mise à jour d'autres aspects du plan de projet.

Les révisions constituent une catégorie spéciale de mise à jour. Ce sont des modifications aux dates de début et de fin contenues dans l'échéancier de référence approuvé. Ces dates ne sont en général révisées que par suite d'une modification du contenu du projet. Dans certains cas, les retards de délais peuvent être si sérieux, qu'une remise à jour des références de base est nécessaire pour permettre une mesure réaliste des performances.

6.5.3.2 Actions correctives

Il s'agit de toute action entreprise pour ramener les performances de délai attendues dans les limites du plan de projet. Les mesures correctives dans le domaine de la gestion des délais nécessitent souvent des dépenses sous forme d'actions spéciales prises pour assurer l'achèvement d'une activité en temps voulu, ou avec le moins de retard possible.

6.5.3.3 Retour d'expérience

Les causes de déviation, les raisons motivant les actions correctives choisies, et toutes autres leçons apprises grâce à la maîtrise de l'échéancier doivent être documentées, pour devenir partie intégrante de la base de données historiques, à la fois pour le projet lui-même et pour les autres projets de l'organisation en charge.

7 MANAGEMENT DES COÛTS DU PROJET

Le management des coûts recouvre les processus nécessaires pour s'assurer que le projet est bien réalisé dans les limites budgétaires approuvées. La figure 7.1 est un schéma d'ensemble des processus principaux suivants :

7.1 Planification des ressources – pour déterminer quelles ressources (hommes, équipement, matériel) et quelle quantité de chacune devrait être utilisée pour réaliser les activités du projet.

7.2 Estimation des coûts – pour donner une approximation (estimation) du coût des ressources nécessaires à la réalisation des activités du projet.

7.3 Budgétisation – pour permettre d'attribuer à chaque activité élémentaire sa quote-part de l'estimation globale.

7.4 Maîtrise des coûts – pour maîtriser les modifications du budget.

Ces processus interagissent entre eux ainsi qu'avec les processus d'autres disciplines. Chaque processus peut nécessiter la participation d'un ou plusieurs individus ou groupes d'individus, selon les besoins du projet. En général, chaque processus se réalise au moins une fois au cours de chaque phase du projet.

Bien que les processus soient présentés ici comme des activités bien identifiées avec des limites très claires, en pratique ils peuvent se chevaucher et interagir de différentes manières que nous ne détaillerons pas ici. Les interactions sont traitées en détail au chapitre 3.

Le management des coûts se préoccupe en premier lieu du coût des ressources nécessaires pour réaliser les activités du projet. Cependant, le management des coûts devrait également prendre en compte les conséquences des décisions sur le coût d'utilisation du produit. Par exemple, la décision de limiter le nombre des revues de projet peut réduire le coût du projet au détriment du client qui voit le coût opératoire augmenter. Cette conception élargie du management des coûts à tout le cycle de vie est souvent appelée estimation à coût global.

Dans de nombreux domaines d'application, l'anticipation et l'analyse des performances financières prévues pour le produit (ouvrage) est réalisée en dehors du projet. Dans d'autres domaines (par exemple, les projets d'investissement), le management des coûts comprend ce travail. Lorsque de telles anticipations et analyses sont comprises, le management des coûts comportera des processus complémentaires et de nombreuses techniques de management

Management des coûts du projet

7.1 Planification des ressources

1 Données d'entrée
1 Structure de découpage du projet
2 Historiques
3 Énoncé du contenu
4 Description des ressources
5 Politiques d'organisation

2 Outils et méthodes
1 Méthodes à dire d'expert
2 Identification de variantes

3 Données de sortie
1 Besoins en ressources

7.2 Estimation des coûts

1 Données d'entrée
1 Structure de découpage du projet
2 Besoins en ressources
3 Taux des ressources
4 Estimation de la durée des activités
5 Historiques
6 Code des coûts

2 Outils et méthodes
1 Estimation analogique
2 Modélisation paramétrique
3 Estimation analytique
4 Outils informatiques

3 Données de sortie
1 Estimation des coûts
2 Pièces jointes
3 Plan de management des coûts

7.3 Budgétisation

1 Données d'entrée
1 Estimation des coûts
2 Structure de découpage du projet
3 Planning du projet

2 Outils et méthodes
1 Outils et méthodes d'estimation du coût

3 Données de sortie
1 Référentiel de coût (Budget)

7.4 Maîtrise des coûts

1 Données d'entrée
1 Référentiel de coût
2 Rapports d'avancement
3 Demandes de modifications
4 Plan de management des coûts

2 Outils et méthodes
1 Système de maîtrise des modifications des coûts
2 Mesure des performances
3 Planning additionnel
4 Outils informatiques

3 Données de sortie
1 Estimations révisées des coûts
2 Mises à jour du budget
3 Actions correctives
4 Coût prévisionnel final
5 Retour d'expérience

Figure 7.1 Schéma d'ensemble du management des coûts du projet.

général, telles que le retour sur investissement, l'actualisation du bénéfice, l'analyse des remboursements et autres.

Le management des coûts prend en compte les besoins d'information des parties prenantes – des parties prenantes différentes peuvent mesurer les coûts du projet de différentes façons et à des moments différents. Par exemple, on peut considérer le coût d'une fourniture lorsqu'elle est engagée, commandée, livrée, encourue ou enregistrée par la comptabilité. Lorsque les coûts du projet sont utilisés comme éléments d'un système d'appréciation du personnel (les systèmes d'appréciation du personnel sont traités au paragraphe 9.3.2.3), les coûts maîtrisables et les coûts non maîtrisables doivent être estimés et budgétés séparément pour être sûr que les appréciations reflètent les performances réelles.

Dans certains projets, et spécialement les plus petits, la planification des ressources, l'estimation du coût et la budgétisation sont si étroitement liés qu'ils sont considérés comme un processus unique (par exemple, ils peuvent être réalisés par une même personne dans un laps de temps relativement court). Ils sont néanmoins présentés ici comme des processus distincts, chacun ayant des outils et méthodes différents.

7.1 Planification des ressources

La planification des ressources se propose de déterminer les ressources (personnel, équipement, matériel) et les quantités à utiliser pour réaliser les activités du projet. Il faut l'associer étroitement à l'estimation du coût (décrit au paragraphe 7.2), par exemple :

– Une équipe d'un projet de construction devra avoir l'habitude des règles de construction locales. Pareille connaissance est souvent automatique à coût

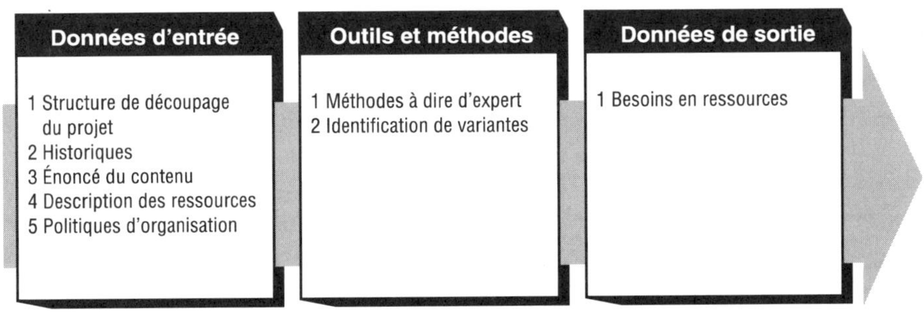

pratiquement nul si on emploie de la main-d'œuvre locale. Cependant, si la main-d'œuvre locale manque d'expérience face à des techniques de construction inhabituelles ou spécialisées, le recours à un consultant pourra sans doute être le moyen le plus efficace d'acquérir la connaissance des règles de construction locales.

- Une équipe de projet automobile doit connaître les techniques de pointe en assemblage automatique. L'acquisition de la connaissance indispensable se fera par le biais d'un consultant, l'inscription d'un dessinateur à un séminaire sur la robotique, ou l'affectation d'une personne de la production dans l'équipe.

7.1.1 Données d'entrée de la planification des ressources

7.1.1.1 Structure de découpage du projet

La structure de découpage du projet (SDP) (décrit au paragraphe 5.3.3.1) identifie les éléments du projet qui nécessitent des ressources et représente donc la toute première donnée d'entrée de la planification des ressources. Toute donnée de sortie utile, issue d'autres processus de planification, sera intégrée dans la SDP pour assurer un contrôle correct.

7.1.1.2 Historiques

Les données historiques existantes sur les types de ressources employées pour un ouvrage similaire de précédents projets doivent être utilisées.

7.1.1.3 Énoncé du contenu

L'énoncé du contenu (décrit au paragraphe 5.2.3.1) comprend la justification du projet et les objectifs du projet, qui doivent l'un et l'autre être pris en compte lors de la planification des ressources.

7.1.1.4 Description des ressources

Pour planifier les ressources, il est nécessaire de savoir quelles sont les ressources potentiellement disponibles (personnel, équipement, matériel). Le détail et le niveau de spécificité de la description seront variables. Par exemple, au cours des premières phases d'un projet de conception d'ingénierie, les ressources possibles peuvent englober « des ingénieurs juniors et seniors » en grand nombre. Au cours des phases plus tardives du même projet cependant, le choix pourra se limiter aux personnes qui connaissent bien le projet pour y avoir travaillé au cours des premières phases.

7.1.1.5 Politiques d'organisation

Les politiques de l'organisation en charge, en ce qui concerne le personnel et la location ou l'achat de fournitures et d'équipement, doivent être prises en compte dans la planification des ressources.

7.1.2 Outils et méthodes de la planification des ressources

7.1.2.1 Méthodes à dire d'expert

L'avis d'expert sera souvent requis pour confirmer les données d'entrée de ce processus. Cette expertise peut être apportée par tout groupe ou individu possédant un savoir spécialisé ou l'expérience adéquate et pourra être obtenue par divers biais, à savoir :

- d'autres unités appartenant à l'organisation en charge,
- des consultants,
- des associations techniques et professionnelles,
- des groupes sectoriels.

7.1.2.2 Identification des variantes

L'identification des variantes est traitée au paragraphe 5.2.2.3.

7.1.3 Données de sortie du processus de planification des ressources

7.1.3.1 Besoins en ressources

La donnée de sortie du processus de planification des ressources est constituée par une description des types de ressources nécessaires et de leurs quantités pour chaque lot de travail de la structure de découpage du projet. Ces ressources seront obtenues soit par l'obtention des ressources humaines (décrit au paragraphe 9.2), soit par la sous-traitance (décrite au chapitre 12).

7.2 Estimation des coûts

L'estimation du coût consiste à formuler une bonne approximation (estimation) du coût des ressources nécessaires pour mener à bien les activités du projet.

Lorsqu'un projet est réalisé sous contrat, il est important de bien distinguer l'estimation du coût de la fixation du prix. L'estimation du coût implique de déterminer un résultat quantitatif probable – quel coût supportera l'organisation en charge pour fournir le produit ou le service. La fixation du prix est une décision commerciale – quel sera le prix facturé par l'organisme en charge pour le produit ou le service – dans laquelle entre l'estimation du coût, mais aussi de nombreuses autres considérations.

L'estimation du coût englobe l'identification et la prise en compte de multiples variantes. Par exemple, dans la plupart des domaines d'application, on admet généralement qu'une activité complémentaire lors de la phase de conception peut permettre de réduire le coût de la phase de production. Le processus d'estimation du coût doit rechercher si le coût de cette activité de conception complémentaire sera compensé par les économies attendues.

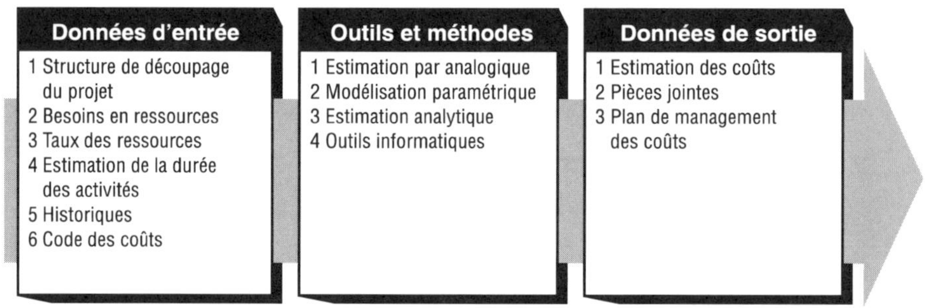

7.2.1 Données d'entrée de l'estimation des coûts

7.2.1.1 Structure de découpage du projet

La SDP (WBS) est décrit au paragraphe 5.3.3.1. Elle sera utilisée pour exploiter les estimations de coût et s'assurer que toutes les activités identifiées ont bien été estimées.

7.2.1.2 Besoins en ressources

Les besoins en ressources sont décrits au paragraphe 7.1.3.1.

7.2.1.3 Taux des ressources

La personne ou le groupe qui prépare les estimations doit connaître les taux unitaires (par exemple, coût horaire de la main-d'œuvre, coût en vrac du mètre cube de matériel) Si les taux unitaires ne sont pas connus, ces taux eux-mêmes doivent faire l'objet d'estimations.

7.2.1.4 Estimation de la durée des activités

L'estimation de la durée des activités (décrite au paragraphe 6.3) aura une influence sur l'estimation des coûts dans tout projet dont le budget inclut le coût du financement (c'est-à-dire, les intérêts d'emprunt).

7.2.1.5 Historiques

Les données sur le coût de multiples catégories de ressources sont souvent disponibles auprès d'une ou plusieurs des sources citées ci-après :

- Les dossiers de projet – une ou plusieurs organisations impliquée(s) dans le projet peuvent conserver des archives de résultats de projets précédents qui sont suffisamment détaillées pour aider à établir des estimations de coût. Dans certains domaines d'application, certaines personnes membres d'équipe de projet conservent ce genre d'archives.
- Les banques de données commerciales – des données historiques sont souvent disponibles sur le marché.
- La connaissance de l'équipe de projet – les différents membres de l'équipe de projet peuvent se souvenir de précédents résultats ou estimations. Bien que de tels souvenirs puissent être utiles, ils sont généralement et de loin beaucoup moins fiables que des données écrites.

7.2.1.6 Liste des postes budgétaires

Une liste des postes budgétaires décrit la structure de codification utilisée par l'organisation en charge pour faire état de l'information financière dans son grand livre comptable. Les estimations de coût du projet doivent être inscrites dans le poste comptable correspondant.

7.2.2 Outils et méthodes d'estimation des coûts

7.2.2.1 Estimation par analogie

L'estimation par analogie, appelée également estimation globale, signifie que l'on utilise le coût réel d'un projet antérieur similaire comme base d'estimation pour le projet actuel. Elle est fréquemment utilisée pour estimer les coûts totaux du projet lorsque les informations détaillées sur le projet sont limitées (par exemple, dans les premières phases). L'estimation analogique est une sorte de méthode à dire d'expert (décrite dans le paragraphe 7.1.2.1).

7.2.2.2 Modélisation paramétrique

La modélisation paramétrique part de l'utilisation des caractéristiques (paramètres) du projet dans un modèle mathématique pour prévoir les coûts du projet. Les modélisations peuvent être simples (la construction d'une maison aura un certain coût au mètre carré habitable) ou complexes (une modélisation des coûts de développement d'un logiciel utilise 13 facteurs de correction différents, chacun comptant pour 5-7 points).

Le coût ainsi que la fiabilité des modélisations paramétriques sont très variables. Elles seront d'autant plus fiables que (a) les données historiques utilisées pour développer la modélisation sont correctes, (b) les paramètres utilisés par la modélisation sont quantifiables facilement, et (c) la modélisation est extrapolable (c'est-à-dire qu'elle s'applique aussi bien à de très grands projets qu'à des projets très petits).

7.2.2.3 Estimation ascendante (bottom-up)

C'est une technique qui commence par l'estimation du coût des différentes activités, qui sont ensuite additionnées et reprises pour obtenir une estimation totale.

Le coût et la fiabilité de l'estimation ascendante (bottom-up) est fonction de l'importance des différentes activités : un découpage fin améliore à la fois le coût et la fiabilité. L'équipe de management de projet doit estimer le rapport entre une meilleure fiabilité et le surcoût qui en découle.

7.2.2.4 Outils informatiques

Les outils informatiques tels que les logiciels de management de projet et les tableurs sont largement utilisés comme aide à l'estimation du coût. De tels produits peuvent simplifier l'utilisation des outils décrits ci-dessus et par la même faciliter une réflexion sur les nombreuses alternatives d'estimation du coût.

7.2.3 Données de sortie du processus d'estimation des coûts

7.2.3.1 Estimation des coûts

Les estimations des coûts sont des documents quantitatifs qui donnent les coûts vraisemblables des ressources à engager pour réaliser les activités du projet. Ils peuvent être résumés ou détaillés.

Les coûts de toutes les ressources qui seront affectées au projet doivent être estimés. Cela englobe de manière non exhaustive, la main-d'œuvre, les matériaux, les fournitures, et des catégories spéciales telles que l'inflation, ou la provision budgétaire.

Les estimations de coût sont généralement exprimées en unités monétaires (dollar, franc, yen, ...) afin de faciliter à la fois les comparaisons à l'intérieur d'un même projet et les comparaisons croisées entre projets. D'autres unités telles que les heures de main-d'œuvre ou les jours de main-d'œuvre peuvent être utilisées pour préciser les coûts du projet (par exemple, il ne faut pas omettre de différencier des ressources dont les coûts sont très différents). Dans certains cas, les estimations à fournir devront faire appel à de multiples unités de mesure afin de permettre une maîtrise du management convenable.

Les estimations pourront utilement s'affiner au cours du déroulement du projet pour refléter les détails complémentaires connus. Dans certains domaines d'application, il existe des recommandations qui indiquent les moments où de tels affinements doivent être effectués et le degré de fiabilité attendu. Par exemple, l'AACE International a identifié cinq types d'estimations progressives du coût de construction au cours de l'ingénierie : ordre de grandeur, conceptuel, préliminaire, définitif, et maîtrise.

7.2.3.2 Pièces jointes

Les pièces jointes de l'estimation des coûts englobent :

- une description du contenu de l'activité estimée, c'est souvent une simple référence à la SDP (WBS),
- une documentation sur la base de l'estimation, c'est-à-dire la manière dont elle a été élaborée,
- une documentation sur chacune des hypothèses formulées,
- une indication sur l'éventail des résultats potentiels, par exemple, 10 000 dollars plus ou moins 1 000 dollars, pour indiquer que l'élément est censé coûter entre 9 000 et 11 000 dollars.

Le nombre et le type de pièces jointes varient selon le domaine d'activité. Le fait de conserver même des notes de brouillons peut se révéler important, si cela peut contribuer à une meilleure compréhension de la manière dont l'estimation a été faite.

7.2.3.3 Plan de management des coûts

Le plan de management des coûts décrit la manière dont les écarts de coûts doivent être gérés (par exemple, des réponses différentes pour les problèmes majeurs et les problèmes mineurs). Un plan de management des coûts peut être formalisé ou informel, très détaillé ou très général, sur la base des besoins des parties prenantes au projet. C'est un sous-élément du plan de projet (traité au paragraphe 4.1.3.1).

7.3 Budgétisation

La budgétisation consiste à attribuer à chaque activité élémentaire sa quote-part de l'estimation globale afin d'établir un référentiel pour mesurer les résultats du projet en termes de coût.

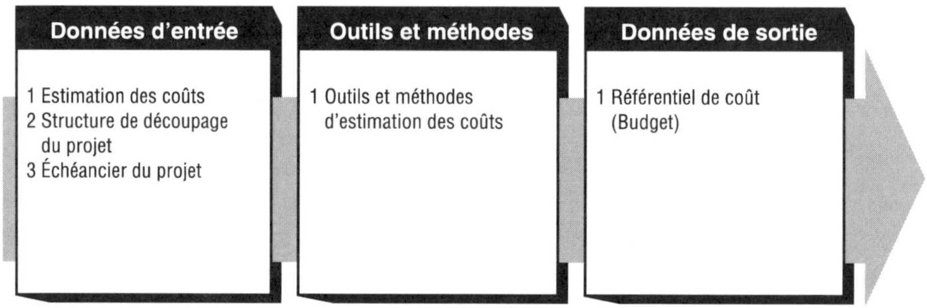

7.3.1 Données d'entrée de la budgétisation

7.3.1.1 Estimation des coûts

L'estimation des coûts est décrite au paragraphe 7.2.3.1.

7.3.1.2 Structure de découpage du projet

La structure de découpage du projet (décrite au paragraphe 5.3.3.1) identifie les éléments du projet auxquels les coûts sont attribués.

7.3.1.3 Échéancier du projet

L'échéancier du projet (décrit au paragraphe 6.4.3.1) englobe les dates attendues de début et de fin pour les éléments du projet auxquels les coûts sont attribués. Cette information est nécessaire pour affecter les coûts à la période pendant laquelle le coût sera encouru.

7.3.2 Outils et méthodes de la budgétisation

7.3.2.1 Outils et méthodes de l'estimation des coûts

Les outils et méthodes décrits dans le paragraphe 7.2.2 pour la réalisation des estimations du coût du projet sont utilisés également pour la budgétisation des lots de travail.

7.3.3 Données de sortie de la budgétisation

7.3.3.1 Référentiel de coût (budget)

Le référentiel de coût est un budget mensualisé utilisé pour mesurer et suivre les performances de coût du projet. Il est construit en totalisant les dépenses estimées, par période de temps, et est habituellement présenté sous la forme d'une courbe en S, comme l'illustre la figure 7.2.

Beaucoup de projets, surtout les plus importants, peuvent avoir plusieurs référentiels de coût pour mesurer les différents aspects de la performance coût.

Figure 7.2 Courbe illustrant le référentiel de coût.

Par exemple, un plan de décaissement ou une prévision de flux de trésorerie est un référentiel de suivi des dépenses.

7.4 Maîtrise des coûts

La maîtrise des coûts a pour objet (a) d'agir sur les facteurs qui entraînent des modifications du référentiel de coût, pour s'assurer que ces modifications sont bénéfiques, (b) de déterminer si le référentiel de coût a changé, et (c) de gérer les modifications réelles au moment où elles apparaissent et pendant le temps de leur déroulement. La maîtrise des coûts englobe :

- le suivi des coûts réels, pour détecter les écarts par rapport aux prévisions,
- le contrôle du bon enregistrement de toutes les modifications pertinentes du référentiel,
- le contrôle du non-enregistrement des modifications incorrectes, inappropriées ou non autorisées dans le référentiel,
- l'information à donner aux parties prenantes concernées sur les modifications autorisées.

La maîtrise des coûts englobe le dépistage des « pourquoi » des écarts tant positifs que négatifs. Elle doit être soigneusement intégrée aux autres processus de maîtrise (maîtrise des modifications du contenu, maîtrise de l'échéancier, maîtrise de la qualité et autres qui sont traités au paragraphe 4.3). Par exemple, de mauvaises réponses aux écarts de coût peuvent engendrer des problèmes au niveau de la qualité ou du planning ou encore être un facteur de risque inacceptable pour le déroulement ultérieur du projet.

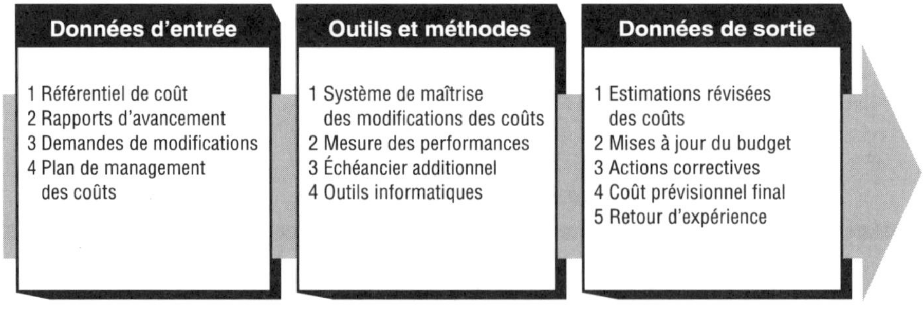

7.4.1 Données d'entrée de la maîtrise des coûts

7.4.1.1 Référentiel de coût

Le référentiel de coût est décrit au paragraphe 7.3.3.1.

7.4.1.2 Rapports d'avancement

Les rapports d'avancement (traités au paragraphe 10.3.3.1) fournissent l'information sur les performances de coût tels que les budgets respectés et les budgets non respectés. Les rapports d'avancement peuvent également alerter l'équipe de projet sur les points susceptibles de poser problème ultérieurement.

7.4.1.3 Demandes de modifications

Les demandes de modifications peuvent intervenir de nombreuses façons – écrite ou orale, directe ou indirecte, être initiées en externe ou en interne, et obligatoire ou optionnelle. Les modifications peuvent nécessiter une augmentation ou au contraire permettre une réduction budgétaire.

7.4.1.4 Plan de management des coûts

Le plan de management des coûts est décrit au paragraphe 7.2.3.3.

7.4.2 Outils et méthodes de la maîtrise des coûts

7.4.2.1 Système de maîtrise des modifications des coûts

Un système de maîtrise des modifications des coûts définit les procédures de modification du référentiel de coût (budget). Il comprend le document lui-même, les systèmes de suivi et les niveaux d'autorité requis pour autoriser les modifications. Le système de maîtrise des modifications des coûts doit être intégré dans le système de maîtrise des modifications traité au paragraphe 4.3.

7.4.2.2 Mesures des performances

Les techniques de mesure des performances, décrites au paragraphe 10.3.2, servent à déterminer l'importance de toute variation décelée. La méthode de la valeur acquise, décrite au paragraphe 10.3.2.4, est spécialement utile à la maîtrise des coûts. Un rôle important de la maîtrise des coûts est de déterminer la cause de la variation et de décider si la variation en question appelle une action corrective.

7.4.2.3 Échéancier complémentaire

Les projets se déroulent rarement tout à fait conformément au programme prévu. Les modifications envisagées peuvent demander des estimations nouvelles ou révisées ou une analyse d'approches alternatives.

7.4.2.4 Outils informatiques

Les outils informatiques tels que les logiciels de management de projet et tableurs sont souvent utilisés pour confronter les coûts planifiés aux coûts réels, et pour prévoir les effets des modifications du coût.

7.4.3 Données de sortie du processus de maîtrise des coûts

7.4.3.1 Estimations de coût révisées

Les estimations de coût révisées sont des modifications aux informations sur le coût utilisées pour gérer le projet. Les parties prenantes concernées doivent en être informées si besoin est. Les estimations de coût révisées nécessitent quelquefois d'être adaptées aux autres aspects du plan de projet d'ensemble.

7.4.3.2 Mises à jour du budget

Les mises à jour du budget sont une catégorie particulière d'estimations de coût révisées. Les mises à jour du budget sont des modifications apportées à un référentiel approuvé. Généralement, ces chiffres font l'objet d'une révision uniquement en réponse à des modifications du contenu. Dans certains cas, les écarts de coûts peuvent être si graves qu'une redéfinition du référentiel devient nécessaire pour assurer une mesure réaliste des performances.

7.4.3.3 Action corrective

Se définit comme action corrective, tout ce qui peut être fait pour que les performances attendues du projet coïncident avec le plan de projet.

7.4.3.4 Coût prévisionnel final

Une estimation du coût prévisionnel final (EAC) est une prévision des coûts totaux du projet sur la base des performances du projet. Voici quelques techniques de prévision parmi les plus répandues :

- EAC = les coûts réels à date plus le coût budgeté du travail restant, corrigé par un facteur de performance, souvent l'indice de performance-coût décrit au paragraphe 10.3.3.4. Cette approche est le plus souvent utilisée lorsque les variations existantes sont considérées comme représentatives des variations futures.

- EAC = les coûts réels à date plus une estimation nouvelle du travail restant. Cette approche est le plus souvent utilisée lorsque les performances passées montrent que les hypothèses d'estimations au départ étaient fondamentalement mauvaises, ou lorsqu'elles ne sont plus applicables du fait que les conditions ont changé.
- EAC = les coûts réels à date plus le coût budgeté du travail restant. Cette approche est le plus souvent utilisée lorsque les variations existantes sont considérées comme atypiques et que l'équipe de management de projet exclut des variations similaires pour la suite du projet.

Chacune des approches mentionnées ci-dessus peut constituer l'approche correcte selon la tâche considérée.

7.4.3.5 Retour d'expérience

Les causes des variations, la réflexion qui sous-tend l'action corrective choisie, et d'autres types de retour d'expérience de la maîtrise des coûts doivent faire l'objet de documents de telle manière qu'ils deviennent part de la base de données historiques à la fois pour ce projet-ci et les autres projets de l'organisme en charge.

8 MANAGEMENT DE LA QUALITÉ DU PROJET

Le management de la qualité englobe les processus nécessaires pour assurer que le résultat du projet satisfera aux besoins pour lesquels il aura été entrepris. Il comporte « toutes les activités de la fonction de management général, qui conduisent à déterminer la politique de qualité, les objectifs, ainsi que les responsabilités, et à les mettre en œuvre au moyen de la planification de la qualité, de la maîtrise de la qualité, de l'assurance de la qualité et de l'amélioration de la qualité, dans le cadre du système qualité » [1].

La figure 8.1 donne un schéma d'ensemble des processus principaux du management de la qualité, à savoir :

8.1 Planification de la qualité – pour identifier les standards de qualité applicables au projet et déterminer comment y répondre.

8.2 Assurance de la qualité – pour évaluer les performances d'ensemble du projet selon des règles qui doivent apporter la confiance que le projet satisfera aux standards de qualité applicables.

8.3 Maîtrise de la qualité – pour suivre les résultats spécifiques du projet, afin de déterminer s'ils sont conformes aux standards de qualité applicables et identifier les façons d'éliminer les causes de performances insuffisantes.

Ces processus interagissent entre eux ainsi qu'avec des processus d'autres disciplines. Chaque processus peut entraîner la participation d'un ou plusieurs individus ou groupes d'individus selon les besoins du projet. En général, chaque processus se déroule au moins une fois à chaque phase du projet.

Bien que les processus soient présentés ici comme des activités bien identifiées avec des limites très claires, ils peuvent en pratique se chevaucher et interagir de différentes manières que nous ne détaillerons pas ici. Les interactions sont décrites en détail au chapitre 3, Processus du management de projet.

L'approche de base du management de la qualité décrit dans ce paragraphe est censée être compatible avec celle que l'*International Organisation for Standardization* (ISO) a détaillée dans les normes des séries ISO 9000 et ISO 10000. Cette approche généraliste devrait aussi être compatible avec (a) des approches spécifiques telles que celles recommandées par Deming, Juran, Crosby, et d'autres, et (b) des approches non spécifiques telles que le management pour la qualité totale (TQM), l'amélioration en continu et autres.

Management de la qualité du projet

8.1 Planification de la qualité

1 Données d'entrée
- 1 Politique de qualité
- 2 Énoncé du contenu
- 3 Description du produit
- 4 Standards et normes
- 5 Données de sortie des autres processus

2 Outils et méthodes
- 1 Analyse avantage/coût
- 2 Étalonnage
- 3 Modélisation
- 4 Prototypage

3 Données de sortie
- 1 Plan de management de la qualité
- 2 Définitions opératoires
- 3 Listes de contrôle
- 4 Données d'entrée pour les autres processus

8.2 Assurance de la qualité

1 Données d'entrée
- 1 Plan de management de la qualité
- 2 Résultats des mesures de maîtrise de la qualité
- 3 Définitions opératoires

2 Outils et méthodes
- 1 Outils et méthodes de la planification de la qualité
- 2 Audits qualité

3 Données de sortie
- 1 Amélioration de la qualité

8.3 Maîtrise de la qualité

1 Données d'entrée
- 1 Travail réalisé
- 2 Plan de management de la qualité
- 3 Définitions opératoires
- 4 Listes de contrôle

2 Outils et méthodes
- 1 Contrôle de la qualité
- 2 Cartes de contrôle
- 3 Diagrammes de Pareto
- 4 Échantillonnage statistique
- 5 Modélisation
- 6 Analyse de tendance

3 Données de sortie
- 1 Amélioration de la qualité
- 2 Décisions d'acceptabilité
- 3 Reprise
- 4 Listes de contrôle vérifiées
- 5 Adaptations du processus

Figure 8.1 Schéma d'ensemble du management de la qualité du projet.

Le management de la qualité doit concerner à la fois le management du projet et le produit du projet. Ne pas répondre aux impératifs de qualité de l'un ou l'autre peut avoir de graves conséquences pour certaines ou toutes les parties prenantes, par exemple :

– répondre aux besoins du client en surchargeant de travail l'équipe du projet peut entraîner des conséquences néfastes, telles qu'un *turn over* accru du personnel ;

– répondre aux objectifs de délais du projet en effectuant précipitamment les contrôles qualité planifiés peut entraîner des conséquences néfastes lorsque des erreurs ne sont pas décelées.

La qualité est « l'ensemble des caractéristiques d'une entité qui définissent sa capacité à satisfaire des besoins explicites et implicites » [2]. Un aspect essentiel du management de la qualité dans le contexte du projet est la nécessité d'exprimer clairement les besoins implicites par le biais du management du contenu, décrit au chapitre 5.

L'équipe de management du projet doit soigneusement éviter de confondre qualité et niveau d'exigence. Le niveau d'exigence est «une catégorie ou typologie utilisée pour classifier des objets ayant le même usage fonctionnel mais qui ne partagent pas les mêmes exigences de qualité» [3].

Une qualité faible est toujours problématique ; un faible niveau d'exigence ne l'est pas nécessairement. Par exemple, un produit logiciel peut être de haute qualité (pas de bogues évidents, manuel lisible) et de faible niveau d'exigence (nombre de fonctions limité), ou inversement de faible qualité (nombreux bogues, manuel de l'utilisateur mal fait) et de haut niveau d'exigence (nombreuses fonctionnalités). La détermination et le respect des niveaux imposés de qualité et d'exigence sont de la responsabilité du chef de projet et de l'équipe de management.

L'équipe de management de projet doit être consciente également qu'un management moderne de la qualité est complémentaire d'un management de projet moderne. Par exemple, les deux disciplines reconnaissent l'importance de :

- La satisfaction du client – par la compréhension, la gestion et l'orientation des besoins de manière à répondre ou dépasser les attentes du client. Cela exige une combinaison de la conformité aux spécifications (le projet doit produire ce qu'il est dit devoir produire) et de l'adaptation à l'utilisation (le produit ou le service produit doit satisfaire les besoins réels).
- La prévention par-delà le contrôle – éviter les erreurs coûte toujours beaucoup moins cher que les réparer.
- La responsabilité du management – le succès exige que tous les membres de l'équipe s'investissent, mais le management conserve la responsabilité d'assurer les ressources nécessaires pour le succès.
- Les processus par phases – la répétition du cycle «planifier-exécuter-contrôler-agir» décrit par Deming et par d'autres est tout à fait similaire à l'organisation par phases et par processus traitée au chapitre 3, Processus de management de projet.

De plus, les initiatives visant à améliorer la qualité qui sont prises par l'organisation en charge (par exemple, Management pour la qualité totale (TQM), amélioration en continu, et autres) peuvent améliorer la qualité du management du projet aussi bien que la qualité du produit résultant du projet.

Cependant, il existe une différence importante dont l'équipe de projet doit avoir clairement conscience : le caractère temporaire du projet signifie que les investissements pour l'amélioration de la qualité de l'ouvrage, en particulier la prévention et l'évaluation des défauts, doivent souvent être supportés par l'organisation en charge, le projet ne durant quelquefois pas assez longtemps pour en recueillir les fruits.

8.1 Planification de la qualité

La planification de la qualité identifie les standards de qualité applicables au projet et détermine comment y répondre. C'est l'un des processus clés qui facilitent le travail pendant la planification du projet (*cf.* paragraphe 3.3.2, Processus de planification) et il devrait être effectué régulièrement en parallèle des autres processus de planification du projet.

Par exemple, la qualité de management souhaitée peut nécessiter des adaptations de coût ou de délai, ou la qualité de produit souhaitée peut nécessiter une analyse du risque détaillée sur un problème défini.

Avant l'élaboration des normes de la série ISO 9000, les activités désignées ici par planification de la qualité ont été largement discutées en tant qu'élément de l'assurance de la qualité.

Les techniques de planification de la qualité abordées ici sont celles le plus fréquemment utilisées dans les projets. Il en existe beaucoup d'autres qui peuvent être utiles dans certains projets ou domaines d'application.

L'équipe de projet doit également connaître l'une des règles du management moderne de la qualité – la qualité est planifiée par le projet, non pas contrôlée par lui.

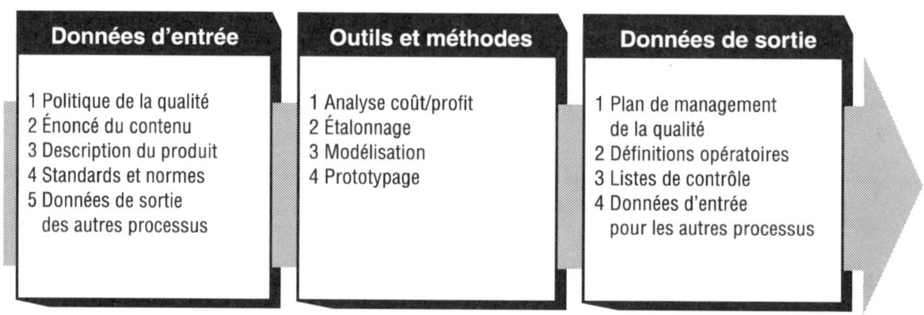

8.1.1 Données d'entrée de la planification de la qualité

8.1.1.1 Politique de qualité

La politique de qualité est « l'ensemble des intentions et de l'orientation d'une organisation en matière de qualité, telle que l'exprime formellement la direction » [4]. La politique de qualité de l'organisation en charge peut souvent être adoptée « comme telle » et utilisée dans le projet. Cependant, si l'organisation en charge n'a pas une politique de qualité formalisée, ou si de multiples organisations interviennent dans le projet (comme c'est le cas dans une joint-venture), l'équipe de management de projet devra développer une politique de qualité spécialement pour le projet.

Indépendamment de l'origine de la politique de qualité, l'équipe de management du projet a la responsabilité de s'assurer que les parties prenantes du projet en ont clairement connaissance (par exemple, grâce à une circulation de l'information appropriée, telle que la décrit le paragraphe 10.2).

8.1.1.2 Énoncé du contenu

L'énoncé du contenu (décrit au paragraphe 5.2.3.1) est une donnée d'entrée clé de la planification de la qualité puisqu'il documente les livrables majeurs du projet ainsi que les objectifs du projet qui servent à définir les exigences importantes des parties prenantes.

8.1.1.3 Description du produit

Bien que les éléments de la description du produit (traité au paragraphe 5.1.1.1) puissent être intégrés dans le corps de l'énoncé du contenu, la description du produit contiendra souvent des détails techniques et d'autres questions qui peuvent concerner la planification de la qualité.

8.1.1.4 Standards et normes

L'équipe de management de projet doit prendre en compte tous standards ou normes spécifiques au domaine d'application qui peuvent concerner le projet. Le paragraphe 2.5.1 présente les standards et normes.

8.1.1.5 Données de sortie des autres processus

En plus de l'énoncé du contenu et de la description du produit, des processus d'autres disciplines peuvent produire des données de sortie qui doivent être pris en compte comme éléments de la planification de la qualité. Par exemple, le programme des approvisionnements (décrit au paragraphe 12.1) peut mettre en évidence des exigences de qualité du fournisseur à reprendre dans le plan d'ensemble du management de la qualité.

8.1.2 Outils et méthodes de la planification de la qualité

8.1.2.1 Analyse coût/profit

Le processus de la planification de la qualité doit prendre en compte les compromis coût/profit, tels que décrits au paragraphe 5.2.2.2. L'intérêt premier du respect des exigences de qualité est le nombre moins important de travaux de reprise, ce qui signifie une productivité plus grande, des coûts moindres, et une satisfaction plus grande des parties prenantes. Le coût premier du respect des exigences de qualité est le débours associé aux activités de management de la qualité. Les bénéfices doivent excéder les coûts, c'est un axiome du management de la qualité.

8.1.2.2 Étalonnage (benchmarking)

L'étalonnage consiste à comparer des pratiques prévues ou effectives à celles d'autres projets afin de trouver des idées d'amélioration et de conduire à un standard qui permettra la mesure de la performance. Les autres projets peuvent être ou non des projets de l'organisation en charge, de même qu'ils peuvent concerner le même domaine d'application ou un domaine différent.

8.1.2.3 Modélisation

Un modèle est un diagramme figurant les relations entre les divers éléments d'un système. Les techniques de construction de modèles utilisées habituellement dans le management de la qualité englobent :

- Les diagrammes de causalité, ou d'Ishikawa ou en arête de poisson, qui illustrent comment diverses causes de premier et de deuxième ordres interagissent pour créer des problèmes ou des effets potentiels. La figure 8.2 est un exemple général de diagramme de causalité.

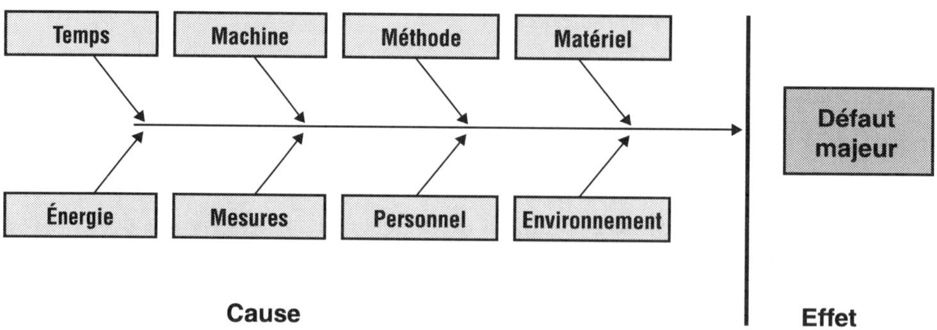

Figure 8.2 Diagramme de causalité.

– Les schémas de principe de processus ou de système, qui montrent comment interagissent les divers éléments d'un système. La figure 8.3 est un exemple de schéma de principe du processus des revues de conception. La construction de schémas peut aider l'équipe de projet à prévoir quels sont les problèmes potentiels de qualité et où ils surviendront. Cela peut donc aider à l'élaboration de la méthode de traitement de ces problèmes.

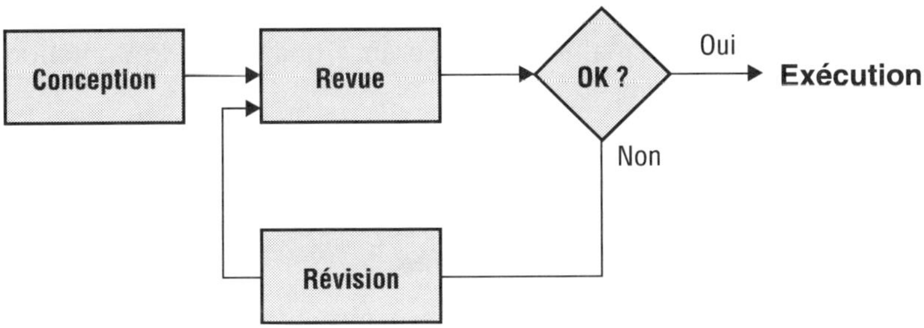

Figure 8.3 Étape de schéma de principe de processus.

8.1.2.4 Prototypage

Le prototypage est une technique analytique qui aide à l'identification des variables ayant le plus grand impact sur le résultat d'ensemble. La technique est le plus souvent appliquée sur des problèmes concernant le produit (par exemple, si des dessinateurs d'automobiles souhaitent connaître quelle combinaison de suspension et roue donnera les meilleures critères de tenue de route à un coût raisonnable).

Cependant, il peut également s'appliquer aux questions du management de projet telles que les compromis entre coût et délai. Par exemple, des ingénieurs confirmés coûteront plus cher que des ingénieurs débutants, mais il est normal d'attendre d'eux qu'ils achèvent plus rapidement les activités. Une « expérience » correctement conçue (dans le cas présent, le calcul des coûts et des durées pour les différentes combinaisons d'ingénieurs confirmés et débutants) permettra souvent de choisir une solution optimale parmi un ensemble de cas relativement peu nombreux.

8.1.3 Données de sortie du processus de planification de la qualité

8.1.3.1 Plan de management de la qualité

Le plan de management de la qualité précise la manière dont l'équipe de projet doit mettre en œuvre la politique de la qualité. Selon la terminologie de l'ISO 9000, il doit décrire le système qualité du projet : « la structure organisationnelle, les responsabilités, les procédures, les processus et les ressources nécessaires au management de la qualité » [5].

Le plan de management de la qualité constitue une donnée d'entrée au plan de projet (décrit au paragraphe 4.1, Élaboration du plan de projet) et doit traiter de la maîtrise de la qualité, de l'assurance qualité, et de l'amélioration de la qualité dans le projet.

Le plan de management de la qualité peut être formalisé ou informel, très détaillé ou non, et repose sur les besoins du projet.

8.1.3.2 Définitions opérationnelles

Une définition opérationnelle décrit en termes très spécifiques une opération précise, ainsi que la manière dont elle est mesurée dans le cadre du processus de maîtrise de la qualité. Par exemple, il ne suffit pas de dire que le respect des dates prévues au calendrier du planning est un critère de la qualité du management; l'équipe de management de projet doit aussi indiquer si toutes les activités doivent démarrer comme prévu ou simplement être achevées comme prévu; si certaines activités seront mesurées ou seulement certains livrables, et dans ce cas, lesquels. Les définitions opérationnelles sont également désignées par le terme « métrique » dans certains domaines d'application.

8.1.3.3 Listes de contrôle

Une liste de contrôle (check list) est un outil structuré, habituellement spécifique d'une activité ou d'un secteur, utilisé pour vérifier qu'un ensemble d'étapes ont bien été suivies. Les listes de contrôle peuvent être simples ou complexes. Elles sont généralement exprimées sur le mode impératif (« Faites ceci ») ou interrogatif (« Avez-vous fait cela ? »). De nombreuses organisations ont standardisé les listes de contrôle disponibles pour uniformiser le déroulement d'activités qui reviennent fréquemment. Dans certains domaines d'application, les listes de contrôle sont également disponibles auprès des associations professionnelles et commercialement auprès des fournisseurs de services.

8.1.3.4 Données d'entrée pour les autres processus

Le processus de planification de la qualité est à même d'identifier le besoin d'une nouvelle activité dans un autre domaine.

8.2 Assurance de la qualité

L'assurance de la qualité englobe toutes les activités planifiées et systématiques mises en œuvre dans le cadre du système de la qualité pour assurer le respect des standards de qualité exigés par le projet. Elle doit s'exercer tout au long du projet. Avant l'élaboration des normes de la série ISO 9000, les activités regroupées sous l'appellation «planification de la qualité» étaient englobées dans l'assurance qualité.

L'assurance de la qualité est souvent du ressort d'un service «assurance qualité» ou d'une structure baptisée de façon similaire, mais il n'y a pas d'obligation à cela.

L'assurance de la qualité peut se faire à l'attention de l'équipe de management du projet ou de l'équipe de l'organisation en charge (assurance qualité interne) comme elle peut se faire à l'attention du client et autres structures qui ne seront pas impliquées activement dans la réalisation du projet (assurance qualité externe).

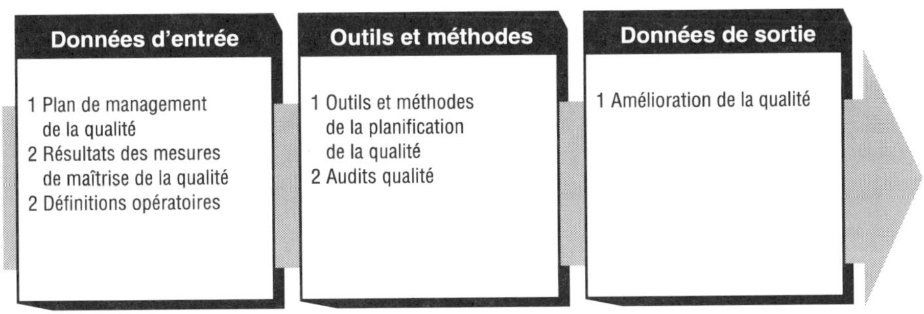

8.2.1 Données d'entrée de l'assurance de la qualité

8.2.1.1 Plan de management de la qualité

Le plan de management de la qualité est décrit au paragraphe 8.1.3.1.

8.2.1.2 Résultats des mesures de maîtrise de la qualité

Les mesures de la maîtrise de la qualité sont les données enregistrées des tests et mesures de maîtrise de la qualité sous une forme permettant la comparaison et l'analyse.

8.2.1.3 Définitions opérationnelles

Les définitions opérationnelles sont décrites au paragraphe 8.1.3.2.

8.2.2 Outils et méthodes de l'assurance de la qualité

8.2.2.1 Outils et méthodes de la planification de la qualité

Les outils et méthodes de la planification de la qualité sont décrits au paragraphe 8.1.2 et peuvent aussi être utilisés pour l'assurance de la qualité.

8.2.2.2 Audits qualité

Un audit qualité est une revue structurée des diverses activités relatives au management de la qualité. L'objectif d'un audit qualité est d'identifier les retours d'expérience qui peuvent permettre d'améliorer la performance dans le projet actuel ou pour d'autres projets de l'organisation en charge. Les audits qualité peuvent être systématiques ou effectués au hasard, et ils peuvent être exécutés par des audits internes à l'organisation, correctement formés, ou par des tiers, tels que les agences d'audit qualité.

8.2.3 Données de sortie de l'assurance de la qualité

8.2.3.1 Amélioration de la qualité

L'amélioration de la qualité englobe les actions décidées afin d'augmenter l'efficacité et l'efficience afin que les parties prenantes du projet soient encore plus satisfaites. Dans la plupart des cas, l'amélioration de la qualité nécessite de préparer des demandes de modification ou d'entreprendre des actions correctives, ce qui sera fait en conformité avec les procédures de gestion des modifications, décrites au paragraphe 4.3.

8.3 Maîtrise de la qualité

La maîtrise de la qualité demande de surveiller des résultats spécifiques du projet pour déterminer s'ils sont en accord avec les standards de qualité applicables et identifier les moyens d'éliminer les causes de résultats insatisfaisants. Elle doit se faire tout au long du projet. Les résultats du projet sont à la fois les produits tels que les livrables et les résultats du management tels que les performances, en termes de coût et de délai. La maîtrise de la qualité est souvent le fait d'un service de maîtrise de la qualité ou d'une structure baptisée de manière similaire, mais ce n'est pas obligatoire.

L'équipe de management de projet doit avoir une connaissance pratique de la maîtrise statistique de la qualité, particulièrement dans le domaine de l'échantillonnage et de la probabilité, qui l'aide à évaluer les données de sortie de la maîtrise de la qualité. Elle doit entre autres domaines connaître les différences existantes entre :

- la prévention (écarter les erreurs avant qu'elles ne se glissent dans les processus) et le contrôle (écarter les erreurs avant qu'elles ne parviennent jusqu'au client) ;
- échantillonnage des attributs (le résultat est en conformité ou non) et échantillonnage des variables (le résultat est à évaluer par rapport à une échelle qui mesure le degré de conformité) ;
- les causes spécifiques (événements inhabituels) ou inhérentes (variations normales du processus) ;
- les tolérances (le résultat est acceptable s'il se situe dans une marge de tolérance spécifiée) et maîtrise de tolérance (le processus est sous contrôle si le résultat se situe à l'intérieur de la tolérance).

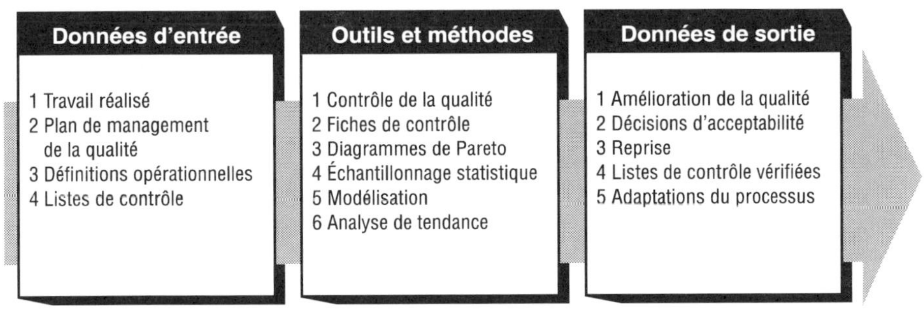

8.3.1 Données d'entrée de la maîtrise de la qualité

8.3.1.1 Travail réalisé

Le travail réalisé (décrit au paragraphe 4.2.3.1) est constitué à la fois par les résultats des processus et les résultats des produits. L'information sur les résultats planifiés ou espérés (du plan de projet) doit être mise à disposition ainsi que l'information sur les résultats effectifs.

8.3.1.2 Le plan de management de la qualité

Le plan de management de la qualité est décrit au paragraphe 8.1.3.1.

8.3.1.3 Les définitions opérationnelles

Les définitions opérationnelles sont décrites au paragraphe 8.1.3.2.

8.3.1.4 Les listes de contrôle

Les listes de contrôle sont décrites au paragraphe 8.1.3.3.

8.3.2 Outils et méthodes de la maîtrise de la qualité

8.3.2.1 Contrôle de la qualité

Le contrôle de la qualité englobe des activités comme la mesure, l'examen et les essais entrepris pour déterminer si les résultats sont conformes aux exigences. Les contrôles de la qualité doivent être réalisés à tous les niveaux (par exemple, on peut contrôler les résultats d'une activité spécifique ou le produit final du projet). Les contrôles sont diversement nommés revues, revues de produit, audits, et revues de projet, dans certains domaines d'application, ces termes ont des significations plus étroites et plus spécifiques.

8.3.2.2 Fiches de contrôle

Les fiches de contrôle sont des présentations graphiques des résultats, dans le temps, d'un processus. Elles sont utilisées pour déterminer si le processus est « sous contrôle » (par exemple, est-ce que les différences au sein des résultats sont le fait de variations dues aux aléas normaux ou à des événements inhabituels dont les causes doivent être identifiées et corrigées ?). Quand un processus est sous contrôle, le processus n'a pas à être réajusté. Le processus peut être modifié afin de permettre des améliorations mais ne devrait pas être réajusté lorsqu'il est sous contrôle.

Les fiches de contrôle peuvent être utilisées pour surveiller tout type de variable de sortie. Bien qu'utilisées le plus souvent pour le suivi d'activités répétitives, comme la production de produits manufacturés, les fiches de contrôle peuvent aussi être utilisées pour surveiller les écarts de coût et de délai, l'ampleur et la fréquence des modifications du contenu, les erreurs dans la documentation du projet, ou d'autres résultats de management, afin de mieux savoir si le « processus de management du projet » est sous contrôle. La figure 8.4 est une fiche de contrôle de performance sur les délais.

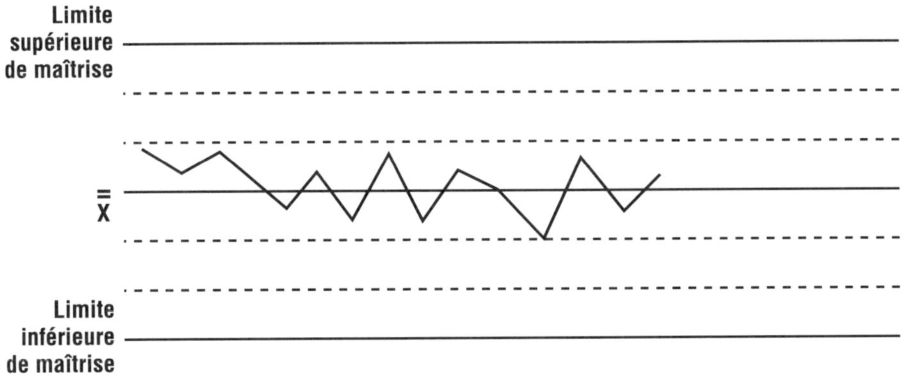

Figure 8.4 Fiche de contrôle de performance des délais.

8.3.2.3 Diagrammes de Pareto

Un diagramme de Pareto est un histogramme, par ordre de fréquence d'apparition, qui montre le nombre de résultats dus à des causes classées par type ou catégorie (*cf.* figure 8.5). Ce classement est utilisé pour guider l'action corrective – l'équipe de projet doit s'attaquer d'abord aux problèmes qui sont causes du plus grand nombre de défauts. Les diagrammes de Pareto sont sous-tendus par la loi de Pareto, qui stipule qu'un nombre relativement faible de causes est responsable d'une grande majorité des problèmes ou défauts.

8.3.2.4 Échantillonnage statistique

L'échantillonnage statistique implique de choisir une partie d'un ensemble intéressant pour la soumettre à contrôle (par exemple, sélectionner 10 dessins d'ingénieurs au hasard dans une liste qui en comporte 75). Un échantillonnage adapté peut souvent réduire le coût de la maîtrise de la qualité. Il existe un corpus de connaissances substantiel en matière d'échantillonnage statistique ; dans certains domaines d'application, il est nécessaire que l'équipe de management de projet connaisse l'éventail des techniques d'échantillonnage.

8.3.2.5 Modélisation

La construction de modèles est décrite au paragraphe 8.1.2.3. Elle est utilisée dans le domaine de la maîtrise de la qualité pour aider à comprendre comment les problèmes se créent.

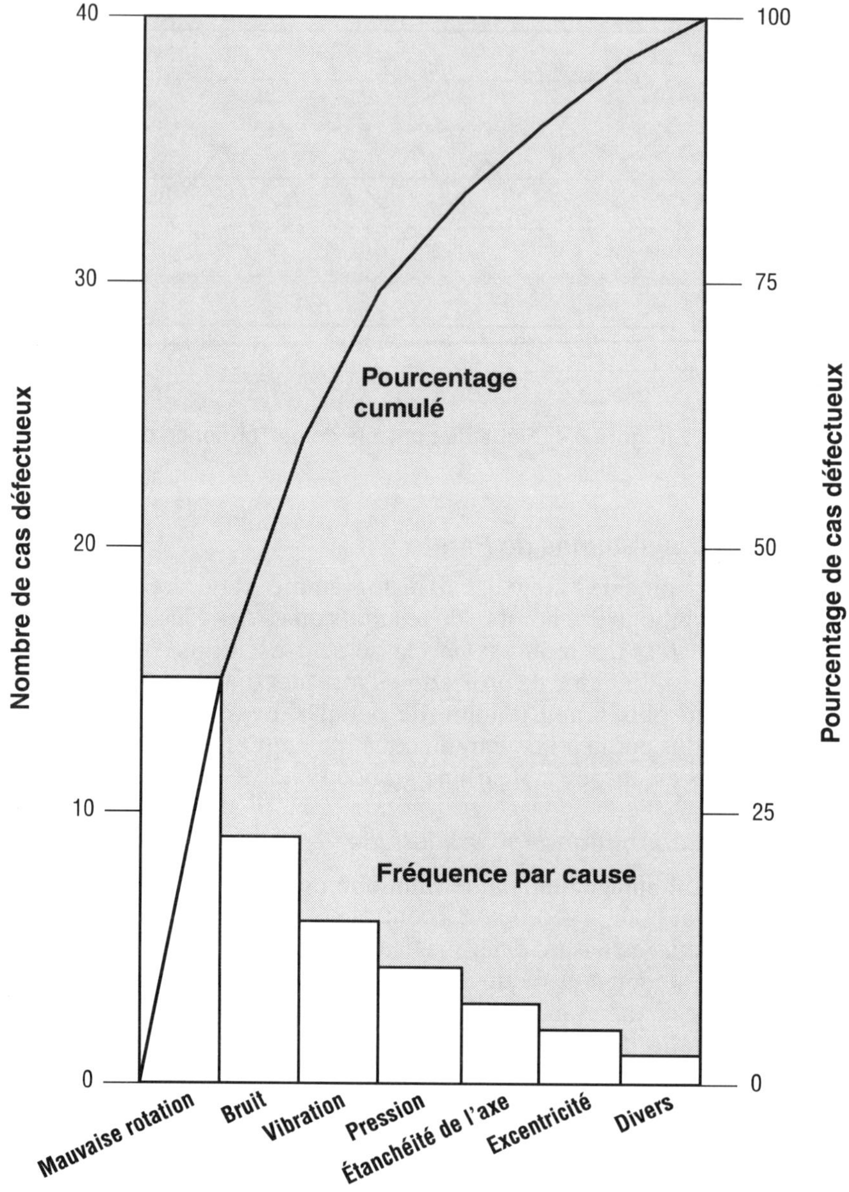

Figure 8.5 Diagramme de Pareto.

8.3.2.6 Analyse de tendance

L'analyse de tendance implique l'utilisation de techniques mathématiques pour prévoir les résultats futurs sur la base des résultats historiques. L'analyse de tendance est souvent utilisée pour surveiller :

- La performance technique – comment ont été identifiés les erreurs et les défauts, combien d'entre eux n'ont pas été corrigés ?
- La performance en termes de coût et de délai – combien d'activités par période ont été achevées avec des écarts significatifs ?

8.3.3 Données de sortie de la maîtrise de la qualité

8.3.3.1 Amélioration de la qualité

L'amélioration de la qualité est décrite au paragraphe 8.2.3.1.

8.3.3.2 Acceptabilité

Les éléments contrôlés seront soit acceptés soit rejetés. Les éléments rejetés peuvent nécessiter une reprise (décrite au paragraphe 8.3.3.3).

8.3.3.3 Reprise

La reprise est l'action engagée pour qu'un élément défectueux ou non conforme devienne conforme aux exigences ou aux spécifications. La reprise, surtout la reprise non prévue, est souvent cause de surcharges pour le projet dans la plupart des domaines d'application. L'équipe de projet devra s'efforcer de minimiser les reprises.

8.3.3.4 Listes de contrôle vérifiées

Se reporter au paragraphe 8.1.3.3. Lorsque les listes de contrôle sont utilisées, la liste vérifiée doit faire partie du retour d'expérience du projet.

8.3.3.5 Adaptations du processus

Les adaptations du processus impliquent une action préventive ou corrective immédiate suite à des mesures de la maîtrise de la qualité. Dans certains cas, il arrive que l'adaptation du processus doivent se faire conformément aux procédures de gestion des modifications, décrites au paragraphe 4.3.

9 MANAGEMENT DES RESSOURCES HUMAINES DU PROJET

Le management des ressources humaines englobe les processus nécessaires pour utiliser au mieux les personnels affectés au projet. Il concerne toutes les parties prenantes du projet – sponsors, clients, participants individuels et autres décrits au paragraphe 2.2. La figure 9.1 donne une vue d'ensemble des processus principaux suivants :

9.1 Planification de l'organisation – pour identifier, décrire et affecter les différents rôles, responsabilités et relations hiérarchiques entre intervenants.

9.2 Obtention des ressources humaines – dont l'objectif est de mettre à la disposition du projet les ressources humaines nécessaires.

9.3 Développement de l'équipe – pour développer les capacités individuelles et collectives afin d'améliorer les performances du projet.

Ces processus interagissent entre eux ainsi qu'avec des processus d'autres disciplines. Chaque processus peut entraîner la participation d'un ou plusieurs individus ou groupes d'individus suivant les besoins du projet.

Bien que les processus soient présentés ici comme des activités bien identifiées avec des limites très claires, dans la pratique ils peuvent se chevaucher et interagir de différentes manières que nous ne détaillerons pas ici.

Les interactions sont traitées en détail au chapitre 3, Processus du management de projet.

Il existe une littérature conséquente sur les ressources humaines dans un cadre opératoire évolutif. Voici quelques-uns des nombreux thèmes :

- Diriger, communiquer, négocier et autres thèmes traités au paragraphe 2.4, Compétences clés en management général.
- Déléguer, motiver, encadrer, guider et autres thèmes liés aux questions relationnelles entre individus.
- Construire une équipe, gérer les conflits, et autres thèmes liés aux questions de dynamique de groupe.
- L'évaluation de la performance, le recrutement, le maintien du personnel en place, les relations de travail, les normes d'hygiène et de sécurité et autres thèmes liés à l'administration de la fonction des ressources humaines.

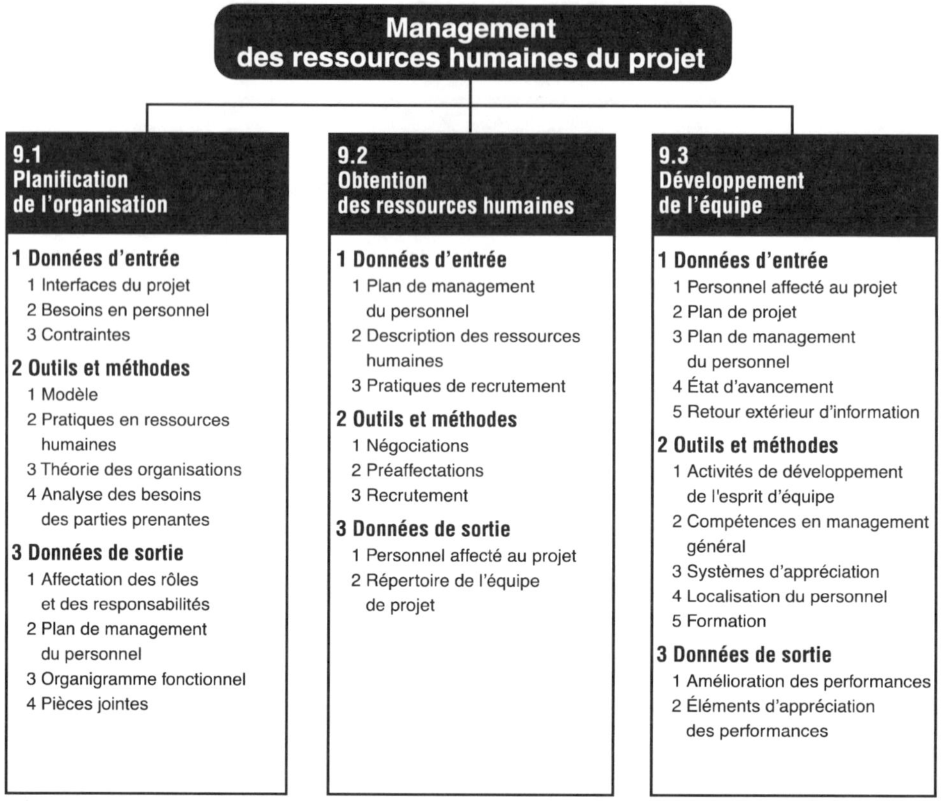

Figure 9.1 Schéma d'ensemble du management des ressources humaines.

La majeure partie de cette documentation est directement applicable à la direction et la gestion du personnel dans un projet, et le chef de projet et l'équipe de management du projet doivent la connaître.

Cependant, ils doivent aussi être sensibilisés à la question de l'application de cette connaissance au domaine du projet, par exemple :

– Le caractère temporaire des projets entraîne que les relations personnelles et structurelles sont généralement à la fois temporaire et nouvelles. L'équipe de management de projet doit soigneusement choisir les techniques qui conviennent à des relations éphémères de ce type.

– La nature et le nombre de parties prenantes du projet variera souvent au cours de l'avancement du projet dans son cycle de vie. Il s'ensuit que des techniques efficaces lors d'une phase ne le soient plus dans une autre. L'équipe de projet doit prendre soin d'utiliser les bonnes techniques au bon moment.
– Les activités liées à l'administration des ressources humaines sont rarement de la responsabilité directe de l'équipe de management de projet. Cependant, l'équipe doit avoir une connaissance suffisante des exigences d'administration pour les satisfaire.

9.1 Planification de l'organisation

La planification de l'organisation regroupe l'identification, la description, l'affectation des rôles, les responsabilités et les relations hiérarchiques. Les rôles, les responsabilités et les relations hiérarchiques peuvent être assignés à des individus ou à des groupes. Les individus et les groupes peuvent appartenir à l'organisation en charge du projet ou lui être extérieurs. Les groupes internes sont souvent affectés à un service fonctionnel spécifique comme l'ingénierie, le marketing ou la comptabilité.

Dans la plupart des projets, la majeure partie de la planification de l'organisation est réalisée dans le cadre des toutes premières phases du projet. Cependant, les résultats de ce processus doivent être revus régulièrement tout au long du projet pour s'assurer qu'elle demeure pertinente. Si l'organisation ne convient plus, elle doit être revue sans délais.

La planification de l'organisation est souvent étroitement liée à la planification de la communication (décrite au paragraphe 10.1) puisque la structure fonctionnelle du projet aura un impact majeur sur les besoins en communication du projet.

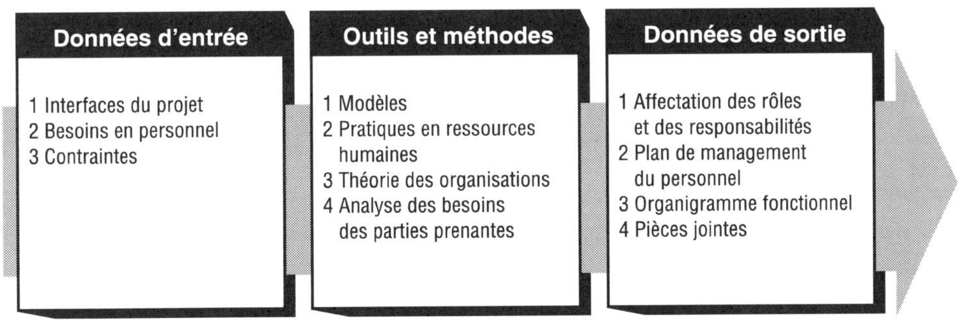

9.1.1 Données d'entrée de la planification de l'organisation

9.1.1.1 Interfaces du projet

Les interfaces se rangent généralement dans trois catégories :

- Les interfaces fonctionnelles – les relations hiérarchiques formalisées et informelles entre différentes unités fonctionnelles. Les interfaces fonctionnelles peuvent être extrêmement complexes ou au contraire très simples. Par exemple, le développement d'un système de télécommunications complexe peut nécessiter d'assurer une coordination entre de multiples sous-traitants pendant plusieurs années, alors que déterminer une erreur de programmation dans un système installé sur un site unique ne demande guère plus que de notifier l'ordre de modification à l'utilisateur et au personnel responsable du fonctionnement.
- Les interfaces techniques – les relations hiérarchiques formalisées ou informelles entre différents domaines techniques. Les interfaces techniques existent dans les phases du projet et (par exemple, la conception d'un site réalisée par les ingénieurs civils doit être compatible avec la structure développée par les ingénieurs du projet) et entre les phases du projet (par exemple, une équipe de conception d'un véhicule automobile transmet les résultats de son travail à l'équipe de fabrication qui doit réaliser les outils nécessaires à la production du véhicule).
- Les interfaces relationnelles – les relations hiérarchiques formalisées et informelles entre différentes personnes travaillant sur le projet.

Ces interfaces surviennent souvent simultanément, par exemple lorsqu'un architecte travaillant pour une société de conception qui explique les questions clés de conception à l'équipe de management de projet appartenant à une entreprise de construction sous-traitante avec laquelle il n'a pas de liens hiérarchiques.

9.1.1.2 Besoins en personnel

Les besoins en personnel définissent quels types de compétences sont requises, quels profils d'individus ou groupes, et pendant combien de temps. Les besoins en personnel constituent un sous-ensemble de l'ensemble des besoins en ressources identifié dans la planification des ressources (décrite au paragraphe 7.1).

9.1.1.3 Contraintes

Les contraintes sont les facteurs limitatifs pour les options qui se présentent à l'équipe de projet. Une option fonctionnelle peut être limitée de nombreuses façons. Les facteurs classiques qui peuvent représenter une contrainte pour l'organisation de l'équipe comprend entre autres les facteurs suivants :

- La structure fonctionnelle de l'organisation en charge – une organisation dont la structure de base est de matrice forte signifie un rôle de chef de projet relativement plus fort que pour une structure de matrice faible (*cf.* le paragraphe 2.3.3 pour de plus amples détails à propos des structures fonctionnelles)
- Les accords consensuels – les accords contractuels avec les syndicats ou d'autres groupements d'employés peuvent nécessiter certains rôles ou relations hiérarchiques (par essence, le groupement d'employés est une partie prenante).
- Les préférences de l'équipe de management – si les membres de l'équipe de management du projet ont eu du succès avec certaines structures par le passé, ils sont susceptibles de favoriser des structures similaires dans le futur.
- Les affectations de personnel attendues – la manière dont le projet est organisé est souvent influencée par les compétences et capacités d'individus particuliers.

9.1.2 Outils et méthodes de la planification de l'organisation

9.1.2.1 Modèles

Bien que chaque projet soit unique, la plupart des projets ressemblent dans une certaine mesure à d'autres projets. L'utilisation de la définition des rôles et des responsabilités ou les relations hiérarchiques d'un projet similaire peut accélérer la planification de l'organisation.

9.1.2.2 Pratique en ressources humaines

De nombreuses organisations ont une diversité de politiques, lignes directrices et procédures qui peuvent aider l'équipe de projet dans les divers aspects de la planification de l'organisation. Par exemple, une organisation qui considère les chefs de projet comme des meneurs d'hommes est susceptible de posséder une documentation sur la manière dont ce rôle doit être rempli.

9.1.2.3 Théorie des organisations

Il existe une littérature conséquente sur la manière dont les structures fonctionnelles peuvent et doivent être faites. Bien que seul un sous-ensemble réduit de cette littérature soit spécialement conçu pour les structures de projet, l'équipe de management doit avoir une connaissance générale des thèmes dont traite la théorie des organisations afin de mieux être à même de répondre aux besoins du projet.

9.1.2.4 Analyse des besoins des parties prenantes

Les besoins des diverses parties prenantes devraient être analysés pour s'assurer que les réponses à ces besoins sont bien apportées. Le paragraphe 10.1.2.1 traite en détails de l'analyse des besoins des parties prenantes.

9.1.3 Données de sortie de la planification de l'organisation

9.1.3.1 Affectation des rôles et des responsabilités

Les rôles (qui fait quoi) et les responsabilités (qui décide quoi) doivent être assignés aux parties prenantes du projet qui conviennent le mieux. Rôles et responsabilités peuvent changer au cours du temps. La plupart des rôles et des responsabilités seront assignées aux parties prenantes qui sont activement impliquées dans la réalisation du projet, tel le chef de projet, d'autres membres de l'équipe de management de projet, et des individus apportant une contribution.

Les rôles et responsabilités du chef de projet sont généralement déterminants dans la plupart des projets mais varient de manière significative d'un domaine d'application à un autre.

Les rôles et responsabilités devraient être étroitement liés à la définition du contenu du projet. Une matrice d'affectation (ou RAM en anglais, *cf.* figure 9.2) est souvent utilisée dans ce but. Pour des projets importants, les matrices RAM peuvent être faites à plusieurs niveaux. Par exemple, la matrice de niveau supérieur définira quel groupe ou quelle unité est responsable de chacun des éléments de la structure de découpage du projet, alors que des matrices de niveau inférieur seront utilisées à l'intérieur du groupe pour assigner les rôles et responsabilités des personnes.

9.1.3.2 Plan de management du personnel

Le plan de management du personnel décrit quand et comment les ressources humaines seront affectées et retirées à l'équipe de projet. Le plan de management du personnel peut être formalisé ou informel, très détaillé ou peu détaillé ; il repose sur les besoins du projet. C'est un sous-élément de plan de projet (*cf.* paragraphe 4.1, Plan de projet).

Le plan de management du personnel comprend souvent des histogrammes des ressources, comme illustré en figure 9.3.

Phase \ Personne	A	B	C	D	E	F	...
Besoins	S	R	A	P	P		
• de fonctionnement	S		A	P		P	
• de conception	S		R	A	I		P
• de développement		R	S	A		P	P
Essais			S	P	I	A	P

P = participant A = responsables R = revue nécessaire
I = intervention nécessaire S = signature nécessaire

Figure 9.2 Matrice d'affectation des responsabilités.

Une attention spéciale doit être apportée à la manière dont les membres de l'équipe du projet (personnes ou groupes) seront libérés lorsqu'ils ne sont plus nécessaires au projet. Des procédures appropriées de réaffectation peuvent :

- réduire les coûts en réduisant ou éliminant la tendance au bricolage pour occuper le temps entre deux affectations ;
- améliorer le moral en réduisant ou éliminant l'incertitude sur les prochaines opportunités de travail.

9.1.3.3 Organigramme fonctionnel

Un organigramme fonctionnel est une présentation graphique des relations hiérarchiques du projet. Il peut être formalisé ou informel ; très détaillé ou peu détaillé ; il repose sur les besoins du projet. Par exemple, l'organigramme fonctionnel pour un projet interne dans un service de trois à quatre personnes n'est pas susceptible de présenter la rigueur et la précision d'un organigramme pour un projet de centrale nucléaire de 3000 personnes.

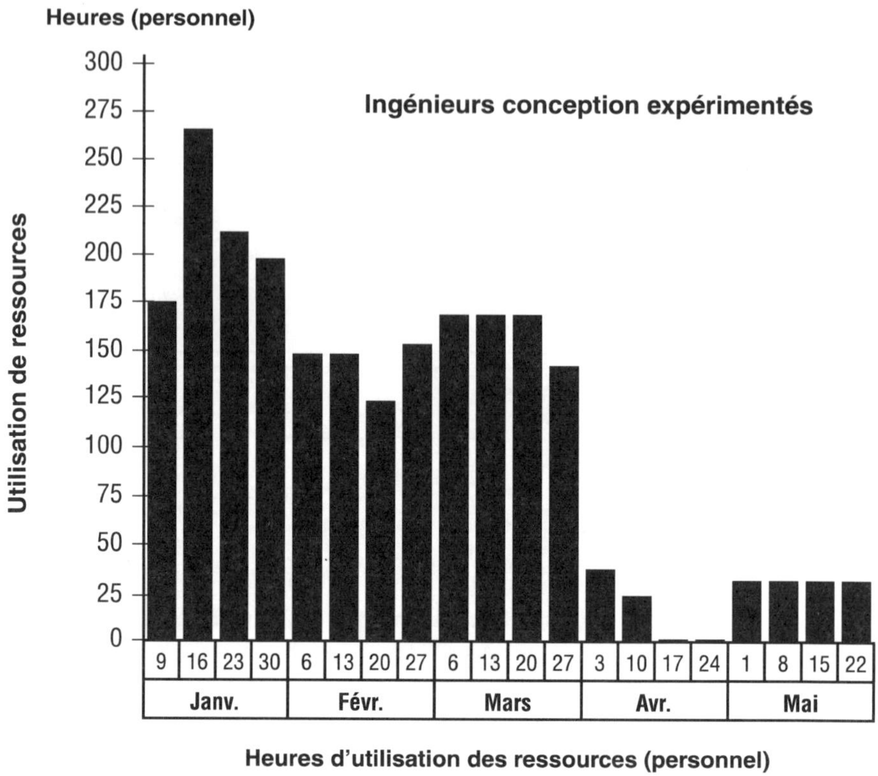

Figure 9.3 Histogramme des ressources.

Un organigramme fonctionnel (OBS) est un type d'organigramme qui montre quelles sont les unités fonctionnelles responsables des différents éléments de travail.

9.1.3.4 Pièces jointes

Les pièces jointes à la planification de l'organisation varient selon les domaines d'application et la taille du projet. L'information fréquemment fournie à titre de détails fonctionnels englobe, sans être limitative :

– L'impact de l'organisation – quelles alternatives sont exclues d'office par le type d'organisation choisi.
– Les descriptions de postes – des descriptions écrites des compétences, responsabilités, connaissance, de l'autorité, de l'environnement et autres caractéristiques attachées à l'exécution d'un travail donné. Également appelé descriptions de positions.
– Les besoins en formation – si le personnel qui va être affecté ne semble pas posséder les compétences exigées pour le projet, l'acquisition de ces compétences devra constituer une activité effective du projet.

9.2 Obtention des ressources humaines

L'obtention des ressources humaines implique de rassembler les ressources humaines nécessaires (individus ou groupes) et de les affecter à l'exécution du projet. Dans la plupart des environnements, les meilleures ressources ne sont pas forcément disponibles, et l'équipe de management de projet doit prendre garde de s'assurer que les ressources qui sont disponibles suffiront pour répondre aux exigences du projet.

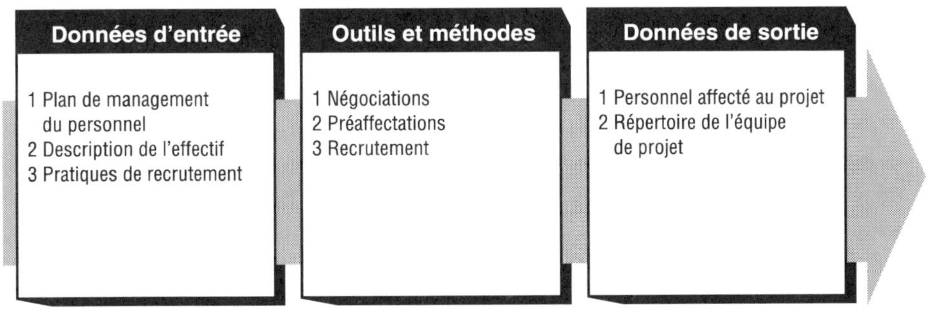

9.2.1 Données d'entrée de l'obtention des ressources humaines

9.2.1.1 Plan de management du personnel

Le plan de management du personnel est décrit au paragraphe 9.1.3.2. Il englobe les besoins en personnel du projet comme décrit au paragraphe 9.1.1.2.

9.2.1.2 Description de l'effectif

Lorsque l'équipe de management de projet a le pouvoir d'influencer ou de décider des affectations du personnel, elle doit prendre en compte les caractéristiques du personnel potentiellement disponible. Ces prises en compte doivent comprendre, mais ne pas se limiter :

- À l'expérience accumulée – les individus ou les groupes ont-ils effectués des travaux similaires ou proches par le passé ? L'ont-ils fait convenablement ?
- Aux intérêts personnels – les individus ou groupes ont-ils un intérêt propre à réaliser ce travail ?
- Aux caractéristiques personnelles – les individus ou les groupes sont-ils susceptibles de travailler correctement ensemble au sein d'une équipe ?
- À la disponibilité – les individus ou groupes pourront-ils être mis à disposition pendant les périodes de temps nécessaires ?

9.2.1.3 Pratiques de recrutement

Une ou plusieurs organisations impliquées dans le projet peut avoir des politiques, lignes directrices ou procédures régissant l'obtention des ressources humaines. Lorsqu'elles existent, de telles pratiques agissent comme des contraintes sur le processus de recherche du personnel.

9.2.2 Outils et méthodes de l'obtention des ressources humaines

9.2.2.1 Négociations

L'obtention des ressources humaines doit être négociée dans la plupart des projets. Par exemple, l'équipe de management de projet peut devoir négocier avec :

- les décideurs fonctionnels pour s'assurer que le projet reçoit le personnel qualifié en temps et en heure ;
- d'autres équipes de management de projet de l'organisation en charge pour affecter des ressources rares ou spécialisées de manière appropriée.

Les compétences de l'équipe qui auront une influence (*cf.* paragraphe 2.4.5, Influence sur l'organisation) jouent un rôle important dans la négociation des affectations comme le font les politiques des organisations impliquées. Par exemple, un décideur fonctionnel peut être récompensé en fonction de son utilisation du personnel. Cela incite le manager à affecter du personnel disponible qui pourrait ne pas répondre à l'ensemble des exigences du projet.

9.2.2.2 Préaffectations

Dans certains cas, l'effectif peut être préalablement affecté au projet. C'est souvent le cas lorsque (a) le projet est le résultat d'une proposition mise en compétition et que la proposition promettait un personnel spécifique, ou (b) que le projet est un projet interne au service et les affectations de personnel ont donc été définies dans la note de mission.

9.2.2.3 Recrutement

Le management des approvisionnements (décrit au chapitre 12) peut être utilisé pour obtenir les services d'individus ou de groupes d'individus pour réaliser les activités de projet. Un recrutement externe temporaire est nécessaire lorsque l'organisation en charge manque de personnel maison pour achever le projet (par exemple, du fait d'une décision voulue de ne pas embaucher d'individus de ce profil à temps plein, ou du fait que le personnel qualifié est déjà affecté à d'autres projets, ou pour d'autres raisons encore).

9.2.3 Données de sortie de l'obtention des ressources humaines

9.2.3.1 Personnel affecté

Le projet est pourvu lorsque les personnes qui conviennent ont été affectées de manière sûre pour travailler au projet. Le personnel peut être affecté à temps plein, temps partiel, ou encore en fonction des besoins du projet.

9.3 Développement de l'équipe

Le développement de l'équipe consiste à la fois à renforcer la capacité des parties prenantes à contribuer individuellement et à renforcer la capacité de l'équipe à travailler comme une équipe doit le faire. L'acquisition individuelle de la compétence (managériale et technique) est la base indispensable au développement de l'équipe. Le développement de l'équipe est cruciale pour la capacité de réponse aux exigences du projet.

Le développement de l'équipe est souvent plus difficile lorsque les individus membres de l'équipe dépendent à la fois d'un chef fonctionnel et du chef de projet (*cf.* paragraphe 2.3.3 pour une discussion sur les organisations matricielles). Une gestion efficace de cette situation ambiguë est souvent un facteur crucial de succès pour le projet, dont la responsabilité incombe au chef de projet.

Bien que le développement de l'équipe soit présenté au chapitre 3 comme l'un des processus d'exécution, le développement de l'équipe se fait tout au long du projet.

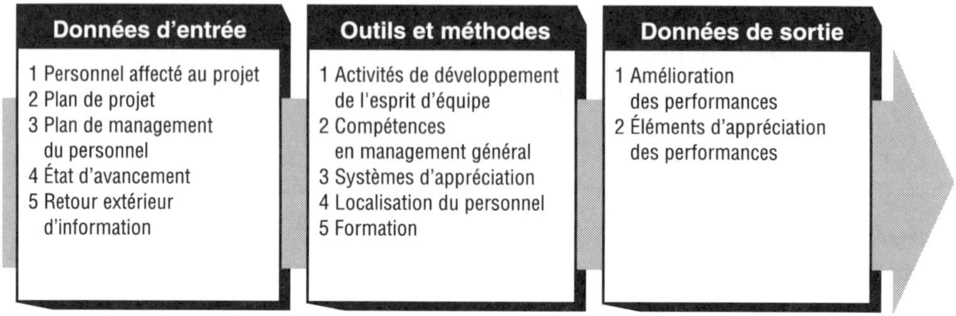

9.3.1 Données d'entrée du développement de l'équipe

9.3.1.1 Personnel affecté au projet

Le personnel affecté au projet est décrit au paragraphe 9.2.3.1. Les affectations de personnel définissent implicitement les compétences individuelles et collectives disponibles.

9.3.1.2 Plan de projet

Le plan de projet est décrit au paragraphe 4.1.3.1. Le plan de projet décrit le contexte technique dans lequel opère l'équipe de projet.

9.3.1.3 Plan de management du personnel

Le plan de management du personnel est décrit au paragraphe 9.1.3.2.

9.3.1.4 État d'avancement

Les rapports d'avancement (décrits au paragraphe 10.3.3.1) fournissent un retour d'information à l'équipe de projet sur les performances réelles comparativement aux performances prévisionnelles.

9.3.1.5 Retour extérieur d'information

L'équipe de projet doit se confronter périodiquement aux attentes des tiers à l'extérieur du projet.

9.3.2 Outils et méthodes du développement de l'équipe

9.3.2.1 Activités de développement de l'esprit d'équipe

Les activités de développement de l'esprit d'équipe englobent les actions de management et les actions individuelles entreprises spécifiquement et principalement pour améliorer la performance de l'équipe. De nombreuses actions telles que l'implication de membres de l'équipe qui n'appartiennent pas au management dans le processus de planification, ou l'établissement de règles de base pour aplanir et gérer les conflits, sont à même d'avoir comme effet secondaire d'améliorer la performance de l'équipe. Les activités de développement de l'esprit d'équipe peuvent varier; elles vont de l'allocation de cinq minutes, au cours d'une réunion de revue normale, jusqu'à des séminaires extérieurs organisés pendant le temps de travail et conçus pour améliorer les relations humaines entre les intervenants principaux.

Il existe une littérature importante sur le thème de la constitution de l'esprit d'équipe. L'équipe de management de projet doit être familiarisée avec la diversité des actions qui permettent de le renforcer.

9.3.2.2 Compétences en management général

Les compétences en management général (traitées au paragraphe 2.4) ont une importance particulière dans le domaine du développement de l'équipe.

9.3.2.3 Systèmes d'appréciation

Les systèmes d'appréciation sont des actions de management qui visent à promouvoir ou renforcer des comportements. Pour être efficace, de tels systèmes doivent établir un lien clair, explicite et réalisable entre la performance et la récompense. Par exemple, un chef de projet qui est récompensé pour avoir atteint l'objectif de coût du projet doit bénéficier d'un niveau de maîtrise approprié sur les décisions concernant le personnel et les approvisionnements.

Les projets doivent souvent établir leur propre système d'appréciation, car les systèmes de l'organisation en charge peuvent ne pas convenir. Par exemple, le fait d'être prêt à faire des heures supplémentaires afin de respecter un objectif de délai agressif sur le marché doit être récompensé et reconnu; les heures supplémentaires ne doivent pas être dues à une mauvaise planification.

Les systèmes d'appréciation doivent également tenir compte des différences culturelles. Par exemple, la mise en place d'un système de récompense collective dans une culture qui valorise l'individualisme peut s'avérer très difficile.

9.3.2.4 Localisation du personnel

Il s'agit de regrouper physiquement tous, ou presque tous les membres actifs du projet dans un même lieu pour renforcer leur capacité à travailler en équipe. Le regroupement est largement utilisé dans les projets de grande taille et peut aussi être efficace pour des projets plus petits (avec un « quartier général », où l'équipe se réunit et s'abstrait des travaux en cours).

9.3.2.5 Formation

La formation englobe toutes les activités qui renforcent les compétences, connaissances et capacités de l'équipe de projet. Quelques auteurs font la distinction entre la formation, l'éducation et le développement, mais ces distinctions ne sont ni très sensibles ni largement reconnues. La formation peut être formalisée (c'est-à-dire, formation en salle, formation sur matériel informatique) ou informelle (par exemple, le partage de l'expérience d'autres membres de l'équipe). Il existe une littérature conséquente sur la manière d'apporter une formation aux adultes.

Si les membres de l'équipe de projet manquent des compétences nécessaires en management ou de compétences techniques, leur formation doit être considérée comme une tâche du projet, ou bien il faut commencer par réaffecter au projet le personnel qui convient. Des coûts de formation directs ou indirects sont souvent supportés par l'organisation en charge.

9.3.3 Données de sortie du développement de l'équipe

9.3.3.1 Amélioration des performances

La donnée de sortie principale du développement de l'équipe est l'amélioration des performances. Les améliorations peuvent provenir de sources diverses et peuvent affecter de nombreux domaines où se réalisent des performances, par exemple :

- des améliorations de compétences individuelles peuvent permettre à des personnes d'exécuter leurs activités plus efficacement ;
- des améliorations en termes de comportement d'une équipe (par exemple, aplanir et gérer les conflits) peuvent permettre aux membres de l'équipe de

consacrer un pourcentage plus important de leur effort aux activités techniques.
- les améliorations des compétences soit individuelles soit collectives peuvent faciliter l'identification et la mise en place de meilleures démarches dans l'exécution du projet.

9.3.3.2 Éléments d'appréciation de la performance

L'équipe de projet doit normalement fournir des éléments d'appréciation de performance de ses membres qui ont une activité significative.

10 MANAGEMENT DE LA COMMUNICATION DU PROJET

Le management de la communication englobe les processus nécessaires pour assurer en temps et qualité voulus, la rédaction, la collecte, la diffusion, l'archivage et le traitement final des informations de projet. Il établit les liens cruciaux entre les personnes, les idées et l'information qui sont indispensables au succès. Toute personne impliquée dans le projet doit être préparée à envoyer et recevoir des communications dans le « langage » propre au projet, et doit comprendre comment les communications dans lesquelles elle est impliquée en tant qu'individu affectent le projet dans son ensemble. La figure 10.1 est un schéma d'ensemble des processus principaux suivants :

10.1 Planification des communications – pour déterminer l'information et les communications nécessaires aux parties prenantes : qui a besoin de quelle information, quand et sous quelle forme la lui remettre.

10.2 Diffusion de l'information – pour mettre l'information nécessaire à la disposition des parties prenantes au projet, en temps voulu.

10.3 Rapports d'avancement – pour rassembler et diffuser l'information sur l'avancement. Cela comporte l'état d'avancement, sa mesure et la prévision.

10.4 Clôture administrative – pour susciter, collecter et diffuser les informations formalisant l'achèvement d'une phase, ou du projet tout entier.

Ces processus interagissent entre eux ainsi qu'avec des processus d'autres disciplines. Chaque processus peut entraîner la participation d'un ou plusieurs individus ou groupes d'individus et dépend des besoins du projet. En général, chaque processus se déroule au moins une fois à chaque phase du projet.

Bien que les processus soient présentés ici comme des activités bien identifiées avec des limites très claires, ils peuvent en pratique se chevaucher et interagir de différentes manières que nous ne détaillerons pas ici. Les interactions sont traitées en détail au chapitre 3.

La compétence en communication dans le management général (traitée au paragraphe 2.4.2) est proche du management de la communication dans le projet, sans être tout à fait identique. Communiquer est un vaste sujet et implique un ensemble substantiel de connaissances, qui n'est pas spécifique au projet, par exemple :

- modèles émetteur-récepteur – boucles de contrôle, obstacles à la communication, ...,

Management de la communication du projet

10.1 Planification des communications

1 Données d'entrée
1 Besoins en communication
2 Technologie de communication
3 Contraintes
4 Hypothèses

2 Outils et méthodes
1 Analyse des besoins des parties prenantes

3 Données de sortie
1 Plan de management de la communication

10.2 Diffusion de l'information

1 Données d'entrée
1 Travail réalisé
2 Plan de management de la communication
3 Plan de projet

2 Outils et méthodes
1 Compétences en communication
2 Systèmes de mise à disposition de l'information
3 Systèmes de diffusion de l'information

3 Données de sortie
1 Données de projet enregistrées

10.3 Rapports d'avancement

1 Données d'entrée
1 Plan de projet
2 Travail exécuté
3 Autres données de projet enregistrées

2 Outils et méthodes
1 Revues d'avancement
2 Analyse des écarts
3 Analyse de tendance
4 Analyse de la valeur acquise
5 Outils et méthodes de diffusion de l'information

3 Données de sortie
1 Rapports d'avancement
2 Demandes de modifications

10.4 Clôture administrative

1 Données d'entrée
1 Documentation sur la mesure de l'avancement
2 Documentation sur le produit du projet
3 Autres documents sur le projet

2 Outils et méthodes
1 Outils et méthodes du rapport d'avancement

3 Données de sortie
1 Historiques du projet
2 Recette formalisée
3 Retour d'expérience

Figure 10.1 Schéma d'ensemble du management de la communication du projet.

– choix des médias – quand communiquer par écrit ou par oral, quand rédiger un mémo informel, et quand faire un compte rendu officiel, ...,
– style d'écriture – voix active ou passive, structure des phrases, choix des mots, ...,
– techniques de présentation – expression corporelle, préparation des aides visuelles, ...,
– techniques de conduite de réunion – préparation de l'ordre du jour, gestion des conflits,
– ...

Le management de la communication de projet est l'application de ces idées générales aux besoins spécifiques du projet ; par exemple, décider quand, comment, sous quelle forme et à qui rendre compte de l'avancement du projet.

10.1 Planification des communications

La planification des communications implique de déterminer l'information et les communications nécessaires aux parties prenantes : qui a besoin de quelle information, quand et sous quelle forme la lui remettre. Alors que tous les projets ont pour impératif commun de communiquer les informations sur le projet, les besoins en information et les méthodes de diffusion varient énormément. Identifier les besoins en information des parties prenantes et déterminer une méthode convenable pour y répondre est un facteur de succès important.

Dans la plupart des projets, la majeure partie de la planification des communications fait partie intégrante des toutes premières phases du projet. Cependant, les résultats de ce processus doivent être revus régulièrement tout au long du projet et corrigés si besoin est pour s'assurer qu'il reste applicable.

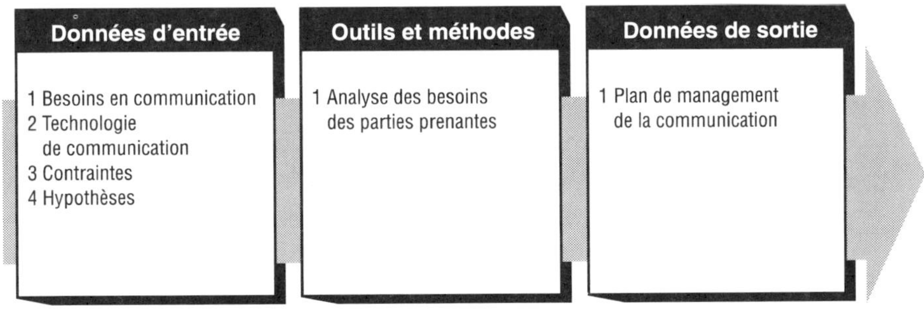

La planification des communications est souvent étroitement liée à la planification de l'organisation (décrite au paragraphe 9.1), puisque la structure organisationnelle du projet a un impact majeur sur les exigences du projet en termes de communication.

10.1.1 Données d'entrée de la planification des communications

10.1.1.1 Besoins en communication

Les besoins en communication sont constitués par l'ensemble des exigences en matière d'information des parties prenantes du projet. Ces exigences sont définies en combinant le type et le format de l'information nécessaire avec une analyse de la valeur de cette information. Les ressources du projet doivent être consacrées uniquement à la communication des informations qui contribuent au succès ou bien, là où le manque de communication peut être préjudiciable. L'information type nécessaire pour déterminer les exigences du projet en termes de communications comprend :

- les relations de responsabilités entre parties prenantes et organisation en charge du projet,
- les disciplines, services et spécialités impliquées dans le projet,
- la logistique concernant le nombre d'individus qui seront impliqués dans le projet et à quels endroits,
- les besoins en information externes (par exemple, la communication avec les médias).

10.1.1.2 Technologie de communication

Les technologies ou les méthodes utilisées pour le transfert d'information dans un sens ou dans l'autre parmi les éléments du projet peuvent varier de manière significative : cela va de conversations brèves à des réunions élargies, de simples documents écrits à des plannings ou banques de données en ligne immédiatement accessibles. Les facteurs technologiques de communication qui peuvent affecter le projet englobent :

- l'urgence du besoin d'information – le succès du projet dépend-il d'une information mise à jour régulièrement et disponible à tout moment, ou est-ce que des rapports écrits réguliers suffisent ?
- la technologie disponible – les systèmes déjà en place conviennent-ils ou bien les besoins du projet justifient-ils des modifications ?

- le personnel prévu – les systèmes de communication proposés sont-ils compatibles avec l'expérience et le niveau de compétence des participants au projet, ou bien faut-il prévoir une formation et un apprentissage ?
- la durée du projet – la technologie actuelle est-elle susceptible d'évoluer avant la fin du projet de telle manière qu'un passage à la technologie nouvelle se justifierait ?

10.1.1.3 Contraintes

Les contraintes sont des facteurs qui limitent les choix de l'équipe de management de projet. Par exemple, si des parties substantielles du projet doivent être sous-traitées, une plus grande attention sera apportée au traitement de l'information contractuelle.

Lorsqu'un projet est réalisé sous contrat, il existe souvent des spécifications particulières qui ont une influence sur le plan de communication.

10.1.1.4 Hypothèses

Les hypothèses sont des facteurs qui, pour les besoins de la planification, seront considérées comme vrais, réels ou certains. Les hypothèses impliquent généralement un niveau de risque.

Elles peuvent être identifiées ici ou bien être un extrant de l'identification du risque (décrit au paragraphe 11.1).

10.1.2 Outils et méthodes du processus de planification des communications

10.1.2.1 Analyse des besoins des parties prenantes

Les besoins en information des diverses parties prenantes doivent être analysés pour avoir une vision correcte et logique de leurs besoins en information et des canaux d'information qui répondront à ces besoins (les parties prenantes sont traitées en détail aux paragraphes 2.2 et 5.1).

Cette analyse doit prendre en compte des méthodes et technologies adaptées au projet et répondant aux besoins en information. Il faut prendre soin d'éviter un gaspillage des ressources par des informations inutiles et une technologie inappropriée.

10.1.3 Données de sortie du processus de planification des communications

10.1.3.1 Plan de management de la communication

Le plan de management de la communication est un document qui présente :

- Une structure de collecte et de classement détaillant les méthodes utilisées pour rassembler et conserver divers types d'information. Les procédures doivent également préciser la collecte et la diffusion des mises à jour et corrections apportées à des documents précédemment diffusés.
- Une structure de diffusion précisant les destinataires de l'information (rapports d'avancement, données, calendriers, documentation technique,...), et les méthodes (rapports écrits, réunions,...) utilisées pour diffuser les divers types d'information. Cette structure doit être compatible avec les responsabilités et relations hiérarchiques décrites par la charte d'organisation du projet.
- Une description de l'information à diffuser, précisant le format, le contenu, le degré de détail, et les conventions/définitions à utiliser.
- Les calendriers d'émission qui précisent à quel moment chaque type d'information est émis.
- Les méthodes pour accéder à l'information entre deux communications prévues.
- Une méthode de mise à jour et de redéfinition du plan de management de la communication au fur et à mesure de l'avancement du projet.

Le plan de management de la communication peut être formalisé ou informel, très détaillé ou au contraire peu détaillé, suivant les besoins du projet. C'est un élément du plan de projet (décrit au paragraphe 4.1).

10.2 Diffusion de l'information

La diffusion de l'information implique de mettre l'information nécessaire à la disposition des parties prenantes au projet, en temps voulu. Cela englobe la mise en œuvre du plan de management de la communication ainsi que la réponse à des demandes d'information imprévues.

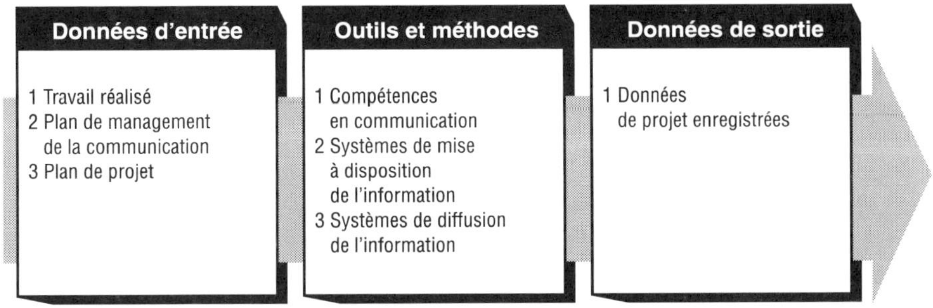

10.2.1 Données d'entrée de la diffusion de l'information

10.2.1.1 Travail réalisé

Le travail réalisé est décrit au paragraphe 4.2.3.1.

10.2.1.2 Plan de management de la communication

Le plan de management de la communication est décrit au paragraphe 10.1.3.1.

10.2.1.3 Plan de projet

Le plan de projet est décrit au paragraphe 4.1.3.1.

10.2.2 Outils et méthodes de la diffusion de l'information

10.2.2.1 Compétences en communication

Les compétences en communication sont utilisées lors de l'échange d'information. L'émetteur doit donner une information claire, sans ambiguïté, et complète afin que le récepteur puisse la recevoir correctement et confirmer qu'il l'a bien comprise. Le récepteur quant à lui doit s'assurer qu'il reçoit bien l'intégralité de l'information et qu'il la comprend correctement. La communication a plusieurs dimensions :

- écrite ou orale, écoutée ou exprimée,
- interne (au sein du projet) ou externe (à l'attention du client, des médias, du public, ...),

– formalisée (rapports, briefings, ...) et informelle (mémos, conversations *ad hoc*, ...),
– verticale (de haut en bas et de bas en haut au sein de la structure) et horizontale (entre pairs).

10.2.2.2 Systèmes de mise à disposition de l'information

L'information peut être partagée par les membres de l'équipe grâce à diverses méthodes, parmi lesquelles les systèmes de fichiers manuels, les bases de données électroniques, les logiciels de management de projet, et autres systèmes qui donnent accès à la documentation technique telles que les dessins d'ingénierie.

10.2.2.3 Systèmes de diffusion de l'information

L'information du projet peut être diffusée en utilisant un ensemble de méthodes très varié, comprenant les réunions de projet, la diffusion de documents écrits, l'accès aux bases de données électroniques mises en réseau, la télécopie, le courrier électronique, la messagerie vocale, et les téléconférences.

10.2.3 Données de sortie du processus de diffusion de l'information

10.2.3.1 Données de projet enregistrées

Les données de projet enregistrées peuvent inclure la correspondance, les mémos, les rapports et documents qui décrivent le projet. Cette information doit dans une certaine mesure être conservée de manière organisée. Les membres de l'équipe de projet peuvent souvent conserver des archives personnelles sous forme de notes concernant le projet.

10.3 Rapports d'avancement

Le processus des rapports d'avancement comporte la collecte et la diffusion des informations sur l'avancement afin de fournir aux parties prenantes l'information concernant l'utilisation des ressources pour la réalisation des objectifs du projet. Ce processus englobe :
– La situation – à quel point du projet est-on parvenu ?
– L'état d'avancement – ce que l'équipe de projet a accompli.
– Les prévisions – prévoir les situations et l'avancement à venir.

Un rapport d'avancement doit généralement fournir une information sur le contenu, les délais, les coûts et la qualité. De nombreux projets nécessitent également une information sur le risque et les approvisionnements. Les rapports peuvent être destinés à l'attention générale ou réservés à quelques-uns.

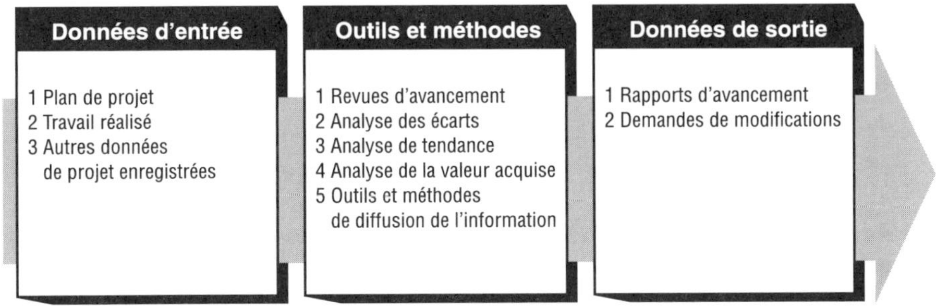

10.3.1 Données d'entrée du rapport d'avancement

10.3.1.1 Plan de projet

Le plan de projet est traité au paragraphe 4.2.3.1. Le plan de projet comprend les diverses données de base qui sont utilisées pour mettre en œuvre le projet.

10.3.1.2 Travail réalisé

Le travail réalisé – quels livrables ont été complètement ou partiellement achevés, quels ont été les coûts encourus ou engagés, ... – est une donnée de sortie de l'exécution du plan de projet (traité au paragraphe 4.2.3.1). Le travail réalisé doit être documenté selon le cadre prévu par le plan de management de la communication. Une information sur le travail réalisé, précise et de présentation uniforme est essentielle pour un bon et utile rapport d'avancement.

10.3.1.3 Autres données de projet enregistrées

Les données de projet enregistrées sont traitées au paragraphe 10.2.3.1. En plus du plan de projet et du travail réalisé, les autres documents de projet concernent souvent une information propre au contexte du projet, qui doit être prise en compte lorsque l'avancement est évalué.

10.3.2 Outils et méthodes du rapport d'avancement

10.3.2.1 Revues d'avancement

Les revues d'avancement sont des réunions tenues pour évaluer l'état de la réalisation d'un projet ou son avancement. Les revues d'avancement sont très souvent utilisées de pair avec une ou plusieurs techniques de rapport d'avancement décrites ci-dessous.

10.3.2.2 Analyse des écarts

L'analyse des écarts implique de comparer les résultats réels du projet avec les résultats planifiés ou attendus. Les écarts de délais ou de coûts sont ceux les plus fréquemment analysés, mais les écarts par rapport au plan dans les domaines du contenu, de la qualité et des risques sont souvent tout aussi importants sinon plus.

10.3.2.3 Analyse de tendance

L'analyse de tendance examine les résultats du projet dans la durée, pour évaluer si les avancements s'améliorent ou se détériorent.

10.3.2.4 Analyse de la valeur acquise

La valeur acquise sous ses diverses formes est la méthode de mesure de l'avancement la plus fréquemment utilisée. Elle intègre les mesures du contenu, du coût et des délais permettant ainsi à l'équipe de management du projet d'évaluer l'avancement. La valeur acquise calcule trois valeurs clés pour chaque activité :

- Le budget encouru, ou encore coût budgété du travail prévu (BCWS, en français CBTP), est le total des coûts autorisés estimés pour les activités qu'il avait été prévu d'effectuer pour le projet durant la période considérée.
- Le coût réel encouru, ou coût réel du travail effectué (ACWP, en français CRTE) est le total des coûts effectivement encourus (directs ou indirects) pour les travaux effectués sur le projet, durant la période considérée.
- La valeur acquise, ou coût budgété du travail effectué (BCWP, en français CBTE) est un pourcentage du budget total égal au pourcentage du travail physique réellement achevé durant la même période. L'application de la valeur acquise utilise souvent quelques pourcentages seulement (par exemple, 30 %, 70 %, 90 % et 100 %) pour simplifier la collecte des données. Quelquefois seuls les pourcentages 0 et 100 sont utilisés (faits, non faits) pour s'assurer d'une mesure objective de l'avancement.

Ces trois valeurs sont utilisées ensemble pour mesurer si oui ou non la réalisation de l'ouvrage se fait comme prévu. Les mesures les plus souvent utilisés sont l'écart de coût (EC = CBTE – CRTE), l'écart de délai (ED = CBTE – CBTP) et l'indice de performance-coût (IPC = CBTE / CRTE). L'indice de performance-coût cumulé (la somme de tous les CBTE divisée par la somme de tous les CRTE) est largement utilisé pour prévoir le coût du projet à l'achèvement. Dans certains domaines d'application, l'index de performance-délai (IPD = CBTE/CBTP) est utilisé pour la prévision de la date d'achèvement du projet.

10.3.2.5 Outils et méthodes de diffusion de l'information

Les rapports d'avancement sont diffusés grâce aux outils et méthodes décrits au paragraphe 10.2.2.

10.3.3 Données de sortie du processus de rapport d'avancement

10.3.3.1 Rapports d'avancement

Les rapports d'avancement classent et résument l'information collectée et ils présentent tous les résultats d'analyse. Les rapports doivent fournir les informations avec le degré de précision requis par les diverses parties prenantes, tel que le plan de management de la communication le prescrit.

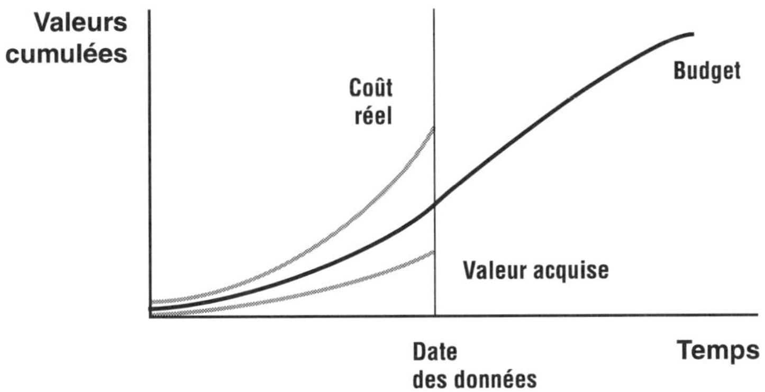

Figure 10.2 Représentation graphique de la performance.

Éléments de l'OT	Budget ($)	Valeur acquise ($)	Coût réel ($)	Écart du coût ($)	Écarts de coût (%)	Écart de délai ($)	Écarts de délai (%)
1.0 Planification prépilote	63 000	58 000	62 500	– 4 500	– 7,8	– 5 000	– 8,6
2.0 Listes de contrôle des documents	64 000	48 000	46 800	– 1 200	2,5	– 16 000	– 33,3
3.0 Documentation courante	23 000	20 000	23 500	– 3 500	– 17,5	– 3 000	– 15,0
4.0 Évaluation à moyen terme	68 000	68 000	72 500	– 4 500	– 6,6	0	0,0
5.0 Soutien à la mise en œuvre	12 000	10 000	10 000	0	0,0	– 2 000	– 20,0
6.0 Manuel utilisateur	7 000	6 200	6 000	200	3,2	– 800	– 12,9
7.0 Plan de maintenance	20 000	13 5000	18 100	– 4 600	– 34,1	– 6 500	– 48,1
Totaux	**257 000**	**223 700**	**239 400**	**– 15 700**	**– 7,0**	**– 33 300**	**– 14,9**

Figure 10.3 Présentation du rapport d'avancement sous forme de tableau.

Les rapports d'avancement prennent généralement la forme de diagrammes à barres (ou diagrammes de Gantt), de courbe en S, d'histogrammes et de tableaux. La figure 10.2 utilise la courbe en S pour montrer les données de l'analyse des valeurs acquises cumulées alors que la figure 10.3 montre un ensemble différent de données de valeurs acquises sous forme de tableau.

10.3.3.2 Demandes de modifications

L'analyse de l'avancement du projet génère souvent des demandes de modifications, portant sur certains aspects du projet. Ces demandes de modifications sont traitées conformément aux divers processus de maîtrise des modifications décrits précédemment (par exemple, le management des modifications du contenu, maîtrise des délais, ...).

10.4 Clôture administrative

Le projet ou la phase de projet, que les objectifs soient remplis ou qu'ils se terminent pour d'autres raisons, doivent être clos. La clôture administrative consiste à vérifier et documenter les résultats du projet pour leur acceptation formalisée par le sponsor, le client ou l'utilisateur. Elle inclut la collecte de documents du projet (en s'assurant qu'ils reflètent les dernières spécifications), l'analyse du succès du projet et son efficacité, et l'archivage des informations qui pourront être utilisées à l'avenir.

Les activités de clôture administrative ne doivent pas être renvoyées à l'achèvement du projet. Chaque phase du projet doit être correctement conclue pour s'assurer qu'il n'y a pas de perte d'information importante et utile.

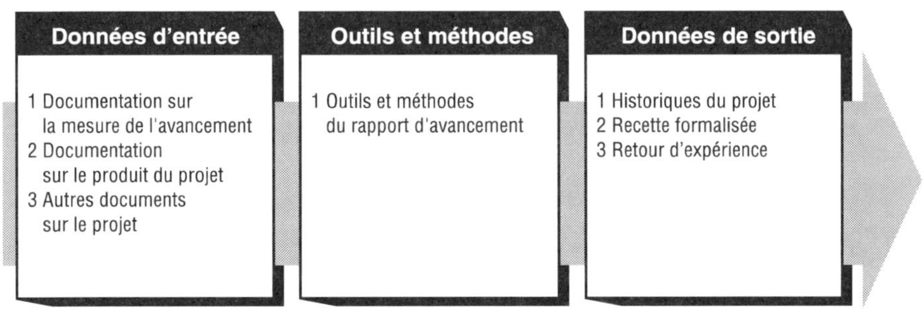

10.4.1 Données d'entrée pour la clôture administrative

10.4.1.1 Documentation sur la mesure de l'avancement

Toute documentation produite pour enregistrer et analyser l'avancement du projet, dont les documents de planification qui constituent le cadre général de la mesure de l'avancement, doivent être disponibles pour revue pendant le processus de clôture administrative.

10.4.1.2 Documentation sur le produit résultant du projet

Les documents émis pour décrire le résultat du projet (plans, spécifications, documentation technique, dessins, fichiers électroniques, ... – la terminologie varie selon le domaine d'application) doivent également être disponibles pour revue pendant le processus de clôture administrative.

10.4.1.3 Autres données de projet enregistrées

Les données de projet enregistrées sont traitées au paragraphe 10.2.3.1.

10.4.2 Outils et méthodes de la clôture administrative

10.4.2.1 Outils et méthodes du rapport d'avancement

Les outils et méthodes du rapport d'avancement sont traités au paragraphe 10.3.2.

10.4.3 Données de sortie du processus de clôture administrative

10.4.3.1 Historiques du projet

Un jeu complet de données enregistrées indexées doit être préparé pour archivage par les parties compétentes. Toutes les bases de données historiques spécifiques au projet ou au programme au sens large doivent être mises à jour lorsqu'elles intéressent le projet. Lorsque les projets sont réalisés sous contrat ou lorsqu'ils impliquent des approvisionnements importants, il faut particulièrement suivre l'archivage des données financières enregistrées.

10.4.3.2 Recette formalisée

La documentation qui fait état de la recette par le client ou le sponsor de l'ouvrage résultant du projet (ou de la phase) doit être préparée et diffusée.

10.4.3.3 Retour d'expérience

Les retours d'expérience sont traités au paragraphe 4.3.3.3.

11 MANAGEMENT DES RISQUES DU PROJET

Le management des risques du projet comprend les processus permettant d'identifier, d'analyser et de parer les risques du projet. Cela implique de maximiser les conséquences des événements positifs et de minimiser celles des événements défavorables. La figure 11.1 donne un schéma général des principaux processus de management des risques :

11.1 Identification des risques – pour déterminer quels risques sont susceptibles d'affecter le projet et de documenter les caractéristiques de chacun d'eux.

11.2 Quantification des risques – pour évaluer les risques et leurs interactions, et pour déterminer l'importance des conséquences possibles sur les résultats du projet.

11.3 Élaboration des mesures de mitigation – pour définir comment profiter au mieux des opportunités et répondre aux menaces.

11.4 Maîtrise des mesures de mitigation – pour faire face aux **modifications** des risques en cours de projet.

Ces processus interagissent entre eux et aussi avec ceux des autres disciplines. Chaque processus peut nécessiter la participation d'un ou plusieurs individus ou groupes, en fonction des besoins du projet. Chaque processus intervient au moins une fois au cours de chaque phase du projet.

Bien que les processus soient présentés ici comme des entités distinctes, avec des limites bien définies, ils peuvent en pratique se recouvrir et interférer sous des formes non décrites ici. Les interactions entre procédés sont traitées en détail au chapitre 3.

Les différents domaines d'application utilisent souvent une terminologie différente pour les processus concernés, par exemple :

- l'identification des risques et leur quantification sont quelquefois traitées comme un processus unique, qui peut être appelé analyse des risques ou évaluation des risques ;
- l'élaboration des mesures de mitigation est quelquefois appelée planification des réponses ou atténuation ;

– l'élaboration des mesures de mitigation et la maîtrise sont quelquefois traitées comme un processus unique, qui peut alors être appelé gestion des risques.

11.1 Identification des risques

L'identification des risques consiste à déterminer quels risques sont susceptibles d'affecter le projet, et de répertorier leurs caractéristiques. L'identification des risques n'est pas une activité ponctuelle ; elle doit être reprise régulièrement tout au long du projet.

L'identification des risques doit concerner aussi bien les risques externes que les risques internes. L'équipe de projet peut maîtriser ou avoir une action sur les risques internes, comme ceux touchant l'affectation des effectifs et l'estimation des coûts. Les risques externes dépassent la maîtrise ou l'influence de l'équipe de projet, comme par exemple, les modifications du marché ou les décisions gouvernementales.

À proprement parler, les risques ne concernent que la possibilité de souffrir dommages ou pertes. Dans le contexte des projets, néanmoins, l'identification des risques recouvre également les opportunités (issues favorables) aussi bien que les menaces (issues défavorables).

L'identification des risques peut être menée « causes et effets » (ce qui peut arriver et ce qui en découle) ou « effets et causes » (quels résultats sont encouragés ou évités, et comment essayer d'y parvenir).

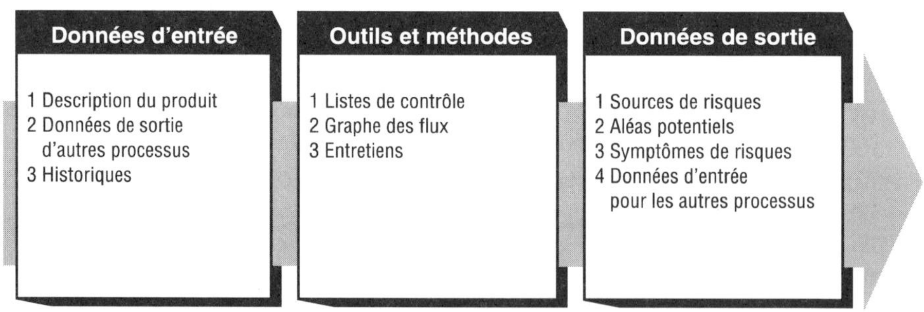

Management des risques du projet

11.1 Identification des risques

1 Données d'entrée
1 Description du produit
2 Données de sortie d'autres processus
3 Historiques

2 Outils et méthodes
1 Listes de contrôle
2 Graphe des flux
3 Entretiens

3 Données de sortie
1 Sources de risques
2 Aléas potentiels
3 Symptômes de risques
4 Données d'entrée pour les autres processus

11.2 Quantification des risques

1 Données d'entrée
1 Tolérance au risque des parties prenantes
2 Sources de risques
3 Aléas potentiels
4 Estimation des coûts
5 Estimation des durées des activités

2 Outils et méthodes
1 Valeur monétaire attendue
2 Cumul statistique
3 Simulation
4 Arbre de décision
5 Dire d'expert

3 Données de sortie
1 Opportunités à rechercher, menaces à parer
2 Opportunités à abandonner, menaces à accepter

11.3 Élaboration des mesures de mitigation

1 Données d'entrée
1 Opportunités à rechercher, menaces à parer
2 Opportunités à abandonner, menaces à accepter

2 Outils et méthodes
1 Approvisionnements
2 Planification du traitement du risque
3 Stratégies alternatives
4 Assurances

3 Données de sortie
1 Plan de management des risques
2 Données d'entrée aux autres processus
3 Plan de traitement des risques
4 Provisions
5 Accords contractuels

11.4 Maîtrise des mesures de mitigation

1 Données d'entrée
1 Plan de management des risques
2 Événements récents de risques
3 Identification des risques nouveaux

2 Outils et méthodes
1 Décisions à chaud
2 Élaboration des mesures de mitigation complémentaire

3 Données de sortie
1 Historiques du projet
2 Recette formalisée
3 Retour d'expérience

Figure 11.1 Schéma d'ensemble du management du risque.

11.1.1 Données d'entrée pour l'identification des risques

11.1.1.1 Description du produit

La nature du produit résultant du projet a un impact majeur sur les risques identifiés. Les produits qui impliquent des technologies éprouvées présenteront, toutes choses égales par ailleurs, moins de risques que ceux qui nécessitent des innovations ou des inventions. Les risques associés à la réalisation du projet sont souvent caractérisés par leur impact sur le coût ou le délai. Le paragraphe 5.1.1.1 donne quelques informations complémentaires sur la description du produit.

11.1.1.2 Données de sortie d'autres processus

Les données de sortie des processus relevant d'autres disciplines doivent être examinées pour y rechercher les risques possibles, par exemple :

- La structure de découpage du projet – des démarches non classiques pour détailler les livrables élémentaires peuvent présenter des opportunités qui n'étaient pas évidentes sur les livrables de premier niveau définis dans l'énoncé du contenu.
- Les estimations de coût et de durée – les estimations volontaristes et celles effectuées avec des données succinctes entraînent davantage de risques.
- La planification des effectifs – des personnes choisies pour faire partie de l'équipe peuvent avoir des compétences spécifiques difficiles à remplacer, ou d'autres obligations, qui obèrent leur disponibilité.
- Le programme d'approvisionnement – des conditions économiques, telles qu'un marché local déprimé peuvent donner une possibilité de réduire le coût d'un contrat.

11.1.1.3 Historiques

Toute information d'archive concernant ce qui s'est effectivement passé sur des projets précédents peut être précieuse pour identifier les risques potentiels. L'information historique provient le plus souvent des sources suivantes :

- Dossiers d'affaire – une (ou plusieurs) organisation(s) impliquée(s) dans le projet conserve(nt) les archives des résultats de projets précédents, suffisamment détaillées pour aider à l'identification des risques. Dans certains cas, ce sont des membres de l'équipe qui peuvent détenir personnellement ce type d'archives.
- Renseignements publics – on peut acheter des renseignements historiques dans beaucoup de domaines d'application.

– Expérience de l'équipe de projet – les membres de l'équipe peuvent se souvenir d'événements ou d'hypothèses appliquées à des cas précédents. Bien que de tels souvenirs puissent être utiles, ils sont en général moins fiables que des résultats documentés.

11.1.2 Outils et méthodes pour l'identification des risques

11.1.2.1 Listes de contrôle

Les listes de contrôle sont généralement classées par origine des risques. Ces origines proviennent du contexte du projet (*cf.* chapitre 2), des données de sortie des autres processus (*cf.* paragraphe 11.1.1.2), des problèmes relatifs au travail réalisé ou à la technologie, et de causes internes, telles que l'expérience de membres de l'équipe (ou leur inexpérience). Quelques domaines d'application ont développé des schémas de classification très utilisés pour identifier les risques.

11.1.2.2 Graphe de flux

Ce type de diagrammes (*cf.* paragraphe 8.1.2.3) peut aider l'équipe de projet à mieux comprendre les causes et les effets des risques.

11.1.2.3 Entretiens

Des entretiens, avec diverses parties prenantes, peuvent permettre d'identifier des risques non décelés lors des processus de planification normaux. Des procès-verbaux de réunions d'avant-projet (par exemple, celles menées dans la phase de faisabilité) peuvent également être disponibles.

11.1.3 Données de sortie du processus d'identification des risques

11.1.3.1 Sources de risques

Ce sont des catégories événements (par exemple, actions des parties prenantes, estimations peu fiables, rotation d'effectif) qui peuvent affecter le projet en bien ou en mal. La liste des sources doit être exhaustive, c'est-à-dire qu'elle doit comprendre toutes les sources identifiées, quelle que soit leur fréquence, leur probabilité d'occurrence, ou l'importance du profit ou de la perte. Les sources les plus fréquentes de risque sont :

– les modifications de spécifications,

– les erreurs, omissions ou confusions dans les études,

– des rôles et responsabilités mal définis ou mal compris,

– les erreurs d'estimation,

– l'inexpérience de l'équipe de projet.

La description des sources de risques doit normalement inclure l'estimation de :

a) la probabilité de l'événement qui est cause de risque,

b) l'ampleur des conséquences possibles,

c) la période où cela peut se produire,

d) la fréquence attendue des risques qui en découlent.

Les probabilités, tout comme les résultats, peuvent être représentées par des fonctions continues (coût estimé entre 100000 et 150000 $) ou discrètes (le permis est accordé ou non); en outre, les estimations de probabilités et de résultats faites durant les phases liminaires du projet, peuvent avoir une dispersion plus grande que celles faites ultérieurement.

11.1.3.2 Aléas potentiels

Les aléas potentiels sont ceux dont la réalisation ponctuelle, comme une catastrophe naturelle ou le départ d'un spécialiste unique, peut affecter le projet. Les aléas potentiels doivent être identifiés en plus des sources de risques, si la probabilité d'occurrence ou la gravité de la perte est relativement grande (la notion de relativement grande dépend du projet). Bien que les aléas potentiels soient rarement spécifiques d'un domaine d'application, on peut utiliser une liste appropriée de ces risques. Par exemple :

– le développement de nouvelles technologies qui rendent caduc le besoin du projet est courant en électronique et rare dans le bâtiment;

– les pertes dues aux intempéries sont fréquentes dans la construction et rares en biotechnologies.

La description des aléas potentiels comportera généralement l'estimation :

a) de la probabilité d'occurrence de l'événement,

b) des diverses conséquences alternatives possibles,

c) de la période à laquelle il peut se produire, et

d) de sa fréquence (s'il peut se produire plus d'une fois).

Les probabilités, tout comme les résultats, peuvent être représentés par des fonctions continues (coût estimé entre 100000 et 150000 $) ou discrètes (le permis est accordé ou non). En outre, les estimations de probabilités et de résultats faites durant les phases liminaires du projet, peuvent avoir une dispersion plus grande que celles faites ultérieurement.

11.1.3.3 Symptômes de risques

Les symptômes de risques, parfois appelés déclencheurs, sont des manifestations indirectes d'événements concrets. Par exemple, une baisse du moral de l'équipe peut être le signal d'alarme d'un retard imminent ou bien un dépassement du coût sur les premières activités peut révéler une estimation incorrecte de l'ensemble.

11.1.3.4 Données d'entrée pour les autres processus

Le processus d'identification des risques peut révéler le besoin d'actions complémentaires dans d'autres domaines. Par exemple, la structure de découpage du projet peut être insuffisamment détaillé pour permettre une évaluation convenable des risques.

Les risques constituent souvent une donnée d'entrée pour les autres processus, sous forme de contraintes ou d'hypothèses.

11.2 Quantification des risques

La quantification des risques consiste à évaluer les risques et leurs interactions, pour déterminer l'étendue de leurs conséquences possibles. Elle est en premier lieu chargée de déterminer de quels risques il faut se garantir. Elle est rendue complexe par un grand nombre de facteurs, comprenant entre autres :

- l'interaction possible des opportunités et des menaces, d'une façon inattendue (par exemple, un retard peut obliger à réfléchir sur une nouvelle stratégie, qui réduira la durée totale du projet) ;

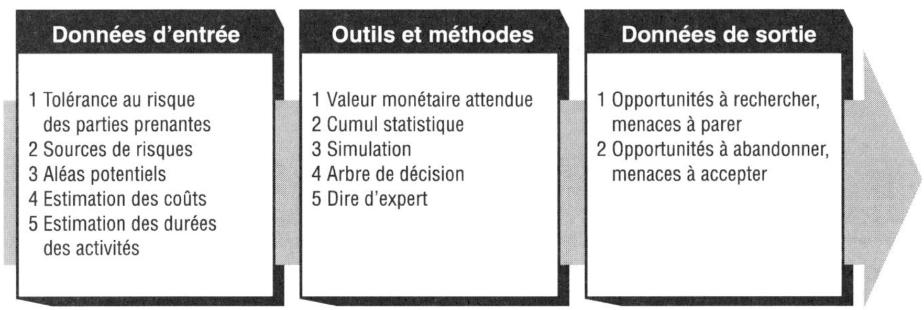

- les multiples répercussions d'un seul événement indésirable, comme lorsque la livraison tardive d'un composant essentiel amène à des dépassements de coût, des retards, le paiement de pénalités et un résultat dégradé ;
- les opportunités d'une des parties prenantes (réduction du coût) qui peuvent constituer une menace pour une autre partie prenante (réduction du profit) ;
- l'illusion de précision et de fiabilité que peut donner l'emploi de techniques mathématiques.

11.2.1 Données d'entrée pour la quantification des risques

11.2.1.1 Tolérance au risque des parties prenantes

Des organisations et des personnes différentes peuvent avoir une tolérance différente envers le risque. Par exemple :

- une entreprise qui fait de grands bénéfices peut être disposée à dépenser 500 000 $ pour préparer une proposition, alors qu'une autre qui est à la limite d'équilibre ne le pourra pas ;
- une entreprise peut considérer qu'une estimation avec un risque de dépassement de 15 % est un grand risque, alors qu'une autre trouvera ce risque faible.

La tolérance des parties prenantes forme écran aussi bien pour les données d'entrée que pour les données de sortie de la quantification des risques.

11.2.1.2 Sources de risques

Se reporter au paragraphe 11.1.3.1.

11.2.1.3 Aléas potentiels

Se reporter au paragraphe 11.1.3.2.

11.2.1.4 Estimation des coûts

Se reporter au paragraphe 7.2.3.1.

11.2.1.5 Estimation des durées des activités

Se reporter au paragraphe 6.3.3.1.

11.2.2 Outils et méthodes du processus de quantification des risques

11.2.2.1 Valeur monétaire attendue

En tant qu'outil pour la quantification des risques, la valeur monétaire attendue est le produit de deux facteurs :

- Probabilité de l'événement, cause de risque – estimation de la probabilité pour que survienne un événement comportant des risques.
- Coût des conséquences – estimation du gain ou de la perte résultant de la réalisation de cet événement.

Le coût de l'événement doit refléter à la fois les éléments tangibles et ceux non quantifiables. Par exemple, les projets A et B font apparaître une probabilité égale de pertes tangibles de 100 000 $ comme résultat d'une offre de prix agressive. Si le projet A prévoit que les conséquences seront faibles ou nulles, alors que le projet B considère qu'une telle perte mettrait son organisation hors d'état de continuer, les deux risques ne sont pas équivalents.

D'une façon similaire, ne pas inclure les effets non quantifiables dans ces calculs peut sérieusement biaiser les conclusions, en rendant équivalents une petite perte hautement probable avec une forte perte peu probable.

La valeur monétaire attendue est généralement utilisée comme donnée d'entrée pour les analyses ultérieures (par exemple, l'arbre de décision) parce que les faits porteurs de risques peuvent survenir isolément ou groupés, en parallèle ou en séquence.

11.2.2.2 Cumul statistique

Il est utilisé pour calculer la marge de fluctuation du coût total d'un projet à partir des lots de travaux (calculer les marges sur les dates d'achèvement probables d'un projet constitue une simulation, comme indiqué au paragraphe 11.2.2.3). La marge de fluctuation sur le coût total d'un projet (illustrée sur la figure 11.2) peut servir à quantifier le risque relatif de variantes dans les offres ou les budgets de projet.

11.2.2.3 Simulation

La simulation utilise une représentation ou un modèle du système pour analyser son comportement ou ses performances. La forme la plus courante de simulation sur un projet est la simulation du planning, en utilisant le réseau comme modèle du projet. Beaucoup de simulations d'échéancier reposent sur une forme ou l'autre de la méthode de Monte-Carlo. Cette technique dérivée du management général, « exécute » le projet un grand nombre de fois pour

Nom de l'activité	Faible a	Très prob. m	Forte b	Moyenne $\bar{x}$	Sigma σ	Variance σ^2
Distribution triangulaire						
Document initial						
Collecter l'information	40	4	80	55,0	8,9	79,2
Écrire les sections	35	50	100	61,7	13,9	193,1
Faire des revues informelles	10	15	30	18,3	4,2	18,1
Inspection						
Visite d'inspecteurs	18	25	50	31,0	6,9	47,2
Préparer liste de défauts/problèmes	10	20	40	23,3	6,2	38,9
Résoudre liste de défauts/problèmes	10	25	60	31,7	10,5	109,7
Apporter les modifications nécessaires	15	20	40	25,0	5,4	29,2
Totaux estimés		***200***		***246,0***	***22,7***	***515,2***
Moyenne = (a + m + b) / 3	Variance = [(b – a)² + (m – a)(m – b)] / 18					
Distribution test (utilisation des approximations PERT)						
Document initial						
Collecter l'information	40	4	80	50,0	6,7	44,4
Écrire les sections	35	50	100	55,8	10,8	117,4
Faire des revues informelles	10	15	30	19,7	3,3	11,1
Inspection						
Visite d'inspecteurs	18	25	50	28,0	5,3	28,4
Préparer liste de défauts/problèmes	10	20	40	21,7	5,0	25,0
Résoudre liste de défauts/problèmes	10	25	60	28,3	8,3	69,4
Apporter les modifications nécessaires	15	20	40	22,5	4,2	17,4
Totaux estimés		***200***		***223,0***	***17,7***	***313,2***
Moyenne = (a + 4m + b) / 6	Variance = [(b – a) / 6]²					

En cumulant les distributions de probabilités :

- si les distributions sont à gauche comme illustré ci-dessus, la moyenne sera toujours de beaucoup supérieure à la somme des estimations dites « très probables » ;
- les distributions peuvent être interchangées à volonté. La même distribution a été utilisée pour chaque activité pour simplifier ce tableau.

Afin d'additionner les distributions de probabilités, calculer :

- la moyenne, sigma (l'écart-type) et la variance pour chaque activité en appliquant les formules pour cette distribution (c'est-à-dire : test, triangulaire, plate, ...) ;
- la moyenne du projet comprise comme la somme des moyennes de chaque activité ;
- la variance du projet comprise comme la somme des variances de chaque activité ;
- l'écart-type du projet compris comme la somme des écarts-types de chaque activité.

Figure 11.2 Cumul des distributions des probabilités.

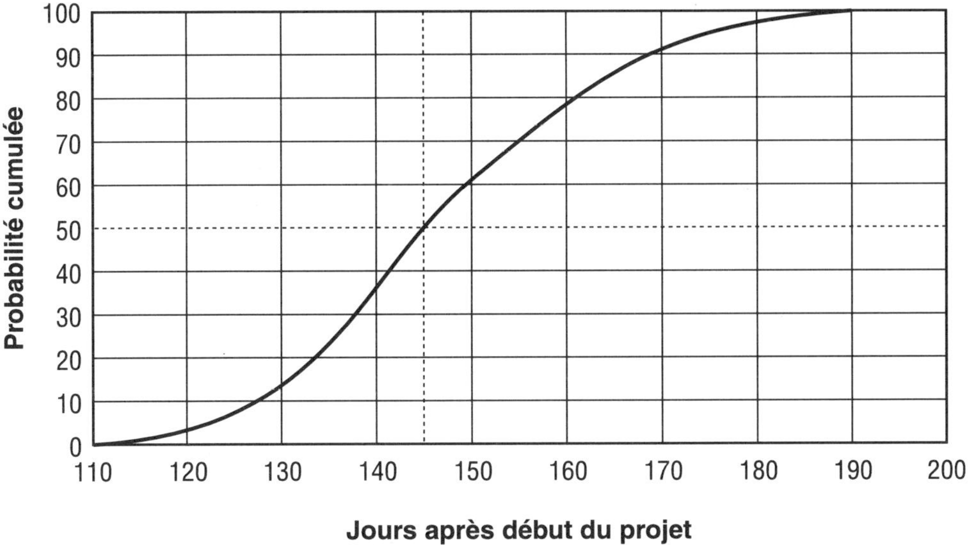

Cette courbe en S montre la probabilité cumulée d'achèvement d'un projet à une date précise.
Par exemple, l'intersection des lignes en pointillé montre qu'il existe une probabilité de 50 % pour que le projet soit terminé dans les 145 jours qui suivent le lancement.
Les dates d'achèvement situées vers la gauche sont porteuses d'un plus grand risque alors que celles situées vers la droite sont porteuses d'un moindre risque.

Figure 11.3 Résultats obtenus après simulation de Monte-Carlo d'un calendrier de projet.

fournir une distribution stratégique des résultats calculés, comme illustré par la figure 11.3.

Les résultats d'une simulation du planning peuvent être utilisés pour quantifier les risques présentés par différentes variantes d'ordonnancement, différentes stratégies de projet, différents chemins dans le réseau, ou activités individuelles.

La simulation du planning peut être utilisée sur n'importe quel projet important ou complexe, car les techniques classiques d'analyse mathématique, telles que la méthode du chemin critique (CPM) et le PERT ne tiennent pas compte de la convergence des chemins (*cf.* figure 11.4) et par conséquent tendent à sous-estimer la durée des projets.

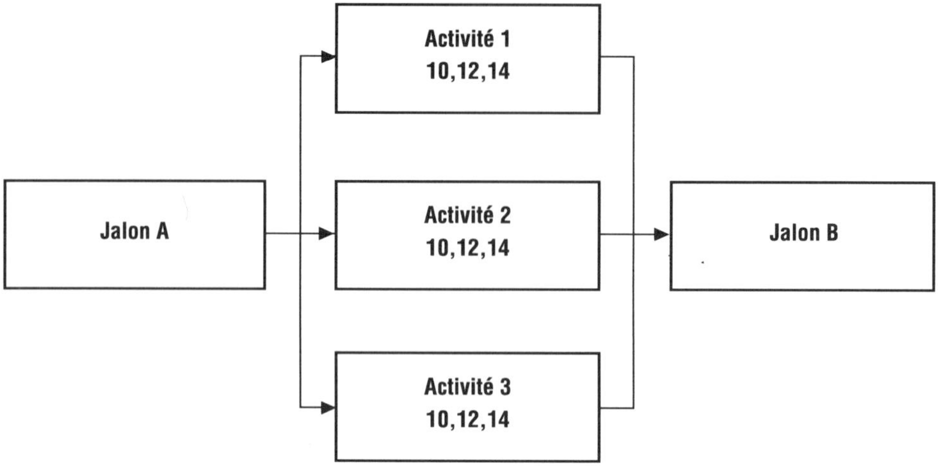

Les activités 1, 2 et 3 ont toutes une durée attendue de 12 jours, plus ou moins 2 jours.
La durée calculée par la méthode du chemin critique du jalon A et du jalon B est donc de 12 jours.
Cependant, la durée réelle dépassera 12 jours si l'une de ces activités est repoussée.
Cela est vrai même si les autres activités sont terminées en moins de 12 jours.

Figure 11.4 Convergence de chemin.

La méthode de Monte-Carlo et les autres méthodes de simulation peuvent aussi être utilisées pour évaluer la marge de fluctuation possible sur les coûts, résultant des risques.

11.2.2.4 Arbre de décision

Un arbre de décision est un diagramme qui décrit les interactions entre les décisions et les probabilités associées, telles que les conçoivent les décideurs. Les branches de l'arbre représentent soit des décisions (dans des rectangles) soit des événements possibles (dans des cercles). La figure 11.5 est un exemple d'arbre de décision.

11.2.2.5 Dire d'expert

Le jugement à dire d'expert peut souvent remplacer ou compléter les techniques mathématiques décrites ci-avant.

Par exemple, le fait générateur de risque peut être qualifié de très probable, moyennement ou peu probable, et sa gravité d'importance, modérée ou faible.

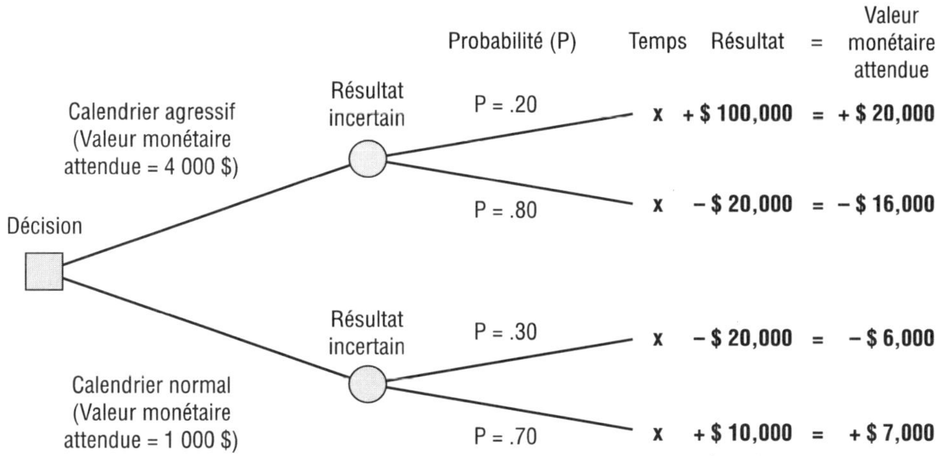

– Valeur monétaire attendue (VME) d'un résultat = Issue X Probabilité de ce résultat.
– Valeur monétaire attendue d'une décision = somme des VME de tous les résultats possibles après cette décision.
– Un calendrier agressif a une VME de 4 000 $ et sera « préféré » à un calendrier normal avec une VME de 1 000 $.

Figure 11.5 Arbre de décision.

11.2.3 Données de sortie du processus de quantification des risques

11.2.3.1 Opportunités à rechercher, menaces à parer

La donnée de sortie principale de ce processus est une liste d'opportunités qu'il convient de saisir, et de menaces qui demandent une réponse.

11.2.3.2 Opportunités à abandonner, menaces à accepter

Le processus de quantification doit également documenter :

a) les sources de risques et les événements que la direction de projet a consciemment décidé d'accepter ou d'ignorer, et

b) les personnes qui ont pris cette décision.

11.3 Élaboration des mesures de mitigation

L'élaboration des mesures de mitigation consiste à définir comment profiter au mieux des opportunités et répondre aux menaces. Les réponses aux menaces relèvent généralement de l'une des trois catégories suivantes :

- Les «éviter» – on élimine habituellement une menace en en éliminant la cause. L'équipe de management de projet ne peut jamais éliminer tous les risques, mais certaines causes de risques peuvent souvent être éliminées.
- Les «prendre en compte» – on peut réduire la valeur monétaire attendue d'un risque en réduisant la probabilité d'occurrence de sa cause (par exemple, en utilisant une technologie confirmée pour diminuer la probabilité de produire un ouvrage fonctionnant mal), réduire le coût de l'événement (par exemple, en souscrivant une assurance) ou les deux.
- Les «accepter» – c'est-à-dire accepter les conséquences. L'acceptation peut être active (par exemple, en mettant en place un dispositif curatif pour le cas où l'événement se produirait) ou passif (par exemple, en acceptant une perte de profit si certaines activités dépassent les prévisions).

11.3.1 Données d'entrée à l'élaboration des mesures de mitigation

11.3.1.1 Opportunités à rechercher, menaces à parer

Se reporter au paragraphe 11.2.3.1.

11.3.1.2 Opportunités à abandonner, menaces à accepter

Se reporter au paragraphe 11.2.3.2.

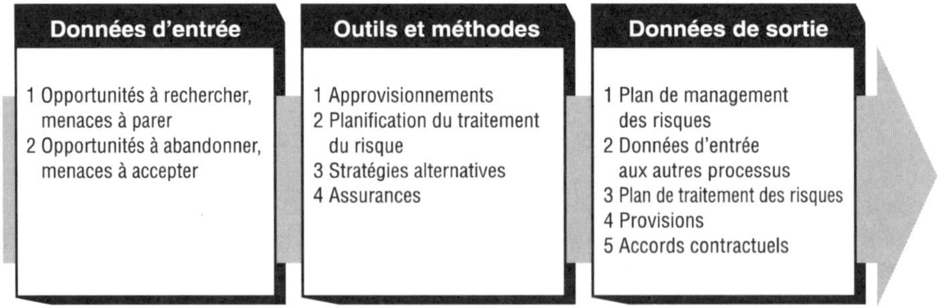

Ces postes sont des données d'entrée dans le processus d'élaboration des réponses aux risques, parce qu'ils doivent figurer dans le plan de management des risques (défini au paragraphe 11.3.3.1).

11.3.2 Outils et méthodes du processus d'élaboration des mesures de mitigation

11.3.2.1 Approvisionnements

L'acquisition de produits et de services auprès d'organisations extérieures à l'organisation en charge du projet constitue souvent la réponse appropriée à certains types de risques. Par exemple, les risques entraînés par l'utilisation d'une technologie spécifique peuvent être réduits en l'achetant à une entreprise qui en a l'expérience.

L'achat implique souvent d'échanger un risque contre un autre. Par exemple, traiter à prix ferme (pour s'assurer du coût) peut entraîner un risque sur le délai, si le vendeur ne peut le tenir. De même, chercher à transférer tous les risques sur le vendeur peut conduire à des offres dont le prix est inacceptable.

Le management des approvisionnements est traité au chapitre 12.

11.3.2.2 Planification du traitement du risque

Cette planification consiste à définir les actions à prendre lorsqu'un risque identifié survient (*cf.* également discussion de la décision à chaud au paragraphe 11.4.2.1).

11.3.2.3 Stratégies alternatives

Les événements fâcheux peuvent souvent être évités ou contournés en modifiant l'approche envisagée. Par exemple, augmenter les études peut diminuer le nombre des modifications à effectuer en cours de montage ou de construction. Beaucoup de domaines d'application ont constitué une importante bibliographie sur la valeur attendue des différentes variantes stratégiques.

11.3.2.4 Assurances

Les assurances, ou des dispositions équivalentes, telles que les cautions, sont souvent utilisables pour certaines catégories de risques. Le type de couverture disponible et le coût correspondant dépendent du domaine d'application.

11.3.3 Données de sortie du processus d'élaboration des mesures de mitigation

11.3.3.1 Plan de management des risques

Ce plan doit expliciter les procédures à utiliser pour gérer les risques tout au long du projet. Outre les documents résultant des processus d'identification et de quantification des risques, il doit préciser qui est responsable de la gestion des divers types de risques, comment les résultats des identifications et quantifications initiales doivent être mis à jour, comment le plan de traitement doit être mis en place, et comment les provisions doivent être affectées.

Le plan de management des risques peut être formalisé ou non, très détaillé ou très général, selon les nécessités du projet. C'est une annexe au plan de projet (*cf.* paragraphe 4.1).

11.3.3.2 Données d'entrée aux autres processus

Les stratégies alternatives choisies ou suggérées, le plan de traitement des risques, les achats anticipés et les autres données de sortie liés aux risques doivent être introduits dans les processus appropriés des autres disciplines.

11.3.3.3 Plan de traitement des risques

Ce plan consiste à prédéfinir les actions à prendre lorsqu'un événement fâcheux survient. Le plan de traitement des risques fait souvent partie du plan de management des risques, mais il peut également être intégré à d'autres éléments du plan de projet (par exemple, faire partie du plan de management du contenu, ou du plan de qualité).

11.3.3.4 Provisions

On doit prévoir des provisions de projet pour faire face aux risques de coût et de délai. Le terme est souvent utilisé avec un qualificatif (par exemple, provision de direction, provision pour aléas, provision de délai) pour indiquer de quel type de risque on est censé se protéger. Le sens précis du qualificatif peut varier souvent selon le domaine d'application. En outre, l'utilisation de la provision et la définition de ce qui peut y être inclus est également spécifique du domaine.

11.3.3.5 Accords contractuels

Des accords formalisés peuvent être pris pour des assurances, des services, et d'autres postes, s'il y a lieu, afin d'éviter ou de parer les menaces. Les termes et conditions contractuels peuvent avoir des conséquences significatives sur la diminution du degré de risque.

11.4 Maîtrise des mesures de mitigation

La maîtrise des mesures de mitigation consiste à mettre en œuvre le plan de management des risques pour répondre aux événements qui adviennent en cours de projet. S'il se produit des modifications, on reprend le cycle fondamental : identification, quantification et réponse. Il faut bien voir que même l'analyse la plus complète et la plus soigneuse ne peut identifier correctement tous les risques et toutes les probabilités ; il faut procéder à des vérifications et à des itérations.

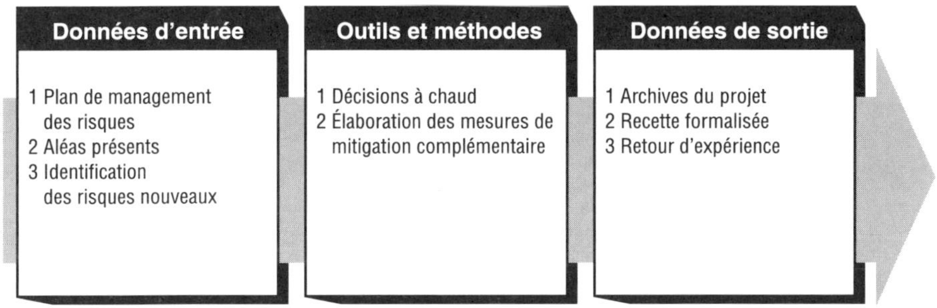

11.4.1 Données d'entrée pour la maîtrise des mesures de mitigation

11.4.1.1 Plan de management des risques

Se reporter au paragraphe 11.3.3.1.

11.4.1.2 Aléas présents

Certains événements identifiés comme porteurs de risque vont arriver, d'autres pas. Ceux qui arrivent créent des risques réels ou potentiels, et l'équipe de projet doit les repérer aussitôt et mettre en œuvre les réponses préparées.

11.4.1.3 Identification des risques nouveaux

Lorsque l'on procède à la mesure des performances et aux rapports d'avancement (traités au paragraphe 10.3), des événements fâcheux ou des sources de risques potentiels peuvent apparaître.

11.4.2 Outils et méthodes de la maîtrise des mesures de mitigation

11.4.2.1 Décision à chaud

Ce sont les réponses non programmées à des événements défavorables. Elles ne sont pas programmées en ce sens que la réponse n'a pas été définie avant l'apparition d'un événement défavorable.

11.4.2.2 Élaboration des mesures de mitigation complémentaire

Si un événement n'avait pas été envisagé, ou si ses conséquences sont plus importantes que prévu, la réponse préparée peut n'être pas adaptée, et il faut recommencer complètement le processus d'élaboration de la réponse, et peut-être même le processus de quantification.

11.4.3 Données de sortie du processus de maîtrise des mesures de mitigation

11.4.3.1 Action corrective

Elle doit consister essentiellement à appliquer la réponse prévue pour le risque envisagé (c'est-à-dire, appliquer le plan de management des risques ou la décision à chaud).

11.4.3.2 Mise à jour du plan de management des risques

Lorsqu'un événement envisagé est arrivé ou n'est pas arrivé et que les conséquences réelles du risque ont été évaluées, l'estimation de la probabilité et du coût, et tous les autres aspects du plan de management des risques doivent être mis à jour.

12 MANAGEMENT DES APPROVISIONNEMENTS DU PROJET

Le management des approvisionnements recouvre les processus nécessaires pour acquérir les biens et les services fournis par d'autres que l'entreprise en charge du projet. Pour simplifier on parlera de « produit » pour désigner les biens et services, unique ou multiples. La figure 12.1 est un schéma d'ensemble des principaux processus suivants :

12.1 Planification des approvisionnements – pour déterminer ce qu'il faut acquérir, et quand.

12.2 Programme d'invitation à soumissionner – pour établir les spécifications des produits à acquérir et identifier leurs fournisseurs potentiels.

12.3 Invitation à soumissionner – pour permettre de recevoir les offres, propositions, cotations ou soumissions appropriées.

12.4 Choix des fournisseurs – pour effectuer la sélection entre les fournisseurs potentiels.

12.5 Gestion des contrats – pour gérer les relations avec les fournisseurs.

12.6 Clôture des contrats – pour terminer et solder les contrats, y compris la résolution de toutes les questions en suspens.

Ces processus interagissent entre eux ainsi qu'avec des processus d'autres domaines de connaissance. Chaque processus peut entraîner la participation d'un ou plusieurs individus ou groupes d'individus et dépend des besoins du projet.

Bien que les processus soient présentés ici comme des activités bien identifiées avec des limites très claires, dans la pratique ils peuvent se chevaucher et interagir de différentes manières que nous ne détaillerons pas ici. Les interactions sont traitées en détail au chapitre 3, Processus du management de projet.

Le management des approvisionnements est traité ici du point de vue de l'acheteur, dans le cadre de la relation acheteur-vendeur. La relation acheteur-vendeur peut exister à plusieurs niveaux d'un même projet.

Selon les domaines d'application, le vendeur pourra être désigné par contractant, vendeur ou fournisseur.

Le vendeur gérera son travail tout à fait comme un projet. En pareil cas :

– L'acheteur devient le client et par voie de conséquence une partie prenante clé pour le vendeur.
– L'équipe de management de projet du vendeur doit prêter attention à tous les processus de management de projet, et pas uniquement aux processus de son domaine de connaissance.
– Les termes et conditions du contrat de commande deviennent des données d'entrée clés de beaucoup de processus du vendeur. Ce contrat peut effectivement définir les données d'entrée (par exemple, les principaux livrables, les jalons clés, les objectifs de coûts) ou il peut limiter les options de l'équipe de projet (par exemple, l'accord de l'acheteur concernant des décisions du personnel est souvent exigé dans des projets de conception).

Dans ce chapitre, le vendeur est considéré comme n'appartenant pas à l'organisation en charge. La majeure partie du chapitre s'applique néanmoins aux accords formalisés pris en interne avec d'autres unités de l'organisation en charge. Lorsqu'il s'agit d'accords internes informels, les processus décrits dans le chapitre 9, Management des ressources humaines, et le chapitre 10, Management de la communication, sont davantage susceptibles d'être appliqués.

12.1 Planification des approvisionnements

La planification des approvisionnements est le processus consistant à identifier les besoins du projet auxquels une réponse meilleure sera apportée en commandant les produits ou services à l'extérieur (de l'organisation en charge). Cela implique de considérer s'il est souhaitable de se le procurer, comment le faire, quel bien se procurer, en quelle quantité et à quel moment.

Lorsque le projet se procure des biens et des services en dehors de l'organisation en charge, tous les processus de la planification de l'invitation à soumissionner (*cf.* paragraphe 12.2) jusqu'à la clôture des contrats (*cf.* paragraphe 12.6) doivent être réalisés pour chaque produit ou service. L'équipe de projet doit, quand il le faut, demander conseil auprès de spécialistes des achats et de l'approvisionnement.

Lorsque le projet n'acquiert pas de biens ni de services en dehors de l'organisation en charge, tous les processus de la planification de l'invitation à soumissionner (*cf.* paragraphe 12.2) jusqu'à la clôture des contrats (*cf.* paragraphe 12.6) n'ont pas à être réalisés. Cela arrive souvent avec des projets de recherche et développement, lorsque l'organisation en charge est peu encline à un partage de la technologie du projet, et avec des projets de taille plus petite,

Management des approvisionnements du projet

12.1 Planification des approvisionnements

1 Données d'entrée
1 Énoncé du contenu
2 Description du produit
3 Structure d'approvisionnement
4 Conditions du marché
5 Données de sortie des autres processus de planification
6 Contraintes
7 Hypothèses

2 Outils et méthodes
1 Analyse « Faire ou acheter »
2 Analyse à dire d'expert
3 Choix du type de contrat

3 Données de sortie
1 Plan de management des approvisionnements
2 Limite(s) de fourniture(s)

12.2 Planification de l'invitation à soumissionner

1 Données d'entrée
1 Plan de management des approvisionnements
2 Limite(s) de fourniture(s)
3 Données de sortie des autres processus de planification

2 Outils et méthodes
1 Documents standard
2 Dire d'expert

3 Données de sortie
1 Documents d'approvisionnement
2 Critères d'évaluation
3 Mise à jour des limites de fournitures

12.3 Invitations à soumissionner

1 Données d'entrée
1 Documents d'approvisionnement
2 Listes de vendeurs qualifiés

2 Outils et méthodes
1 Réunions de mise au point des offres
2 Publicité

3 Données de sortie
1 Propositions

12.4 Choix des fournisseurs

1 Données d'entrée
1 Propositions
2 Critères d'évaluation
3 Politiques organisationnelles

2 Outils et méthodes
1 Négociation de contrat
2 Système d'évaluation
3 Système de filtrage
4 Estimations de contrôle

3 Données de sorties
1 Contrats

12.5 Gestion des contrats

1 Données d'entrée
1 Contrats
2 Travail réalisé
3 Demandes de modifications
4 Factures fournisseurs

2 Outils et méthodes
1 Système de maîtrise des modifications du contrat
2 Rapport d'avancement
3 Système de règlement

3 Données de sortie
1 Correspondance
2 Modifications au contrat
3 Demandes de règlement

12.6 Clôture des contrats

1 Données d'entrée
1 Documentation contractuelle

2 Outils et méthodes
1 Audits des approvisionnements

3 Données de sortie
1 Dossiers de commandes
2 Recette et clôture formalisées

Figure 12.1 Schéma d'ensemble du management des approvisionnements.

réalisés en interne, lorsque le coût de recherche et de gestion d'une ressource extérieure excède les économies potentielles.

La planification des approvisionnements doit également prendre en considération les sous-traitants potentiels, en particulier si l'acheteur espère exercer quelque influence ou contrôle sur les décisions prises par les sous-traitants.

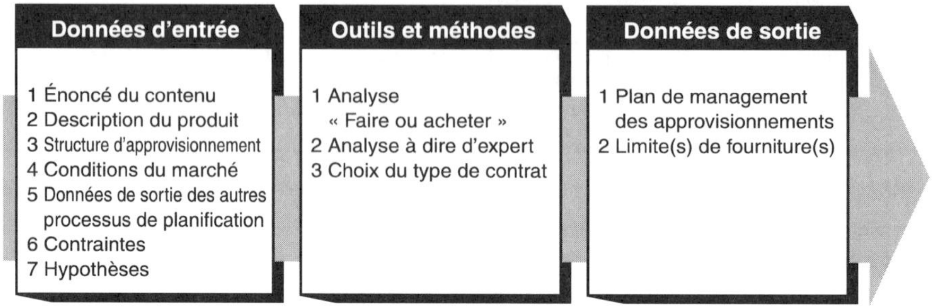

12.1.1 Données d'entrée de la planification des approvisionnements

12.1.1.1 Énoncé du contenu

L'énoncé du contenu (*cf.* paragraphe 5.2.3.1) décrit les limites effectives du projet. Il fournit une information importante sur les besoins et les stratégies du projet qui doivent être pris en compte dans le processus de la planification des approvisionnements.

12.1.1.2 Description du produit

La description du produit résultant du projet (*cf.* paragraphe 5.1.1.1.) fournit une information importante sur toutes les questions techniques qui doivent être prises en compte pour la planification des approvisionnements.

La description du produit est généralement plus large que les limites de fournitures. Une description du produit décrit le produit fini du projet; les limites de fournitures (traitées au paragraphe 12.1.3.2) décrivent la partie du produit qui doit être fournie par le vendeur. Cependant, si l'organisation en charge choisit de fournir le produit entier, il n'y a plus à faire de distinction entre les deux termes.

12.1.1.3 Structure d'approvisionnement

Si l'organisation en charge n'a pas un service approvisionnement constitué, l'équipe de projet devra à la fois se procurer les ressources et exécuter les autres activités d'approvisionnement du projet.

12.1.1.4 Conditions du marché

La planification des approvisionnements doit prendre en compte les produits et les services disponibles sur le marché, savoir qui les propose et à quelles conditions.

12.1.1.5 Données de sortie des autres processus de planification

Dans la mesure où les données de sortie des autres processus de planification sont disponibles, elles doivent être prises en compte dans la planification des approvisionnements. Les données de sortie des autres planifications qui doivent souvent être prises en compte sont les estimations préliminaires de coût et délai, les plans de management de la qualité, les prévisions de cash-flow, la structure de découpage du projet, les risques identifiés, l'effectif prévu.

12.1.1.6 Contraintes

Les contraintes sont des facteurs qui limitent les options de l'acheteur. L'une des plus courantes dans nombre de projets est constituée par les fonds disponibles.

12.1.1.7 Hypothèses

Les hypothèses sont des facteurs qui, pour les besoins de la planification, seront considérées comme vraies, réelles ou certaines.

12.1.2 Outils et méthodes de la planification des approvisionnements

12.1.2.1 Analyse « Faire ou acheter »

C'est une technique de management général qui peut être utilisée pour déterminer s'il est intéressant en termes de coût pour l'organisation en charge d'effectuer lui-même certaines tâches. Les deux volets de l'analyse concernent les coûts directs et indirects. Par exemple, le volet « achats » de l'analyse doit comprendre à la fois le coût direct d'achat du produit ainsi que les coûts indirects de gestion du processus d'achat.

Une analyse « Faire ou acheter » doit également prendre en compte les perspectives de l'organisation en charge ainsi que les besoins immédiats du projet. Par exemple, l'achat d'un élément important (d'une grue à un ordinateur) plutôt que la location est rarement intéressant au point de vue du coût. Cependant, si l'organisation en charge a un besoin à long terme de cet élément, la part du coût d'achat incombant au projet peut être inférieure au coût de la location.

12.1.2.2 Analyse à dire d'expert

Le dire d'expert est souvent nécessaire pour confirmer les données d'entrée à ce processus. Ce genre d'expertise peut être le fait d'un groupe ou d'un individu ayant une connaissance ou formation particulière et se trouver auprès de sources très variées :

- d'autres unités au sein de l'organisation en charge,
- des consultants,
- des associations techniques et professionnelles,
- des groupes industriels, sectoriels.

12.1.2.3 Choix du type de contrat

Différents types de contrats conviennent plus ou moins bien à différents types d'achats. Les contrats se rangent généralement dans l'une des trois grandes catégories suivantes :

- Les **contrats à prix forfaitaires**. Cette catégorie implique un prix total fixé pour une fourniture bien définie. Dans la mesure où le produit n'est pas bien défini, l'acheteur comme le vendeur prennent un risque – l'acheteur peut ne pas recevoir le produit désiré et le vendeur peut être amené à supporter des coûts additionnels pour le procurer. Les contrats à prix forfaitaires peuvent aussi comporter des incitations pour l'obtention ou le dépassement de certains objectifs, tels que les dates jalons.
- Les **contrats à coûts remboursables**. Cette catégorie comporte le paiement (remboursement) des dépenses effectives du vendeur. Ces dépenses sont généralement classées en coûts directs (dépenses directement occasionnées par le projet, telles que salaires des membres de l'équipe de projet) et coûts indirects (coûts affectés à un projet par l'entreprise qui le réalise, en tant que coûts nécessités par le fonctionnement, par exemple les salaires de la direction de l'entreprise). Les coûts indirects sont en général calculés sous forme de pourcentage des coûts directs. Les contrats à coûts remboursables

comportent souvent des clauses incitatives pour l'obtention ou l'amélioration de certains objectifs, tels que les dates jalons ou le coût total du projet.

– Les **contrats à prix unitaires**. Le titulaire est payé suivant un barème de coûts unitaires (par exemple 70 $ par heure de service, ou 1,08 $ par mètre cube de terrassement) et le montant total du contrat est fonction des quantités constatées à l'achèvement des travaux.

12.1.3 Données de sortie de la planification des approvisionnements

12.1.3.1 Plan de management des approvisionnements

Le plan de management des approvisionnements doit décrire comment les processus ultérieurs (de la planification de l'invitation à soumissionner à la clôture des contrats) seront gérés, par exemple :

– Quels types de contrats utilisera-t-on ?

– Si des estimations de contrôle sont nécessaires comme critères d'évaluation, qui les préparera et quand ?

– Si l'organisation en charge possède un service approvisionnement, quelles sont les actions que l'équipe de management de projet peut réaliser elle-même ?

– Si des documents normalisés sont nécessaires, où peut-on se les procurer ?

– Comment gérer un nombre important de fournisseurs ?

– Comment assurer la coordination entre les approvisionnements et d'autres aspects du projet, comme l'ordonnancement et les rapports d'avancement ?

Le plan de management des approvisionnements peut être formalisé ou informel, très détaillé ou peu détaillé, selon les besoins du projet. C'est un sous-élément du plan de projet décrit au paragraphe 4.1, Élaboration du plan de projet.

12.1.3.2 Limite(s) de fourniture(s)

La limite de fourniture décrit l'élément à approvisionner de manière suffisamment détaillée pour permettre aux vendeurs potentiels de déterminer s'ils peuvent fournir l'élément en question. Le degré de détail peut varier en fonction de la nature de l'élément, des besoins de l'acheteur, ou de la forme attendue du contrat.

Certains domaines d'application utilisent différentes formes de limites de fourniture. Par exemple, dans certains tribunaux administratifs, le terme limite de fourniture est réservé à un achat qui est un produit ou service bien spécifié, et le terme limite de besoin est réservé à un achat qui est présenté sous forme de problème à résoudre.

La limite de fourniture peut être revue et redéfinie au cours du processus d'approvisionnement. Par exemple, un vendeur potentiel peut suggérer une approche plus efficace ou un produit moins cher que celui initialement spécifié. Chaque élément approvisionné nécessite une limite de fourniture propre. Cependant, des produits ou services peuvent être regroupés en une commande unique, avec une seule limite de fourniture.

La limite de fourniture sera aussi claire, aussi complète, et aussi concise que possible. Elle doit comprendre une description des services parallèles indispensables, tels que le rapport d'avancement ou le service après-vente de l'élément fourni. Certains domaines d'application ont élaboré une trame et un contenu spécifique pour la limite de fourniture.

12.2 Planification de l'invitation à soumissionner

La planification de l'invitation à soumissionner comporte la préparation des documents nécessaires pour l'invitation à soumissionner (le processus de l'invitation à soumissionner est décrit au paragraphe 12.3).

12.2.1 Données d'entrée à la planification de l'invitation à soumissionner

12.2.1.1 Plan de management des approvisionnements

Le plan de management des approvisionnements est décrit au paragraphe 12.1.3.1.

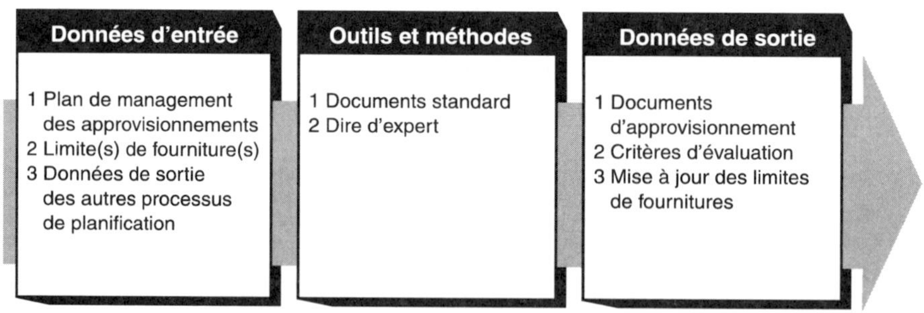

12.2.1.2 Limite(s) de fourniture(s)

La limite de fourniture est décrite au paragraphe 12.1.3.2.

12.2.1.3 Données de sortie des autres processus de planification

Les données de sortie des autres processus de planification (*cf.* paragraphe 12.1.1.5) qui peuvent avoir subi une modification depuis le moment où ils ont été intégrés à la planification des approvisionnements, doivent être repris pour être utilisés dans les invitations à soumissionner. En particulier, la planification de l'invitation à soumissionner doit être étroitement lié à l'échéancier du projet.

12.2.2 Outils et méthodes de la planification de l'invitation à soumissionner

12.2.2.1 Documents standard

Les documents standard incluent les contrats types, les descriptions types d'approvisionnements, les versions standardisées de tout ou partie des documents d'offre nécessaires (*cf.* paragraphe 12.2.3.1). Les structures organisationnelles qui réalisent un nombre important d'approvisionnements doivent standardiser nombre de ces documents.

12.2.2.2 Dire d'expert

Le dire d'expert est décrit au paragraphe 12.1.2.2.

12.2.3 Données de sortie de la planification de l'invitation à soumissionner

12.2.3.1 Documents d'approvisionnement

Les documents d'approvisionnement sont utilisés pour solliciter des offres auprès des vendeurs potentiels. Les termes d'« offre » ou « cotation » sont généralement utilisés lorsque la sélection se fait par le prix (comme pour l'achat de produits commerciaux), alors que le terme « proposition » est généralement utilisé lorsque des considérations extra-financières telles que les compétences techniques ou l'approche technique sont primordiales (comme pour l'achat de services). Cependant, les termes sont souvent utilisés indifféremment et il faut prendre garde à ne pas faire d'erreurs quant aux implications du terme utilisé : appel d'offres (AO, en anglais IFB), appel à proposition (AP, en anglais RFP), appel à cotation (AC, en anglais RFQ), appel à négociation, première réponse du contractant.

Les documents d'approvisionnement devraient être conçus de manière à faciliter des réponses précises et complètes de la part des vendeurs consultés. Ils doivent toujours inclure les limites de fourniture, une description de la forme que doit prendre la réponse, et toutes les clauses contractuelles imposées (par exemple, une copie du modèle de contrat, des clauses de confidentialité). Tout ou partie du contenu et de la forme des documents d'approvisionnement, en particulier ceux préparés par les instances publiques, sont souvent formellement définis.

Les documents d'approvisionnement doivent être suffisamment rigoureux pour que les réponses puissent être comparables, mais suffisamment souples pour permettre aux vendeurs de suggérer de meilleurs moyens de répondre aux exigences.

12.2.3.2 Critères d'évaluation

Des critères d'évaluation sont souvent utilisés pour classer et noter les propositions. Ils peuvent être objectifs (par exemple, le chef de projet doit être diplômé *Project Management Professional*) ou subjectifs (par exemple, le chef de projet proposé doit avoir une expérience de projets similaires). Les critères d'évaluation sont souvent inclus dans les documents d'approvisionnement.

Les critères d'évaluation peuvent être limités au prix d'achat lorsque l'élément à approvisionner est connu pour être disponible de suite auprès de nombreux fournisseurs (« le prix d'achat » dans ce contexte recouvre à la fois le coût de l'élément et les dépenses annexes comme la livraison). Dans le cas contraire, d'autres critères doivent être identifiés et faire l'objet de documents pour aider à la décision, par exemple :

- compréhension du besoin – tel qu'il apparaît dans la proposition du vendeur,
- coût d'ensemble ou coût global – le vendeur retenu aura-t-il le coût total le moins élevé (coût d'achat et coût opératoire) ?
- capacité technique – le vendeur possède-t-il ou peut-on raisonnablement attendre de lui qu'il acquiert les compétences et connaissances techniques nécessaires ?
- approche managériale – le vendeur possède-t-il ou peut-on raisonnablement attendre de lui qu'il développe les processus et procédures de management nécessaires au succès du projet ?
- capacité financière – le vendeur possède-t-il ou peut-on raisonnablement attendre de lui qu'il acquiert les ressources financières nécessaires ?

12.2.3.3 Mises à jour des limites de fourniture

Les limites de fourniture sont décrites au paragraphe 12.1.3.2. Les modifications d'une ou de plusieurs limites doivent être identifiées au cours de la planification de l'invitation à soumissionner.

12.3 Invitation à soumissionner

L'invitation à soumissionner est le fait d'obtenir l'information (offres et propositions) de vendeurs potentiels sur le type de réponse à apporter aux besoins du projet. La majeure partie de l'effort réel dans ce processus est supportée par les vendeurs potentiels, à coût nul pour le projet.

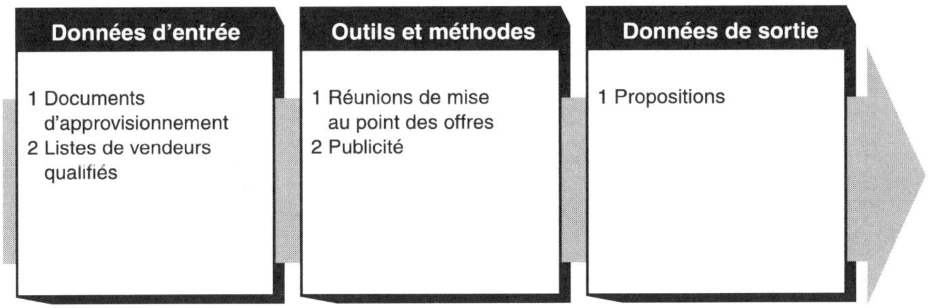

12.3.1 Données d'entrée pour l'invitation à soumissionner

12.3.1.1 Documents d'approvisionnement

Les documents d'approvisionnement sont décrits au paragraphe12.2.3.1.

12.3.1.2 Listes de vendeurs qualifiés

Certaines organisations tiennent des listes ou fichiers avec des informations sur les vendeurs potentiels. Ces listes contiennent généralement des informations relatives à leur expérience dans le domaine et d'autres caractéristiques concernant les vendeurs.

Si de telles listes ne sont pas immédiatement disponibles, l'équipe de projet devra développer ses propres sources. L'information de caractère général est largement disponible grâce aux bibliothèques informatiques, aux associations locales, aux catalogues commerciaux, et autres sources similaires. Une information détaillée sur des sources spécifiques peut demander un plus grand effort, comme de visiter des sites ou de contacter des clients précédents de ces vendeurs.

Les documents d'approvisionnement peuvent être envoyés à tout ou partie des vendeurs potentiels.

12.3.2 Outils et méthodes de l'invitation à soumissionner

12.3.2.1 Réunions de mise au point des offres

Les réunions de mise au point des offres sont des réunions (également appelées conférences avec les contractants, conférences avec les vendeurs, et conférences préliminaires à l'offre) avec les vendeurs potentiels avant la préparation d'une proposition. Elles sont faites pour s'assurer que tous les vendeurs potentiels ont une compréhension claire et identique de la prestation à fournir (exigences techniques, exigences contractuelles, ...). Les réponses aux questions peuvent être ajoutées aux documents d'approvisionnement sous forme d'additifs.

12.3.2.2 Publicité

Les listes existantes de vendeurs potentiels peuvent souvent être complétées en faisant passer une publicité dans des publications à large diffusion telles que les quotidiens, ou dans des publications spécialisées comme certains journaux professionnels. Certains organes administratifs exigent une publicité pour certains types de prestations ; la plupart des tribunaux administratifs exige une annonce publique pour les contrats de sous-traitance des contrats publics.

12.3.3 Données de sortie de l'invitation à soumissionner

12.3.3.1 Propositions

Les propositions (*cf.* également au paragraphe 12.2.3.1 sur les offres, cotations, et propositions) sont des documents préparés par le vendeur qui décrivent la capacité et la motivation du vendeur pour fournir le produit demandé. Elles sont préparées conformément aux exigences des documents d'approvisionnement.

12.4 Choix des fournisseurs

Le choix des fournisseurs implique la réception des offres et propositions et l'application des critères d'évaluation pour le choix du fournisseur. Ce processus est rarement réalisé de manière linéaire :

– le prix peut être le facteur principal pour un produit courant, mais le prix le plus bas peut ne pas signifier le coût le plus bas si le vendeur se montre incapable de livrer le produit en temps et en heure ;
– les propositions sont souvent séparées en partie technique (approche technique) et partie commerciale (prix), chacune évaluée séparément ;
– des sources multiples peuvent être nécessaires lorsqu'il s'agit de produits critiques.

Les outils et méthodes décrits ci-dessous peuvent être utilisés seuls ou combinés les uns aux autres. Par exemple, un système d'évaluation peut être utilisé pour :

– choisir une source unique à laquelle on demandera de signer le contrat type,
– classer dans l'ordre toutes les propositions avant une phase de négociation.

Sur les principaux approvisionnements, ce processus peut faire l'objet d'itération. Une liste de vendeurs qualifiés sera établie sur la base d'une proposition préliminaire, et ensuite une évaluation plus détaillée sera faite sur la base d'une proposition plus détaillée et complète.

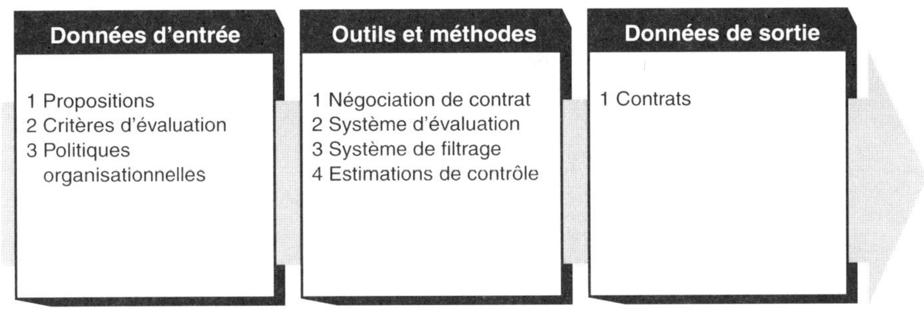

12.4.1 Données d'entrée au processus de choix des fournisseurs

12.4.1.1 Propositions

Les propositions sont décrites au paragraphe 12.3.3.1.

12.4.1.2 Critères d'évaluation

Les critères d'évaluation sont décrits au paragraphe 12.2.3.2.

12.4.1.3 Politiques organisationnelles

Quelques-unes ou l'ensemble des structures organisationnelles impliquées dans le projet peuvent avoir des politiques formalisées ou informelles qui peuvent avoir un impact sur l'évaluation des propositions.

12.4.2 Outils et méthodes de choix des fournisseurs

12.4.2.1 Négociation de contrat

La négociation du contrat implique des clarifications et une entente réciproque sur la structure du contrat et ses exigences, préalablement à la signature du contrat lui-même. Dans la mesure du possible, la rédaction du contrat final doit être le reflet de tous les accords conclus. Les sujets couverts sont généralement, mais sans limitation, les responsabilités et pouvoirs, les termes et la loi applicables, les approches en gestion commerciale et management technique, le financement du contrat, et le prix.

Pour des approvisionnements de caractère complexe, la négociation du contrat peut se faire selon un processus indépendant avec des données d'entrée (par exemple, listes des questions ou éléments non résolus) et des données de sortie propres (par exemple, une liste de points d'accord).

La négociation du contrat est un cas particulier de la compétence générale en management appelée « négociation ». Les outils, techniques et styles de négociations sont largement abordés par la littérature sur le management général et s'appliquent généralement à la négociation de contrat.

12.4.2.2 Système d'évaluation

Un système d'évaluation est une méthode de quantification des éléments qualitatifs afin de minimiser les effets des préjugés individuels lors du choix du fournisseur. La plupart des systèmes de ce type impliquent (1) d'attribuer un coefficient à chacun des critères d'évaluation, (2) de classer les vendeurs potentiels selon chaque critère, (3) de multiplier le coefficient par le classement et (4) de totaliser les résultats obtenus pour calculer un score global.

12.4.2.3 Système de filtrage

Un système de filtrage implique d'établir des exigences minimum de performance pour un seul ou plusieurs critères d'évaluation. Par exemple, un vendeur potentiel peut se voir imposer de choisir un chef de projet qui soit un

Project Management Professional (PMP) avant toute considération de sa proposition.

12.4.2.4 Estimations de contrôle

Pour de nombreux biens approvisionnés, l'organisation en charge peut préparer ses propres estimations pour contrôler les prix proposés. Des différences significatives par rapport à ces estimations peuvent indiquer que la description de l'ouvrage n'était pas bien faite ou que, soit le vendeur potentiel a mal compris la description, soit n'y a pas répondu complètement. Les estimations de contrôle sont souvent appelées estimations de « coût probable ».

12.4.3 Données de sortie du processus de choix des fournisseurs

12.4.3.1 Contrats

Un contrat est un engagement réciproque qui oblige le vendeur à fournir le produit spécifié et oblige l'acheteur à en payer le prix. Un contrat a valeur de loi entre les parties et peut être porté devant les tribunaux. L'accord peut être simple ou complexe, reflétant habituellement (mais pas toujours) la simplicité ou la complexité du produit. Il peut entre autres désignations porter le nom de contrat, accord, sous-contrat, ordre d'achat, ou liste de points d'accord. La plupart des structures organisationnelles possèdent des politiques et procédures formalisées définissant qui peut signer de tels accords pour le compte de la structure.

Bien que tous les documents de projet soient sujets à une forme quelconque de revue et d'accord, l'obligation légale née du contrat signifie habituellement qu'il sera soumis à un processus plus rigoureux d'accord. Dans tous les cas, un premier examen des revues et processus d'approbation devrait être réalisé de manière à s'assurer que le contrat décrit bien un produit ou un service qui répondra au besoin identifié.

Dans le cas de projets importants entrepris par des organismes publics, le processus de revue peut même inclure une revue de l'accord par l'organisme public.

12.5 Gestion des contrats

La gestion des contrats est le processus qui assure que la performance du vendeur répond aux exigences contractuelles. Pour des projets importants, avec des fournisseurs de produits et services nombreux, un aspect clé de la gestion des contrats est la gestion des interfaces entre les nombreux fournisseurs. Avec l'obligation légale née de la relation contractuelle, l'équipe de projet doit impérativement être consciente des conséquences juridiques des actions entreprises dans la gestion des contrats.

La gestion des contrats englobe l'application de processus de management de projet appropriés aux relations contractuelles et l'intégration des données de sortie de ces processus dans le management d'ensemble du projet. Cette intégration et cette coordination se feront souvent à de multiples niveaux lorsque de nombreux vendeurs et de nombreux produits sont impliqués. Les processus de management de projet qui doivent être appliqués sont :

- la mise en œuvre du plan de projet, décrite au paragraphe 4.2, pour autoriser le contractant à travailler au moment voulu,
- le rapport d'avancement, décrit au paragraphe 10.3, pour surveiller le coût du contractant, le délai, et la performance technique,
- la maîtrise de la qualité, décrite au paragraphe 8.3, pour contrôler et vérifier que le produit du contractant répond bien aux besoins,
- la maîtrise des modifications, décrite au paragraphe 4.3, pour s'assurer que les modifications sont correctement approuvées et que tous ceux qui ont besoin de le savoir ont été avertis.

La gestion des contrats possède également une composante de gestion financière. Les termes de paiement doivent être définis dans le contrat et doivent établir une relation spécifique entre les progrès effectués et les compensations versées.

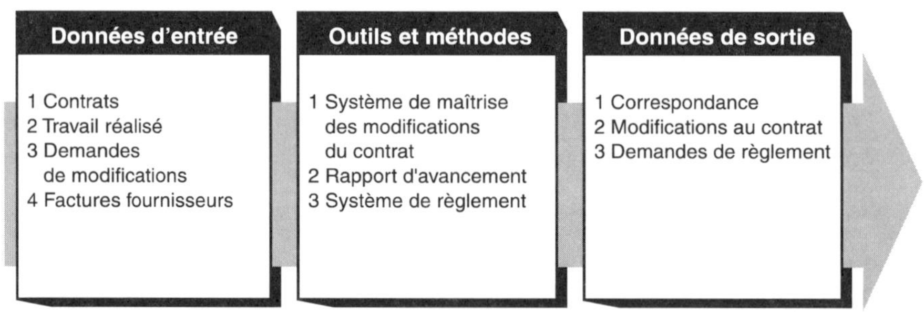

12.5.1 Données d'entrée de la gestion des contrats

12.5.1.1 Contrats

Les contrats sont décrits au paragraphe 12.4.3.1.

12.5.1.2 Travail réalisé

Le travail réalisé par le vendeur – quels livrables ont été réalisés, lesquels ne l'ont pas été, dans quelle mesure les normes de qualité ont été respectées, quels coûts ont été encourus ou engagés, ... – sont recueillis comme faisant partie de la mise en œuvre du plan de projet (le paragraphe 4.2 fournit plus de détails sur la mise en œuvre du plan de projet).

12.5.1.3 Demandes de modifications

Les demandes de modifications peuvent inclure des modifications aux termes du contrat ou à la description du produit ou service à fournir. Si les travaux du vendeur ne donnent pas satisfaction, une décision de mettre un terme au contrat sera également traitée comme une demande de modification. Des modifications contestées, celles où le vendeur et l'équipe de management de projet n'ont pu se mettre d'accord sur une compensation à la modification, sont appelées différends, querelles ou réclamations.

12.5.1.4 Factures fournisseurs

Le vendeur doit envoyer ses factures pour paiement du travail effectué au fur et à mesure. Les conditions de facturation, y compris les documents justificatifs nécessaires, sont habituellement définies dans le contrat.

12.5.2 Outils et méthodes de la gestion des contrats

12.5.2.1 Système de maîtrise des modifications des contrats

Le système de maîtrise des modifications des contrats définit le processus de modification du contrat. Il englobe les documents papier, les systèmes de recherche, les procédures de conciliation, et les niveaux d'habilitation requis pour autoriser les modifications. Le système de maîtrise des modifications des contrats doit être intégré dans le système de gestion des modifications (le paragraphe 4.3 décrit le système de gestion des modifications).

12.5.2.2 Rapport d'avancement

Le rapport d'avancement apporte des informations au management sur la manière dont le vendeur atteint effectivement les objectifs du contrat. Le rapport d'avancement du contrat doit être intégré au rapport d'avancement de l'ensemble du projet décrit au paragraphe 10.3.

12.5.2.3 Système de règlement

Les règlements au vendeur sont habituellement gérés par le système comptable de l'organisation en charge. Pour des projets plus importants, avec des exigences d'approvisionnement nombreuses ou complexes, le projet peut mettre en place son propre système. Dans les deux cas, le système doit comprendre les revues à faire et accords à donner par l'équipe de management de projet.

12.5.3 Données de sortie de la gestion des contrats

12.5.3.1 Correspondance

Les termes et conditions du contrat nécessitent souvent de rédiger des documents sur certains aspects des communications acheteur-vendeur, tels que les mises en garde pour performance non satisfaisante et les modifications ou clarifications apportées au contrat.

12.5.3.2 Modifications au contrat

Les modifications (approuvées ou non) sont répercutées dans les processus de planification du projet et les processus d'approvisionnement ; le plan de projet ainsi que les autres documents concernés sont mis à jour.

12.5.3.3 Demandes de règlement

Cela suppose que le projet utilise un système de règlement extérieur. Si le projet possède son propre système en interne, la donnée de sortie est simplement le paiement.

12.6 Clôture des contrats

La clôture des contrats est comparable à la clôture administrative (décrite au paragraphe 10.4) dans le sens où elle implique à la fois la vérification du produit (tout le travail a-t-il été fait correctement et de manière satisfaisante ?) et la clôture administrative (mise à jour des données enregistrées pour refléter les résultats finaux et l'historique de telles informations en vue d'usages futurs). Les termes et les conditions du contrat peuvent imposer de suivre des procédures particulières pour liquider les contrats. L'arrêt anticipé d'un contrat est un cas particulier de clôture du contrat.

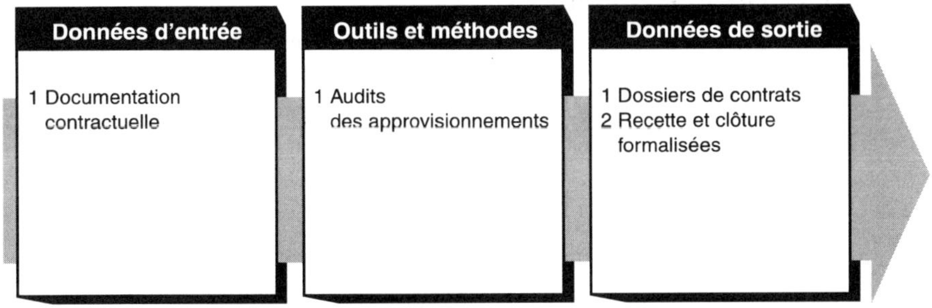

12.6.1 Données d'entrée du processus de clôture des contrats

12.6.1.1 Documentation contractuelle

La documentation contractuelle englobe sans s'y limiter le contrat lui-même avec tous les échéanciers, les modifications demandées et approuvées, toute documentation technique réalisée par le vendeur, les rapports d'avancement du vendeur, les documents financiers tels que les factures et documents de règlement, et les résultats d'inspections relatives au contrat.

12.6.2 Outils et méthodes de la clôture des contrats

12.6.2.1 Audits des approvisionnements

Un audit de l'approvisionnement est une revue structurée du processus d'approvisionnement depuis le plan d'approvisionnement jusqu'à la gestion des contrats. L'objectif d'un audit des approvisionnements est d'identifier les bonnes et mauvaises réalisations qui garantissent l'application des procédures à d'autres approvisionnements sur ce projet ou sur d'autres projets de l'organisation en charge.

12.6.3 Données de sortie du processus de clôture des contrats

12.6.3.1 Dossier de contrat

Un jeu complet de données enregistrées doit être préparé pour être joint aux données finales du projet (*cf.* paragraphe 10.4.3.1 pour une description plus détaillée de la clôture administrative).

12.6.3.2 Recette et clôture formalisées

La personne ou la structure responsable de la gestion des contrats doit fournir au vendeur une note écrite formalisée indiquant que le contrat a été rempli. Les exigences en termes de recette et de clôture sont habituellement définies dans le contrat.

ANNEXES III

A PROCESSUS DE NORMALISATION DU PMI

B ÉVOLUTION DU « CORPUS DES CONNAISSANCES EN MANAGEMENT DE PROJET »

C COLLABORATEURS ET RÉVISEURS

D REMARQUES

E EXTENSIONS DES DOMAINES D'APPLICATION

F AUTRES SOURCES D'INFORMATION SUR LE MANAGEMENT DE PROJET

G RÉSUMÉ DES DOMAINES DE CONNAISSANCE DU MANAGEMENT DE PROJET

A PROCESSUS DE NORMALISATION DU PMI

La procédure suivante a été instituée politique de l'Institut par un vote du Directoire du *Project Management Institute (PMI)*, lors de sa réunion d'octobre 1993.

A.1 Les normes du PMI

Les normes du PMI sont les documents élaborés ou publiés par le PMI et qui décrivent des pratiques généralement reconnues de management de projet, en particulier :

- le corpus des connaissances en management de projet (PMBOK),
- les manuels d'utilisation du corpus des connaissances en management de projet.

D'autres documents peuvent être ajoutés à cette liste par le Directeur des Normes avec l'avis et l'accord du *Professionnal Development Group (PDG)* du PMI. Les normes peuvent être des travaux originaux du PMI ou être publiées par d'autres organisations ou individus.

Les normes sont élaborées conformément au « Code de bonne conduite pour la normalisation » mis au point par l'*International Organization for Standardization (ISO).*

A.2 Élaboration des textes originaux

Les normes qui sont des textes originaux édités par le PMI sont élaborées comme suit :

- Le(s) réalisateur(s) potentiel(s) soumet(tent) une proposition au Directeur des Normes. Le Directeur peut également demander de telles propositions. Le Directeur accepte ou rejette celles-ci et informe le(s) réalisateur(s) de sa décision. Si la proposition nécessite un dépassement du budget alloué pour l'élaboration des normes, le Directeur soumet une proposition au Directoire du PMI avant de donner son accord.

- Le Directeur apporte son aide au réalisateur pour maximiser les chances que le produit final soit accepté.
- Lorsque le réalisateur a achevé le document, il le soumet au Directeur des Normes. Le Directeur nomme au moins trois personnes compétentes pour revoir et commenter le document. Sur la base de ces commentaires, le Directeur décide si la version du document est recevable pour commentaire. Le(s) réalisateur(s) doit (doivent) signer la version pour commentaire avant la publication de celle-ci. Les versions pour commentaire sont éditées sous l'égide du Service d'Édition du PMI et doivent être conformes aux normes d'éditions en termes de typographie et de mise en page.
- Les versions pour commentaire sont disponibles pour quiconque souhaite les lire. Le Directeur des Normes définit une période de révision d'au moins six mois pour toutes les versions pour commentaire. Chacune inclut une notice demandant que des commentaires soient adressés au Directeur et précisant la date d'expiration de la période de révision.
- À l'expiration de la période de révision, le Directeur des Normes revoit les commentaires reçus et travaille avec le(s) réalisateur(s), et si nécessaire avec d'autres personnes, à la prise en compte des commentaires pertinents. Si les commentaires sont importants, le Directeur peut choisir de reprendre le processus de révision de la version pour commentaire. Le Directeur transmet sans délai les normes proposées au PDG pour révision et accord. Le PDG peut (a) approuver le document en l'état ; (b) le rejeter ; ou (c) demander de répéter le processus de révision de la version pour commentaire.

A.3 Attribution du statut de norme à des travaux extérieurs

Les normes qui sont le fait d'autres organisations ou individus sont traitées comme suit :

- Quiconque peut adresser une demande au Directeur des Normes pour qu'une publication extérieure au PMI soit reconnue comme Normes du PMI. Le Directeur nomme au moins trois personnes compétentes pour juger le document. Si les commentaires effectués sont positifs, le Directeur prépare à l'attention du PDG une proposition en vue d'une éventuelle collaboration avec l'émetteur du document.
- La proposition du Directeur traite du processus de révision et d'acceptation, des effets possibles de la Certification et de l'Accréditation, du besoin ou non d'intervention du Directoire du PMI, et toutes considérations financières.

B Évolution du « Corpus des connaissances en management de projet »

B.1 Les premiers pas

Le PMI a été fondé en 1969 sur l'idée qu'il existait de nombreuses pratiques communes de management dans des projets de domaines aussi divers que ceux de l'industrie pharmaceutique ou du bâtiment. L'idée d'établir des normes a commencé d'être largement débattue lors du Séminaire/Symposium de Montréal en 1976, ce qui a ensuite conduit à considérer le management de projet comme une profession à part entière.

Cependant, il fallut attendre 1981 pour que le Directoire du PMI approuve un projet de constitution de procédures et d'élaboration de concepts de la profession de management de projet. La proposition proposait trois axes de réflexion :

- les traits distinctifs du professionnel (éthique),
- le contenu et la structure du corpus des connaissances de la profession (normes),
- la reconnaissance de la profession (accréditation).

L'équipe de projet devint célèbre sous le nom de *Ethics, Standards and Accreditation Management Group (ESA)*. Le groupe ESA regroupait :

- Matthew H. Parry, Pdt
- David C. Aird,
- Frederick R. Fisher,
- David Haeney,
- Harvey Kolodney,
- Charles E. Oliver,
- William H. Robinson,
- Douglas J. Ronson,
- Paul Sims,
- Eric W. Smythe.

Ce groupe a reçu l'aide de plus de 25 bénévoles pour plusieurs parties. Le document Ethique a été réalisé et soumis par un comité de Washingthon, D.C., présidé par Lew Ireland.

Le document sur le management des délais a été réalisé à la suite des réunions d'un groupe du sud de l'Ontario, comprenant Dave MacDonald, Dave Norman, Bob Spence, Bob Hall et Matt Parry. Le document de management des coûts a été réalisé à la suite des réunions au sein du service des coûts de Stelco sous la direction de Dave Haeney et Larry Harrison. D'autres documents ont été réalisés par le groupe ESA. John Adams et son groupe de la Western Carolina University ont eu en charge les travaux sur l'accréditation ; des lignes directrices en matière d'accréditation ont été élaborées ainsi qu'un programme de certification des professionnels du management de projet, sous la direction de Dean Martin.

Les résultats du projet ESA ont été publiés dans une édition spéciale du *Project Management Journal* d'août 1983. Elle englobait :

- Un code de bonne conduite ainsi qu'une procédure de mise en application.
- Un cadre de base normatif composé de six domaines principaux de connaissance : management du contenu, management du coût, management des délais, management de la qualité, management des ressources humaines et management de la communication.
- Des lignes directrices à la fois pour l'accréditation (reconnaissance de la qualité des programmes proposés par des structures d'enseignement) et la certification (reconnaissance de la qualification professionnelle d'individus).

Cette édition a servi de base pour les premiers programmes d'accréditation et de certification du PMI. Le Master en Management de Projet délivré par la Western Carolina University a reçu l'accréditation en 1983 et les premiers professionnels du Management de Projet ont été diplômés en 1984.

B.2 Mise à jour des années 1986-1987

La publication du rapport de base de l'ESA souleva de nombreuses discussions au sein du PMI sur la pertinence des standards établis. En 1984, le Directoire du PMI approuva un second projet de normalisation «pour faire le tour des connaissances appliquées au management de projet... dans le cadre du rapport ESA existant». Six comités ont été formés pour travailler sur les six domaines de connaissance identifiés. De plus, un atelier fut inscrit au calendrier du Séminaire/Symposium annuel en 1985.

Un document retravaillé, fruit de ces travaux, fut approuvé dans son principe par le Directoire du PMI et publié pour commentaires dans le *Project Management Journal* d'août 1986.

Les premiers participants à cette version du document étaient :

- R. Max Wideman, Président (pendant les travaux),
- John R. Adams, Président (après publication),
- Joseph R. Beck,
- Peter Bibbes,
- Jim Blethen,
- Richard Cockfield,
- Peggy Day,
- William Dixon,
- Peter C. Georgas,
- Shirl Holingsworth,
- William Kane,
- Colin Morris,
- Joe Muhlberger,
- Philip Nunn,
- Pat Patrick,
- David Pym,
- Linn C. Stuckenbruck,
- George Vallance,
- Larry C. Woolslager,
- Shakir Zuberi.

En plus de l'élargissement et de la restructuration apportés au document original, le document final comportait trois nouveaux chapitres :

- **Environnement du management de projet** a été ajouté pour couvrir les relations entre le projet et l'environnement extérieur, d'une part et d'autre part, entre le management du projet et le management général.
- **Management des risques** a été ajouté comme un domaine distinct pour mieux couvrir ce thème.
- **Management des contrats/approvisionnements** a été ajouté comme un domaine distinct pour mieux couvrir ce thème.

En conséquence, de nombreuses modifications et corrections ont été intégrées dans le document, et le Directoire du PMI l'approuva en mars 1987. Le texte final fut publié sous le titre *The Project Management Body of Knowledge* en août 1987.

B.3 Mise à jour de 1996

Le débat sur la forme, le contenu et la structure des normes clés du PMI continua après la publication de la version de 1987. En août 1991, le Directeur des Normes, Alan Stretton, lança un projet de mise à jour du document sur la base des commentaires adressés par les membres. La révision du document s'est faite sur plusieurs années par une série de documents de travail largement diffusés et par des ateliers au Séminaires/Symposia de Dallas, Pittsburgh, et San Diego.

En août 1994, le comité des normes du PMI réalisa une « Exposure Draft » (version pour commentaire) du document qui fut diffusé pour commentaire à l'ensemble des 10000 membres du PMI et à plus de 20 autres associations professionnelles et techniques.

Avec le présent document s'achève le projet lancé en 1991. Les personnes qui y ont travaillé et les relecteurs sont mentionnés dans la liste de l'annexe C. Un résumé des différences entre le document de 1986 et celui de 1987 est inclus dans l'avant-propos de l'édition de 1996.

C Collaborateurs et réviseurs

Les personnes ci-dessous ont collaborés de plusieurs façons à diverses versions de ce document. Le PMI leur adresse ses remerciements pour leurs travaux.

C.1 Comité des normes

Les personnes suivantes ont été membres du Comité des normes du PMI pendant la période de mise à jour de cette version du PMBOK :

- William R. Duncan, Duncan Nevison, Directeur des Normes
- Frederick Ayer, Defense Systems Management College
- Cynthia Berg, Medtronic Micro-Rel
- Mark Burgess, Knowledge Works
- Helen Cooke, Cooke and Cooke
- Judy Doll, Searle
- Drew Fetters, PECO Energy Company
- Brain Fletcher, ABRINN Project Management Services
- Earl Glenwright, ASSIST
- Eric Jenett, Consultant
- Deborah O'Bray, Manibota Telephone System
- Diane Quinn, Eastman Kodak Co.
- Anthony Rizotto, Miles Diagnostics
- Alan Stretton, University of Technology, Sydney
- Douglas E. Tryloff, TASC

C.2 Collaborateurs

En plus des membres du comité, les personnes dont le nom figure ci-dessous ont donné des textes originaux ou des concepts clés de l'un ou plusieurs chapitres mentionnés :

- John Adams, Western Carolina University (Chapitre 3, Processus du management de projet)
- Keely Brunner, Ball Aerospace (Chapitre 7, Management des coûts du projet)
- Louis J. Cabano, Pathfinder, Inc. (Chapitre 5, Management du contenu du projet)
- David Curling, Loday Systems (Chapitre 12, Management des approvisionnements du projet)
- Douglas Gordon, Special Projects Coordinations (Chapitre 7, Management des coûts du projet)
- David T. Hulett, D. T. Hulett & Associates (Chapitre 11, Management des risques du projet)
- Edward Ionata, Bechtel/Parsons Brinckerhoff (Chapitre 10, Management de la communication du projet)
- John M. Nevison, Duncan Nevison (Chapitre 9, Management des ressources humaines du projet)
- Hadley Reynolds, Reynolds Associates (Chapitre 2, Contexte du management de projet)
- Agnes Salvo, CUNA Mutual Insurance (Chapitre 11, Management des risques du projet)
- W. Stephen Sawle, Consultants to Management, Inc. (Chapitre 5, Management du contenu du projet)
- Léonard Stolba, Parsons, Brincker hoff, Douglas & Quade (Chapitre 8, Management de la qualité du projet)
- Ahmet Taspinar, MBP Network (Chapitre 6, Management des délais du projet)
- Francis M. Webster (Chapitre 1, Introduction)

C.3 Réviseurs

En plus des membres du comité et des collaborateurs, les personnes dont le nom figure ci-dessous ont apporté des commentaires aux diverses versions de ce document :

- Edward L. Averill, Edward Averill & Associates
- A. C. «Fred» Baker, Scott, Madden & Associates
- F. J. «Bud» Baker, Wright State University

- Tom Belanger, The Sterling Planning Group
- John A. Bing, Coastline Community College
- Brian Bock, Ziff Desktop Information
- Paul Bosakowski, Fluor Daniel
- Dorothy J. Burton, Management Systems Associates, Ltd.
- Cohort'93, University of Technology, Sydney
- Cohort'94, University of Technology, Sydney
- Kim Colenso, Applied Business Technologies
- Samuel K. Collier, Mead Corporation
- Karen Condos-Alfonsi, PMI Executive Office
- E. J. Coyle, VDO Yazaki
- Darlene Crane, Crane Consulting
- Russ Darnall, Fluor Daniel
- Maureen Dougherty, GPS Technologies
- John J. Downing, Digital Equipment Corporation
- Daniel D. Dudek, Optimum Technologies, Inc.
- Laurence East, Westinghouse
- Quentin W. Flemming, Primavera Systems, Inc.
- Rick Fletcher, Acres
- Greg Githens, Maxicomm Project Services, Inc.
- Leo Guilianeti, Keane Inc.
- Martha D. Hammonds, AMEX TSG Systems
- Abdulrazak Hajibrahim, Bombardier
- G. Alan Hellawell, Eastman Kodak
- Paul Hinkley, Meta Consultants
- Wayne L. Hinthorn, PMI Orange Co.
- Mark E. Hodson, Eli Lilly & Company
- Lew Ireland, L. R. Ireland Associates
- Elvin Isgrig, North Dakota State University
- Murray Jansen, Procter & Gamble
- Frank Jenes
- Walter Karpowski, Management Assoc.

- William F. Kerrigan, Bechtel International, Inc.
- Harold Kerzner, Baldwin-Wallace College
- Robert L. Kimmons, Kimmons-Asaro Group Ltd., Inc.
- Richard King, AT & T
- J.D. « Kaay » Koch, Koch Associates
- Lauri Koskela, VTT Building Technology
- Richard E. Little, Project Performance Management
- Lyle W. Lockwood, Universal Technology Inc.
- Lawrence Mack, PMI Pittsburgh
- Christopher Madigan, Sandia National Laboratories
- Michael L. McCauley, Integrated Project Systems
- Hugh McLaughlin, Broadstar Inc.
- Frank McNeely, National Contract Management Association
- Pierre Menard, University of Quebec at Montreal
- Rick Michaels
- Raymond Miller, AT & T
- Alan Minson, A & R Minson
- Colin Morris, Delcan Hatch
- R. Bruce Morris
- David J. Mueller, Westinghouse
- Gary Nelson, Athena Consulting Inc.
- John P. Nolan, AACE International
- Louise C. Novakowski, Cominco Engineering Services, Ltd.
- James O'Brien, O'Brien-Kreitzberg
- JoAnn C. Osmer, Arbella Mutual Insurance Co.
- Jon V. Palmquist, Allstate Insurance
- Matthew Parry, Target Consultants
- John G. Phippen, JGP Quality Services
- Hans E. Picard, P & A Consultants Corporation
- Serge Y. Piotte, Cartier Group
- PMI, Houston Chapter

- PMI, Manitoba Chapter
- PMI, New Zealand Chapter
- Charles J. Pospisil, Procon, Inc.
- Janice Y. Preston, Pacifia Companies
- Mark T. Price, GE Nuclear Energy
- Christopher Quaife, Symmetric Resources
- Peter E. Quinn, Canadian Air Force
- Steven F. Ritter, Mead Corporation
- William S. Ruggles, Ruggles & Associates
- Ralph B. Sackman, Levi Strauss & Co.
- Alice Sapiena, Simmons College
- Darryl M. Selleck
- Melvin Silverman, Atrium Associates, Inc.
- Roy Smith, Decision Planning Corp.
- Craig T. Stone, Management Counseling Corp.
- Hiroshi Tanaka, JGC Corporation
- Robert Templeton, MW Kellogg
- Dick Thiel, King County (WA) DPW
- Saul Thomashow, Andersen Consulting
- J. Tidhar, Oranatech Management Systems Ltd.
- Vijay K. Verma, TRIUMF
- Janet Toepfer, Business Office Systems
- Alex Walton, Harris Corporation
- Jack Way, Simetra, Inc.
- R. Max Wideman, AEW Services
- Rebecca Winston, EG & G Idaho Inc.
- Hugh M. Woodward, Proctor & Gamble
- Robert Youker, Management Planning & Control Systems
- Shakir H. Zuberi, ICF Kaiser Engineers Hanford
- Dirk Zwart, Computer Sciences Corp.

C.4 Personnes ayant participé à l'édition américaine

Nous remercions particulièrement les personnes de la communication du PMI :

- Jeannette M. Cabanis, Éditrice, Service Livre
- Misty N. Dillard, Assistante administrative
- Linda V. Gillman, Responsable du secrétariat
- Bobby R. Hensley, Responsable Publications
- Jonathan Hicks, Responsable Systèmes
- Sandy Jenkins, Éditeur associé
- Mark S. Parker, Responsable Production
- Dewey L. Messer, Responsable Édition
- Danell Moses, Responsable Promotion et Marketing
- Shirley B. Parker, Responsable Business/Marketing
- Melissa Pendergast, Responsable des Services Information
- James S. Pennypacker, Chef Éditeur
- Michelle Triggs, Designer
- Lisa Woodring, Assistante administrative

C.5 Participants à l'édition française

La traduction en français du PMBOK a été effectuée en collaboration avec Jean Le Bissonnais, par Alice Grascœur.

Les différentes parties ont été relues, révisées et coordonnées par des membres francophones du PMI, des Chapitres France, Frankfurt, Montréal, Northern Europe, Northern Italy et United Kingdom :

- Sophia Azis
- Gilles de Bordeaux, PMP
- Pierre Cadieux, PMP
- Mario Damiani, PMP
- Stéphane Derouin
- Daniel Forgues, PMP
- Carl Gilbert, PMP
- Philippe Gonnet

- Yann Le Guevel
- Jean-Pierre Longueville
- Pierre Ménard, PMP
- Louis Mercken
- Murielle Piché, PMP
- Jean-Paul Rambeau, PMP
- John Reading, PMP
- Michel Thiry, PMP
- Yves Tréhin, PMP

C.6 Note de l'équipe de vérification de la traduction du PMBOK

Cette traduction en langue française du PMBOK guide « a guide to the Project Management Body of Knowledge » du PMI a été relue et vérifiée par des membres francophones du PMI des Chapitres France, Frankfurt, Montréal, Northern Europe, Northern Italy et United Kingdom (Cf. annexe C5 : liste des participants à l'édition française).

La terminologie, le vocabulaire du management de projet, discipline récente, sont actuellement en évolution. Nous avons fait le choix de nous appuyer, pour cette traduction, sur la version actuelle du « Glossaire anglais-français du PMBOK » ; glossaire réalisé par les Chapitres PMI France et Montréal. Les différents termes de ce glossaire ayant été choisis pour refléter au mieux le sens de leur équivalent en anglais, et pour assurer la cohérence d'ensemble de l'approche méthodologique du PMBOK.

Outre le fait de s'appuyer sur le « Glossaire anglais-français du PMBOK », les principaux critères respectés par l'équipe de vérification de la traduction ont été les suivants :

- conformité de la traduction par rapport au document original, sans interprétation locale ;
- complétude de la traduction ;
- vérification de la cohérence d'ensemble de la traduction ; ainsi, par exemple, le terme anglais « Project scope » a été régulièrement traduit en français par « contenu du projet » à chaque occurrence de ce terme ;
- absence d'ajouts, de commentaires ou de références par rapport au texte original du PMBOK.

Ce travail de vérification de la traduction a été mené dans un délai très court. Que l'équipe en charge de ce travail, ainsi que toutes les personnes qui ont apporté leur aide et leurs commentaires en soient félicitées et remerciées.

Philippe GONNET
Directeur des Programmes
PMI Chapitre français

D Remarques

Chapitre 1 Introduction

1. *The American Heritage Dictionary of the English Language*, Third Edition, 1992, Boston, Mass. : Houghton Mifflin Company.
2. Turner, J. Rodney, *The Handbook of Project-Based Management*, 1992, New York, N.Y. : McGraw-Hill.

Chapitre 2 Contexte du management de projet

1. Morris, Peter W. G, *Managing Project Interfaces : Key Points for Project Success. In Cleland and King, Project Management Handbook*, Second Edition, 1981, Englewood Cliffs, N.J. : Prentice-Hall.
2. Murphy, Patrice L, «Pharmaceutical Project Management : Is It Different ?» *Project Management Journal*, September 1989.
3. Muench, Dean, *The Sybase Development Framework*, 1994, Oakland, Calif. : Sybase Inc.
4. Kotter, John P, *A Force for Change : How Leadership Differs from Management*, 1990, New York, N.Y. : The Free Press.
5. Pfeffer, Jeffrey, *Managing with Power : Politics and Influence in Organizations*, 1992, HBS Press. Note (6).
6. Eccles, Robert, et al., Beyond the Hype. Cambridge, 1992, Mass. : Harvard University Press.
7. International Organization for Standardization, *Code of Good Practice for Standardization (Draft International Standard)*, 1994, Genève, Suisse : ISO Press.
8. *The American Heritage Dictionary of the English Language*, Third Edition, 1992, Boston, Mass. : Houghton Mifflin Company.

Chapitre 3 Processus du management de projet

1. *The American Heritage Dictionary of the English Language*, Third Edition. 1992. Boston, Mass. : Houghton Mifflin Company.

Chapitre 4 Management de l'intégration du projet

Aucune remarque dans ce chapitre.

Chapitre 5 Management du contenu du projet

1. Turner, J. Rodney, op. cit., Chap. 1.
2. Ïyigün, M. Güven « A Decision Support System for R & D Project Selection and Resource Allocation Under Uncertainty », *Project Management Journal*, December, 1993.
3. *Scope, Definition and Control*, Publication 6-2, p. 45, 1986 July 1986, Austin, Tex. : Construction Industry Institute.

Chapitre 6 Management des délais du projet

Aucune remarque dans ce chapitre.

Chapitre 7 Management des coûts du projet

Aucune remarque dans ce chapitre.

Chapitre 8 Management de la qualité du projet

1. International Organization for Standardization, *Quality-Vocabulary (Draft)*, 1993, Genève, Suisse : ISO Press.
2. Ibid.
3. Ibid.
4. Ibid.
5. Ibid.

Chapitre 9 Management des ressources humaines du projet

Aucune remarque dans ce chapitre.

Chapitre 10 Management de la communication du projet

Aucune remarque dans ce chapitre.

Chapitre 11 Management des risques du projet

Aucune remarque dans ce chapitre.

Chapitre 12 Management des approvisionnements du projet

Aucune remarque dans ce chapitre.

E Extensions des domaines d'application

E.1 Nécessité d'extensions des domaines d'application

Des extensions par domaines d'application sont nécessaires lorsqu'elles représentent des pratiques largement reconnues et acceptées pour une certaine catégorie de projets (un domaine d'application) qui ne sont pas d'acceptation généralisée pour l'ensemble des types de projets. Les extensions de domaine d'application reflètent :

- des aspects uniques ou inhabituels de l'environnement de projet dont l'équipe de management doit avoir conscience pour une gestion efficace du projet,
- des pratiques communes, qui lorsqu'elles sont appliquées, améliorent l'efficacité (par exemple, les organigrammes des tâches normalisés).

Les pratiques qui sont spécifiques d'un domaine d'application peuvent résulter de facteurs multiples, englobant sans s'y limiter les différences de normes dictées par la culture, la terminologie technique, l'impact sur la société, ou les cycles de vie de projet, par exemple dans :

- Le **bâtiment**, où quasiment tout travail se fait sous contrat, il existe des pratiques communes en termes d'approvisionnement qui ne s'appliquent pas à toutes les catégories de projets.
- Les **sciences de la vie**, il existe des pratiques communes qui découlent de la fonction régulatrice de l'environnement qui ne s'appliquent pas à toutes les catégories de projet.
- La **négociation de contrats publics**, il existe des pratiques communes qui découlent des règlements en matière d'acquisitions publiques qui ne s'appliquent pas à toutes les catégories de projet.
- Le **domaine du conseil**, il existe des pratiques communes qui découlent des responsabilités du chef de projet au niveau de la vente et du marketing qui ne s'appliquent pas à toutes les catégories de projet.

Les extensions des domaines d'application sont des additifs au corpus des connaissances formé par les chapitres 1 à 12, ils ne s'y substituent pas. Les extensions sont censées être organisées de manière comparable à ce document, c'est-à-dire, en identifiant et décrivant les processus de management de projet spécifiques à ce domaine d'application. Dans différents domaines d'application, il peut être nécessaire d'identifier les processus supplémentaires, de créer des sous-divisions dans les processus généraux, de définir différentes phases ou des interactions entre processus, ou d'ajouter des éléments aux définitions de processus généraux.

E.2 Critères de développement

Des extensions doivent être élaborées pour les domaines d'application qui répondent aux critères suivants :

- existence d'un corpus des connaissances important dans ce domaine d'application qui soit à la fois orienté projet et propre ou quasi propre à ce domaine ;
- existence d'une organisation définie (par exemple, un Groupe d'Intérêt Spécifique au sein du PMI ou tout autre association technique ou professionnelle) qui soit prête à mettre en œuvre les ressources nécessaires pour aider le Comité des Normes du PMI à élaborer et à tenir à jour le document ;
- ces connaissances complémentaires sont susceptibles d'une analyse aussi rigoureuse que celle exigée pour le document de base.

F AUTRES SOURCES D'INFORMATION SUR LE MANAGEMENT DE PROJET

Le management de projet est un domaine en plein développement; livres et articles sont régulièrement publiés. Les organismes dont les noms figurent ci-dessous, offrent des produits et services variés qui sont utiles à ceux que le management de projet intéresse.

F.1 Organismes techniques et professionnels

Le texte original, en anglais, de ce document a été élaboré et édité par le PMI, dont voici les coordonnées :

Project Management Institute
4, Campus Boulevard
Newton Square
PA 19073-3299 USA
Phone : 610-356-4600
Fax : 610-356-4647
E-mail : chap@pmi.org
Website : http//www.pmi.org

Actuellement, le PMI a signé des accords de coopération avec les organismes suivants :

AACE International
Phone : 304/296 8444 Fax : 304/291 5728

Australian Institute of Project Managers (AIPM)
Phone : +61 02 9960 0058 Fax : +61 02 9960 0052

Construction Management Association of America (CMAA)
Phone : 703/356 2622 Fax : 703/356 6388

Engineering Advancement Association of Japan (ENAA)
Phone : +81 3 3502 4441 Fax : +81 3 3502 5500

Institute of Industrial Engineers (IIE)
Phone : 770/449 0460 Fax : 770/263 8532

Institute of Project Management (IPM-Ireland)
Phone : +353 1 661 4677 Fax : +353 1 661 3588

International Project Management Association (IPMA)
Phone : +45 45 76 46 76 Fax : +45 45 76 80 20

Korean Institute of Project Management and Technology (PROMAT)
Phone : +822 510 5835 Fax : +822 510 5380

Performance Management Association (PMA)
Phone : 714/443 0373 Fax : 714/443 0374

Project Management Institute of Canada
Fax : 403/281 3068

Russian Project Management Association (SOVNET)
Phone : +7 095 133 24 41 Fax : +7 095 131 85 29

Western Australian Project Management Association, Inc. (WAPMA)
Phone : 619/383 3849 Fax : 619/383 3849

De plus, il existe de nombreux autres organismes dans des domaines proches qui peuvent fournir des informations supplémentaires sur le management de projet. Par exemple :

- American Society of Control
- Construction Industry Institute
- National Association for Purchasing Management
- National Contract Management Association
- Society for Human Resource Management
- American Society of Civil Engineers

Les coordonnées de ces organismes techniques et professionnels, entre autres, peuvent généralement être trouvées localement auprès des bibliothèques.

F.2 Éditeurs commerciaux

De nombreux éditeurs commerciaux publient des livres sur le management de projet et les domaines annexes. Ceux qui publient de manière régulière sont :

- Addison-Wesley
- AMACOM

– Gower Press
– John Wiley & Sons
– Marcel Dekker
– McGraw-Hill
– Prentice-Hall
– Probus
– Van Nostrand Reinhold

La plupart des livres sur le management de projet édités par ces maisons sont disponibles auprès du PMI. Nombre de livres disponibles qu'ils éditent ont des bibliographies ou des listes d'ouvrages à consulter.

F.3 Fournisseurs de produits et prestataires de services

Les sociétés qui proposent des logiciels, de la formation, du conseil, et autres produits et services de management de projet offrent souvent des monographies et des tirés à part. Le PMI édite chaque année un répertoire de fournisseurs et prestataires de services dans *PM Network* et de telles listes sont souvent disponibles auprès des autres organismes cités au paragraphe F.1.

F.4 Formation

De nombreuses universités et écoles offrent des programmes d'éducation permanents sur le management de projet et les disciplines annexes. Certaines délivrent également des diplômes de type universitaire. Le PMI édite un répertoire annuel de programmes de formation dans *PM Network*.

F.5 Organisations francophones

PMI CHAPITRE FRANÇAIS
12, avenue Léonard de Vinci
92916 Paris-La-Défense Cedex
Téléphone : 01 41 16 73 39

Fax : 01 41 16 73 15
e-mail : Stephane.Derouin@devinci.fr
Site Web : http//www.pmi.org/chapters/France

PMI-MONTRÉAL
4970 Place de la Savane
Montréal (Québec)
Canada, H4P 1Z6
Téléphone : (514) 739-3900
Fax : (514) 739-2409
Site Web : sec@pmimontreal.org

Il existe également une association francophone de management de projet, l'AFITEP.

G Résumé des domaines de connaissance du management de projet

Management de l'intégration du projet

Sous-ensemble du management de projet qui recouvre les processus nécessaires pour s'assurer d'une bonne intégration de tous les éléments du projet. Il comprend :

L'élaboration du plan de projet – résumant les autres processus de planification pour en tirer un document d'ensemble logique et cohérent.

La mise en œuvre du plan de projet – pour concrétiser le projet, en exécutant les activités prévues au plan de management.

La gestion des modifications – pour coordonner l'effet des modifications entre les divers domaines du projet.

Management du contenu du projet

Sous-ensemble du management de projet qui recouvre les processus permettant de s'assurer que le projet comporte toutes les activités nécessaires, et seulement celles-là, pour achever le projet de façon satisfaisante. Il comprend :

Le démarrage du projet (ou de la phase) – pour engager l'organisation à commencer le projet ou la phase suivante du projet.

La planification du contenu – pour élaborer un état écrit du contenu du projet, qui servira de référence pour les décisions ultérieures.

La définition du contenu – pour décomposer les principaux livrables en éléments plus petits et plus faciles à gérer.

La vérification du contenu – pour formaliser le fait que les activités réalisées au cours du projet sont acceptées.

La maîtrise des modifications du contenu – pour maîtriser les modifications au contenu du projet.

Management des délais du projet

Sous-ensemble du management de projet qui recouvre les processus nécessaires pour achever le projet en temps voulu. Il comprend :

L'identification des activités – pour identifier des activités spécifiques qui doivent être accomplies pour produire les différents livrables du projet.

Le séquencement des activités – pour identifier et mettre en évidence des liaisons logiques entre activités.

L'estimation des durées des activités – pour estimer le nombre d'unités de temps ouvré nécessaires pour réaliser chacune des activités.

L'élaboration de l'échéancier – pour analyser les séquences d'activités, les durées des activités et les besoins en ressources, d'où résulte un échéancier de réalisation du projet.

La maîtrise de l'échéancier – pour assurer la maîtrise des modifications au calendrier de réalisation du projet.

Management des coûts du projet

Sous-ensemble du management de projet qui recouvre les processus nécessaires pour s'assurer que le projet est bien réalisé dans les limites budgétaires approuvées. Il comprend :

La planification des ressources – pour déterminer les ressources (hommes, équipement, matériel) et les quantités correspondantes qui doivent être utilisées pour réaliser les activités du projet.

L'estimation des coûts – pour donner une approximation (estimation) des coûts des ressources nécessaires à la réalisation des activités du projet.

La budgétisation – pour permettre d'attribuer à chaque activité élémentaire sa quote-part de l'estimation globale.

La maîtrise des coûts – pour maîtriser les modifications du budget.

Management de la qualité du projet

Sous-ensemble du management de projet qui recouvre les processus nécessaires pour s'assurer que le résultat du projet satisfera aux besoins pour lesquels il aura été entrepris. Il comprend :

La planification de la qualité – pour identifier les standards de qualité applicables au projet et déterminer comment y répondre.

L'assurance de la qualité – pour évaluer les performances d'ensemble du projet selon des règles qui assurent que le projet satisfera aux standards de qualité applicables.

La maîtrise de la qualité – pour surveiller les résultats spécifiques du projet, afin de déterminer s'ils sont conformes aux standards de qualité applicables et identifier les façons d'éliminer les causes de performances insuffisantes.

Management des ressources humaines du projet

Sous-ensemble du management de projet qui recouvre les processus nécessaires pour utiliser au mieux les personnels affectés au projet. Il comporte :

La planification de l'organisation – pour identifier, décrire et affecter les différents rôles, responsabilités et relations opérationnelles entre intervenants.

L'obtention des ressources humaines – dont l'objectif est de mettre à la disposition du projet les ressources humaines nécessaires.

Le développement de l'équipe – pour développer les capacités individuelles et collectives afin d'améliorer les performances du projet.

Management de la communication du projet

Sous-ensemble du management de projet qui recouvre les processus nécessaires pour s'assurer en temps et qualité voulus, la rédaction, la collecte, la diffusion, l'archivage et le traitement final des informations de projet. Il comprend :

La planification des communications – pour déterminer l'information et les communications nécessaires aux parties prenantes : qui a besoin de quelle information, quand et sous quelle forme la lui remettre ?

La diffusion de l'information – pour mettre l'information nécessaire à la disposition des parties prenantes au projet, en temps voulu.

Les rapports d'avancement – pour rassembler et diffuser l'information sur les avancements. Cela comporte l'état d'avancement, sa mesure et la prévision.

La clôture administrative – pour susciter, collecter et diffuser les informations formalisant l'achèvement d'une phase, ou du projet tout entier.

Management des risques du projet

Sous-ensemble du management de projet qui recouvre les processus permettant d'identifier, d'analyser et de parer les risques du projet. Il comprend :

L'identification des risques – pour déterminer quels risques sont susceptibles d'affecter le projet et documenter les caractéristiques de chacun d'eux.

La quantification des risques – pour évaluer les risques et leurs interactions, et pour déterminer l'importance des conséquences possibles sur les résultats du projet.

L'élaboration des mesures de mitigation – pour définir comment profiter au mieux des opportunités et répondre aux menaces.

La maîtrise des mesures de mitigation – pour faire face aux évolutions des risques en cours de projet.

Management des approvisionnements du projet

Sous-ensemble du management de projet qui recouvre les processus nécessaires pour acquérir les biens et les services fournis par d'autres que l'entreprise en charge du projet. Il comprend :

La planification des approvisionnements – pour déterminer ce qu'il faut acquérir, et quand.

La planification de l'invitation à soumissionner – pour établir les spécifications des produits à acquérir et identifier leurs fournisseurs éventuels.

Les invitations à soumissionner – pour permettre de recevoir les offres, propositions, cotations ou soumissions appropriées.

Le choix des fournisseurs – pour effectuer la sélection entre les fournisseurs potentiels.

La gestion des contrats – pour gérer les relations avec les fournisseurs.

La clôture des contrats – pour terminer et solder les contrats, y compris la résolution de toutes les questions en suspens.

GLOSSAIRE

1 Inclusions et exclusions

Ce glossaire comprend les termes qui sont :

- spécifiques, ou presque, du management de projet (par exemple, contenu du projet, lot de travail, structure de découpage du projet (WBS), méthode du chemin critique).
- utilisés ailleurs, mais pour lesquels le management de projet retient une signification différente ou plus restreinte que l'usage commun (par exemple, date au plus tôt, activité, tâche).

Il ne contient pas, en général :

- les termes spécifiques à un domaine d'application particulier (par exemple : avis de concours, qui est utilisé dans les annonces légales officielles),
- les termes dont l'utilisation dans le management de projet ne diffère pas de l'usage courant,
- les expressions complexes dont la signification ressort clairement de celles de leurs composants,
- les variantes, lorsque la signification d'un terme dérivé est évidente à partir de celle du terme de référence.

Il en résulte que ce glossaire présente :

- un grand nombre de termes relatifs au management du contenu du projet et au management des délais, dans la mesure où la plupart des termes utilisés dans ces deux disciplines sont spécifiques, ou presque, du management de projet,
- beaucoup de termes relatifs au management de la qualité, puisque ces termes y sont employés avec un sens plus restreint que dans l'usage courant,
- relativement peu de termes concernant le management des ressources humaines, le management des risques et le management de la communication, puisque beaucoup des termes employés dans ces disciplines ne diffèrent pas sensiblement de l'usage courant,
- relativement peu de termes concernant le management des coûts et celui des approvisionnements, puisque les termes utilisés dans ces disciplines ont des sens particuliers dans les divers domaines d'application.

2 Abrévations courantes

	Anglais		Francais
ACWP	Actual Cost of Work Performed	CRTE	Coût réel du travail effectué
AD	Activity Description		Désignation d'activité
ADM	Arrow Diagramming Method		(Méthode du) Diagramme fléché
AF	Actual Finish Date		Date de fin réelle
AOA	Activity on Arrow		Activité sur flèches
AON	Activity on Node		Activité sur nœuds
AS	Actual Start Date		Date de début réelle
BCWP	Budgeted Cost of Work Performed	CBTE	Coût budgeté du travail effectué
BCWS	Budgeted Cost of Work Scheduled	CBTP	Coût budgeté du travail prévu
CCB	Change Control Board		Bureau de contrôle des modifications
CPFF	Cost Plus Fixed Fee Contract		Contrat en régie avec honoraires fixes

CPIF	Cost Plus Incentive Fee Contract		Contrat en régie à intéressement
CPI	Cost Performance Index		Indice de performance-coûts
CPM	Critical Path Method		Méthode du chemin critique
CV	Cost Variance		Écart de coût
DD	Data Date		Date de mise à jour
DU	Duration		Durée
EAC	Estimate at Completion	CPF	Coût final estimé
EF	Early Finish Date		Date de fin au plus tôt
ES	Early Start Date		Date de début au plus tôt
ETC	Estimate to Complete	RAF	Coût estimé pour achèvement
EV	Earned Value	VA	Valeur acquise
FF	Free Float		Marge libre
FF	Finish to Finish	FF	Liaison Fin-Fin
FFP	Firm Fixed Price		Contrat à prix forfaitaire
FPIF	Fixed Price Incentive Fee		Contrat à prix fixe avec intéressement
FS	Finish to Start	FD	Liaison Fin-Début
GERT	Graphical Evaluation and Review Technique		– non traduit : GERT –
IFB	Invitation for Bid	AO	Appel d'offres
LF	Late Finish Date		Date de fin au plus tard
LOE	Level of Effort		Niveau de soutien
LS	Late Start Date		Date de début au plus tard
MPM	Modern Project Management		Management de projet moderne
OBS	Organisation Breakdown Structure	OF	Organigramme fonctionnel
PC	Percent complete		Pourcentage d'avancement physique
PDM	Precedence Diagramme Method	PDM	Méthode des antécédents
PERT	Program Evaluation and Review Technique		– non traduit : PERT –
PF	Planned Finish Date		Date de fin planifiée
PM	Project Management (Manager)		Management de projet
PMBOK	PM Body of Knowledge		– non traduit : PMBOK –

PMP	Project Management Professionnal		– non traduit : PMP –
PS	Planned Start Date		Date de début prévisionnelle
QA	Quality Assurance	AQ	Assurance de la qualité
QC	Quality Control		Maîtrise de la qualité
RAM	Responsability Assignment Matrix		Grille de responsabilité
RDU	Remaining Duration		Durée restante
RFP	Request for Proposal	AO	Appel d'offres
RFQ	Request for Quotation		Demande de prix
SF	Scheduled Finish Date		Date de fin planifiée
SF	Start to Finish	DF	Liaison Début-Fin
SOW	Statement of Work		Énoncé des travaux
SPI	Scheduled Performance Index		Indice de performance délais
SS	Scheduled Start Date		Date de début planifiée
SS	Start to Start	DD	Liaison Début-Début
SV	Scheduled Variance		Écart délais
TC	Target Completion Date		Date cible d'achèvement du projet
TF	Total Float		Marge totale
TF	Target Finish Date		Date cible de fin
TS	Target Start Date		Date cible de début
TQM	Total Quality Management		Management de la qualité totale
WBS	Work Breakdown Structure	SDP	Structure de découpage de projet

3 Définitions

Un assez grand nombre de mots, définis ci-après, ont, dans les dictionnaires, une définition plus large et quelquefois différente. On utilisera les conventions suivantes :

- lorsqu'un terme défini dans le glossaire est utilisé dans une définition, il y est souligné,

- lorsque des synonymes sont concernés, le lecteur est renvoyé au terme utilisé préférentiellement (par exemple : *Voir* terme préféré),

- immédiatement après l'entrée préférentielle, la traduction anglaise est donnée entre parenthèses, et, à la fin de la définition, les synonymes sont introduits par : (également :...),

- les termes concommittants, mais non synonymes sont rappelés en fin de définition (par exemple : *Voir* aussi terme concommittant).

Action corrective (*Corrective action*). Modification apportée pour remettre le projet en concordance avec ce qui est prévu.

Activité (*Activity*). Un élément de travail effectué au cours d'un projet. Une activité est normalement affectée d'une durée attendue, d'un coût attendu et de besoins prévisionnels de moyens. Les activités sont souvent décomposées en tâches.

Activité critique (*Critical activity*). Toute activité située sur le chemin critique. Généralement déterminée par la méthode du chemin critique. Bien que certaines activités puissent être «critiques» au sens littéral du terme, sans être sur le chemin critique, ce dernier sens est rarement utilisé dans le contexte d'un projet.

Activité fictive (*Dummy activity*). Activité de durée nulle utilisée pour figurer une relation logique dans les méthodes par réseaux fléchés (potentiel-étape). Une fictive est utilisée lorsque la succession des activités ne peut pas être complètement ou correctement représentée par les flèches habituelles. Les fictives sont représentées graphiquement par des lignes fléchées en tireté.

Activité sous-critique (*Near critical activity*). Activité qui a une marge totale faible.

Activités sur flèches (*Activity on arrow*). *Voir* Méthode du diagramme fléché.

Aléa (*Risk event*). Événement ponctuel qui peut affecter le contrat, en bien ou en mal.

Analyse de réseau (*Network analysis*). Processus de calcul des dates de début et de fin au plus tôt et au plus tard, pour l'ensemble des activités d'un projet non encore réalisées. *Voir* aussi Méthode du chemin critique.

Analyse mathématique (*Mathematical analysis*). *Voir* Analyse de réseau.

Antécédent (*Predecessor activity*). a) Dans les diagrammes fléchés, activité qui se termine sur un nœud. b) Dans la méthode des antécédents, activité d'où part la liaison.

Appel d'offres (*Request for proposal*) (*RFP*) ou (*Invitation for Bid*) (*IFB*). Document utilisé pour solliciter des propositions de la part de vendeurs de produits ou de services, souvent équivalent à invitation à soumissionner. Dans certains domaines d'application, il peut avoir une signification plus restreinte ou plus spécifique.

Assurance qualité (*Quality assurance*) (*QA*). a) Processus d'évaluation des performances d'ensemble d'un projet, sur la base de règles, qui permet d'assurer, à un niveau de confiance approprié, que le projet satisfera le niveau de qualité attendu. b) Service responsable de l'Assurance qualité.

Boucle (*Loop*). Chemin d'un réseau qui repasse deux fois par le même nœud. Les boucles ne peuvent être analysées par les techniques classiques telles que CPM et PERT. Les boucles sont permises dans la technique GERT.

Budgétisation (*Cost budgeting*). Allocation des coûts estimés aux divers éléments constituant le projet.

Bureau de contrôle des modifications (*Change control board*) (*CCB*). Groupe de responsables formellement constitué pour approuver ou rejeter les modifications proposées aux références de base du projet.

Calcul au plus tard (*Backward pass*). Calcul des dates d'achèvement et de début au plus tard de toutes les activités inachevées d'un réseau. Elles sont calculées sur le réseau logique en partant de la date d'achèvement du projet. Cette date d'achèvement peut avoir été calculée par un calcul progressif, ou avoir été imposée par le client ou le responsable. *Voir* aussi Analyse de réseau. (Également : Calcul à rebours en arrière.)

Calcul au plus tôt (*Forward pass*). Calcul des dates au plus tôt de fin et début des activités non encore achevées, dans un réseau. *Voir aussi* Analyse d'un réseau et Calcul au plus tard. (Également : Calcul descendant ou avant.)

Champ d'application (*Application area*). Ensemble de projets partageant des points communs qui n'existent pas dans tous les types de projets. Les domaines d'application sont généralement définis, soit en termes de résultat du projet (par exemple, des technologies similaires ou des secteurs industriels), soit en fonction du type de client (par exemple interne, vs externe, ou public vs privé). Les domaines d'application se recouvrent souvent.

Charte du projet (*Project charter*). Document émis par la direction d'une entreprise, pour donner au chef de projet les pouvoirs nécessaires pour utiliser les ressources de l'entreprise dans les activités du projet.

Chef de projet (*Project manager*). Personne responsable de la réalisation du projet.

Chemin, Chemin de réseau (*Path, Network path*). Ensemble d'activités consécutives dans un graphe de projet.

Chemin critique (*Critical path*). Sur le diagramme représentant le réseau d'un projet, c'est la séquence déterminant la date d'achèvement au plus tôt du projet. Le chemin critique peut être occasionnellement modifié lorsque certaines activités sont achevées en avance ou en retard par rapport à la date prévue. Bien que normalement calculé pour la totalité du projet, un chemin critique peut aussi être recherché pour atteindre un jalon ou réaliser un sous-projet. Le chemin critique est souvent défini comme l'ensemble des activités dont la marge est inférieure ou égale à une valeur fixée, souvent nulle. *Voir* aussi Méthode du chemin critique.

Chevauchement (*Overlap*). *Voir* Décalage positif.

Choix du fournisseur (*Source selection*). Sélection parmi les fournisseurs possibles.

Clôture administrative (*Administrative closure*). Production, collecte et diffusion des informations formalisant l'achèvement du projet.

Clôture des contrats (*Contract close out*). Achèvement et règlement des contrats, incluant la résolution de toutes les questions en suspend.

Code des postes de coûts (*Code of accounts*). Système d'identification utilisé pour identifier chaque élément de la structure de découpage du projet. *Voir aussi* Liste des postes budgétaires.

Compression des délais (*Crashing*). Action décidée pour diminuer la durée totale d'un projet, après une analyse d'un certain nombre de variantes, afin d'obtenir une réduction maximum pour un coût minimum.

Compression des délais (*Schedule compression*). (Également : Réduction des délais.)

Compression des durées (*Duration compression*). Réduction de la durée d'un projet, sans abaissement de ses objectifs. Elle n'est pas toujours possible et implique souvent une augmentation du coût.

Contenu (*Scope*). Ensemble des produits et services qui doivent résulter d'un projet. *Voir aussi* Énoncé des travaux.

Contenu de référence (*Scope baseline*). *Voir* Référence de base.

Contrat (*Contract*). Engagement mutuel qui oblige un vendeur à fournir un produit défini, et un acheteur à en payer le prix. Les contrats se répartissent généralement entre trois catégories.
Les contrats à prix forfaitaire, qui impliquent un prix total fixé pour une fourniture bien définie. Les contrats à prix forfaitaire peuvent aussi comporter des incitations en cas d'obtention ou de dépassement de certains objectifs, tels que les dates jalons.
Les contrats à coût remboursable. Ils comportent le paiement (remboursement) des dépenses effectives du vendeur. Ces dépenses sont généralement classées en coûts directs (dépenses directement occasionnées par le projet, telles que salaires des membres de l'équipe de projet) et coûts indirects (coûts affectés à un projet par l'entreprise qui le réalise, en tant que coûts nécessités par le fonctionnement, par exemple les salaires de la direction de l'entreprise). Les coûts indirects sont en général calculés comme un pourcentage des coûts directs. Les contrats à coûts remboursables comportent souvent des clauses d'incitation pour l'obtention ou l'amélioration de certains objectifs, tels que les dates jalons ou le coût total du projet.
Les contrats à prix unitaires. Le vendeur est payé du montant convenu pour chaque service réalisé (par exemple, 70 $ par heure de service, ou 1,08 $ par mètre cube de terrassement) et le montant total du contrat est fonction des quantités à l'achèvement des travaux.

Contrat à prix fixe avec intéressement (*Fixed price incentive fee contract*) (*FPIF*). Type de contrat où l'acheteur paye au vendeur un montant déterminé (fixé par le contrat) et où le vendeur peut obtenir un gain supplémentaire, s'il atteint des critères de performance définis.

Contrat à prix forfaitaire (*Firm fixed price contract (FFP)* ou *Fixed price contract*). Type de contrat où l'acheteur paye au vendeur un montant déterminé (fixé par le contrat) quelles que soient les dépenses du vendeur.

Contrat en régie à intéressement (*Cost plus incentive fee contract*) (*CPIF*). Type de contrat dans lequel l'acheteur rembourse au vendeur les coûts attribuables au projet (définis aux termes du contrat) et un bénéfice dépendant de l'obtention des critères de performance.

Contrat en régie avec honoraires fixes (*Cost plus fixed fee contract*) (*CPFF*). Type de contrat dans lequel l'acheteur rembourse au vendeur les coûts attribuables au projet (dans les conditions définies au contrat) plus un bénéfice d'un montant fixé à l'avance (fee).

Convergence des chemins (*Path convergence*). Dans l'analyse mathématique, tendance pour les chemins simultanés de durées similaires à retarder le jalon où ils se rencontrent.

Corpus des connaissances en management de projet ou **PMBOK** (*Project management body of knowledge*) (*PMBOK*). Terme global, qui désigne le corpus des connaissances utiles à l'exercice du management de projet. Comme pour d'autres professions, telles que le droit, la médecine ou la comptabilité, ce corpus repose sur les praticiens et les universitaires qui l'appliquent et le font progresser. Ce référentiel comprend les pratiques traditionnelles et éprouvées, largement utilisées, aussi bien que celles dont la nouveauté et l'originalité rend l'usage encore assez restreint.

Courbe en S (*S-Curve*). Présentation graphique du cumul des coûts, des heures de travail ou d'autres paramètres, en fonction du temps. Le nom provient de la forme de la courbe (dont la pente est faible au début et à la fin, et se redresse fortement au milieu) qui vient du fait qu'un projet débute lentement, accélère, et s'achève lentement.

Coût budgété à l'achèvement (*Budget at completion*). Coût total estimé pour la réalisation du projet.

Coût budgeté du travail effectué (CBTE) (*Budgeted cost of work performed*) (*CBWP*). Total des coûts autorisés estimés (y compris les suppléments) pour les activités (ou parties d'activité) effectuées pour le projet durant une période définie (habituellement, depuis le début du projet). *Voir aussi* Valeur acquise.

Coût budgeté du travail prévu (CBTP) (*Budgeted cost of work scheduled*) (*BCWS*). Total des coûts autorisés estimés (y compris les suppléments) pour les activités (ou parties d'activités) qu'il avait été prévu d'effectuer pour le projet durant une période définie (habituellement, depuis le début du projet). *Voir aussi* Valeur acquise.

Coût de la qualité (*Cost of quality*). Coût entraîné pour assurer la qualité. Le coût de la qualité comporte la planification de la qualité, sa maîtrise, son assurance, et le coût des réfections.

Coût estimé pour achèvement (*Estimate to complete*) (*ETC*). Coûts restant à dépenser pour achever une activité, un groupe d'activité ou un projet. Beaucoup de techniques de prévision du RAF comportent des réajustements de l'estimation initiale à partir des performances réalisées à date. *Voir aussi* Valeur acquise et Coût final estimé. (Également : Reste à faire (RAF), Réestimation du reste à faire, Prévision pour solde.)

Coût final estimé (CFE) (*Estimate at completion*) (*EAC*). Coût total d'une activité, d'un groupe d'activités ou du projet, estimé à partir d'une définition complète des spécifications du travail. Beaucoup de techniques de prévision du CPF (EAC) comportent des réajustements de l'estimation initiale à partir des performances réalisées à date. Souvent obtenu par CFE = Dépensé à date + Reste à faire. *Voir aussi* Valeur acquise et Coût estimé par achèvement. (Également : Coût final réestimé.)

Coût final prévu (*Forecast final cost*). *Voir* Coût final estimé (CFE).

Coût réel du travail effectué (CRTE) (*Actual cost of work performed*) (*ACWP*). Total des coûts encourus (directs et indirects) sur les travaux effectués pour le projet, durant une période définie. *Voir aussi* Valeur acquise.

Cycle de vie du projet (*Project life cycle*). Ensemble généralement séquentiel de phases de projet, dont le nom et le nombre sont déterminés en fonction des besoins de suivi par l'(es) organisation(s) impliquée(s) dans le projet.

Date cible de début (*Target start date*) (*TS*). Date à laquelle on vise de commencer une activité.

Date cible de fin (*Target finish date*) (*TF*). Date à laquelle on vise l'achèvement d'une activité.

Date de début (*Start date*). Date à laquelle une activité débute, normalement associée à l'un des qualificatifs suivants : effective, programmée, estimée, projetée, au plus tôt, au plus tard, objectif, de référence ou prévue à ce jour.

Date de début attendue à ce jour (*Current start date*). Date de début d'une activité retenue à ce jour comme la plus probable.

Date de début au plus tard (*Late start date*) (*LS*). Dans la méthode du chemin critique, c'est la date la plus tardive à laquelle une activité peut commencer sans retarder un jalon donné (généralement, la fin du projet).

Date de début au plus tôt (*Early start date*). Dans la méthode du chemin critique, date à laquelle les parties inachevées d'une activité (ou du projet) peuvent commencer le plus tôt possible, compte tenu de la logique du réseau et des contraintes de délai. Les dates de début au plus tôt peuvent évoluer avec l'avancement du projet et les modifications survenues en cours d'exécution.

Date de début de référence (*Baseline start date*).

Date de début planifiée (*Planned start date*) (*PS*). *Voir* Élaboration de l'échéancier.

Date de début programmée (*Scheduled start date*) (*SS*). Date à laquelle le début d'une activité a été programmé. Cette date se situe normalement dans l'intervalle défini par les dates de début au plus tôt et de début au plus tard.

Date de début réelle (*Actual start date*) (*AS*). Moment où une activité débute effectivement.

Date de fin (*Finish date*). Date à laquelle une activité est achevée complètement. Souvent associée à l'un des qualificatifs : effective, programmée, estimée, projetée, au plus tôt, au plus tard, de référence, objective ou prévue à ce jour.

Date de fin au plus tard (*Late finish date*) (*LF*). Dans la méthode du chemin critique, c'est la date la plus tardive à laquelle une activité peut se terminer sans retarder un jalon donné (généralement la fin du projet).

Date de fin au plus tôt (*Early finish date*). Dans la méthode du chemin critique, date à laquelle les parties inachevées d'une activité (ou du projet) peuvent être achevées le plus tôt possible, compte tenu de la logique du réseau et des contraintes de délai. Les dates de fin au plus tôt peuvent évoluer avec l'avancement du projet et les modifications survenues en cours d'exécution.

Date de fin de référence (*Baseline finish date*).

Date de fin planifiée (*Planned finish date*) (*PF*). *Voir* Élaboration de l'échéancier.

Date de fin planifiée (*Scheduled finish date*) (*SF*). Date à laquelle la fin d'une activité a été programmée. Cette date se situe normalement dans l'intervalle défini par les dates de fin au plus tôt et de fin au plus tard.

Date de fin prévue (*Current finish date*). Date d'achèvement d'une activité, retenue à ce jour comme la plus probable.

Date de fin réelle (*Actual finish date*) (*AF*). Moment où une activité est effectivement terminée. (N.B. : Dans quelques cas pratiques, il peut arriver que l'activité soit considérée comme « terminée » lorsque le travail est « substanciellement avancé ».)

Date de mise à jour (*Data date*). Date qui marque la césure entre les valeurs effectives (historiques) des informations et les valeurs prévisionnelles (estimées). Appelée également « as-of-date ».

Date-objectif ou **Date-cible de fin de projet** (*Target completion date*) (*TC*). Contrainte de délai, qui s'impose dans l'analyse du réseau et peut la modifier.

Décalage négatif (*Lag*). Modification d'une relation d'ordre qui implique un décalage du début de l'activité aval. Par exemple, dans une liaison Fin-Début avec un délai de 10 jours, l'activité aval ne peut commencer que 10 jours après la fin de l'activité amont. *Voir aussi* Retard, Avance.

Décalage positif (*Lead*). Modification d'une relation d'ordre, qui implique une accélération de l'activité aval. Par exemple, dans une liaison Fin-Début avec une avance de dix jours, l'activité aval peut débuter dix jours avant la fin de l'activité amont. *Voir aussi* Délai. (Également : Décalage positif.)

« **Décision à chaud** » (*Workaround*). Réponse à une menace. Se distingue du traitement des aléas en ce sens qu'il n'est pas préparé avant l'occurence de l'événement.

Définition du contenu (*Scope definition*). Décomposition des principaux livrables en éléments plus simples et plus faciles à contrôler.

Demande de prix (*Request for quotation*) (*RFQ*). Généralement, ce terme est équivalent à appel d'offres. Cependant, dans quelques domaines d'application, il peut avoir une signification plus restreinte ou plus spécifique.

Démarrage (*Initiation*). Affectation de l'organisation voulue pour débuter une phase d'un projet.

Descripteur d'activité (*Activity description*). Phrase brève, ou label utilisé dans le graphe d'un réseau. La désignation se rapporte généralement à l'objet de l'activité.

Développement de l'équipe (*Team development*). Développement de l'expérience des personnes et de l'équipe de projet, afin d'améliorer ses performances.

Développement du plan alternatif (*Contingency planning*). Élaboration d'un plan de gestion identifiant les stratégies alternatives, à utiliser pour assurer le succès du projet, même si un événement défavorable survient.

Diagramme à barres (*Bar chart*). Présentation graphique des informations relatives à l'ordonnancement des activités d'un projet. Dans un diagramme à barres typiques, les activités, ou d'autres éléments du projet, sont listées sur la partie gauche du diagramme, l'échelle des dates étant figurée horizontalement, et les activités sont représentées par des barres horizontales, positionnées selon le calendrier. On dit aussi Diagramme de Gantt.

Diagramme calendaire lié (*Time-scaled network diagram*). Tout graphe de réseau tracé de façon telle que la position et la longueur des activités soient représentatifs de leur durée. Essentiellement, il s'agit de diagrammes à barres liés figurant la logique du réseau.

Diagramme de Gantt (*Gantt chart*). *Voir* Diagramme à barres.

Diagramme de Pareto (*Pareto diagram*). Histogramme, classé par fréquence d'occurence, figurant le nombre de résultats produits par différentes causes identifiées.

Diagramme PERT (*PERT chart*). Type particulier de logigramme.

Diffusion de l'information (*Information distribution*). Répartition en temps voulu des informations nécessaires aux parties prenantes d'un projet.

Durée (*Duration*) (*DU*). Nombre d'unités de temps de travail (excluant les congés et périodes non ouvrées) nécessaires pour exécuter une activité ou un autre élément du projet. Généralement exprimée en jours ouvrés ou semaines ouvrées. Quelquefois incorrectement confondue avec le temps passé à cette exécution.

Durée restante (*Remaining duration*) (*RDU*). Durée nécessaire pour achever une activité.

Écart de coût (*Cost variance*) (*CV*). a) Toute différence entre le coût estimé d'une activité et son coût réel. b) En valeur acquise, la différence (BCWP – ACWP) ou (CBTE – CRTE.)

Écart de délai (*Schedule variance*) (*SV*). a) Toute différence entre la date d'achèvement programmée d'une activité et sa date réelle d'achèvement. b) Dans le sens de la valeur acquise, la différence (BCWP – BCWS) ou (CBTE – CBTP.)

Échéancier (*Milestone schedule*). *Voir* Jalonnement. (Également : Échéancier directeur, Planning général.)

Échéancier (*Schedule*). Document qui indique les dates calendaires d'exécution.

Échéancier de référence (*Target schedule*). (Également : Planning-objectif.)

Échéancier des jalons (*Milestone schedule*). Calendrier sur lequel sont identifiés les jalons les plus importants. *Voir aussi* Planning d'ensemble.

Échéancier du projet (*Project schedule*). Ensemble des dates prévues pour exécuter les activités et atteindre les jalons. (Également : Planning.)

Élaboration de l'échéancier (*Schedule development*). Analyse de la succession des activités, de leur durée et des besoins en moyens de réalisation, en vue d'établir le planning du projet.

Élaboration des mesures de mitigation (*Risk response development*). Élaboration des mesures à prendre pour profiter des opportunités ou faire face aux menaces.

Élaboration du plan de projet (*Project plan developement*). Collecte de tous les résultats des réflexions sur le programme de réalisation, pour en faire un document global cohérent.

Énoncé des travaux (*Statement of work*) (*SOW*). Description des produits et services à fournir suivant le contrat. *Voir aussi* Contenu.

Entreprise pilote (*Performing organization*). Entreprise dont le personnel est directement impliqué dans le travail d'exécution du projet.

Équipe de projet (*Project management team*). Personnels qui sont directement employés aux activités de management de projet. Sur les projets les plus petits, l'équipe de gestion de projet peut éventuellement comprendre toute l'équipe de projet.

Estimation (*Estimate*). Hypothèse faite sur un résultat quantitatif, généralement appliquée aux coûts et délais, et qui doit toujours comporter une indication sur la précision (par exemple +/– x %). Généralement employée avec un qualificatif (par exemple : préliminaire, conceptuelle, de faisabilité). Dans quelques cas, le qualificatif utilisé implique une zone de précision définie (en ingénierie et en construction : ordre de grandeur, budgétaire, définitive.)

Estimation budgétaire (*Budget estimate*). *Voir* Estimation.

Estimation d'ordre de grandeur (*Order of estimate magnitude*). *Voir* Estimation.

Estimation des coûts (*Cost estimating*). Estimation du coût des moyens nécessaires pour exécuter les tâches d'un projet.

Estimation des durées (*Activity duration estimating*). Estimation du nombre d'unités de temps de travail nécessaires pour effectuer chaque activité.

Estimation détaillée (*Definitive estimate*). *Voir* Estimation.

Estimation du coût acceptable (*Should-cost estimate*). Estimation du coût d'un produit ou d'un service utilisé pour s'assurer que le coût proposé par un fournisseur éventuel est raisonnable.

Estimation du coût global du cycle de vie (*Life-cycle costing*). Estimation incluant les coûts d'acquisition, d'utilisation et d'extinction en évaluant les variantes possibles.

Événement sur nœuds (*Event on node*). Technique de représentation des réseaux dans laquelle les étapes sont représentées par des cercles (ou nœuds) reliés par des flèches, qui indiquent l'ordre dans lequel les étapes se succèdent. Utilisée dans le PERT (Technique d'évaluation et de suivi des programmes) original.

Exécution accélérée par chevauchement (*Fast tracking*). Réduction de la durée d'un projet par recouvrement partiel d'activités normalement effectuées en séquence, telles qu'études et construction. Quelquefois confondue avec ingénierie simultanée.

Fiche de contrôle (*Control chart*). Présentation graphique des résultats d'un projet, en les comparant à des délais et limites de contrôle définis. Elle fait apparaître si le déroulement est « sous contrôle » ou nécessite un ajustement.

Flèche (*Arrow*). Représentation graphique d'une activité. *Voir* aussi Méthode du diagramme fléché.

Gestion des contrats (*Contract administration*). Gestion des relations avec les fournisseurs.

Gestion des modifications (*Overall change control*). Coordination des modifications des changements, pour l'ensemble du projet.

Graphe de projet (*Project network diagram, Logic diagram*). Graphe figurant les relations d'ordre entre les activités d'un projet, toujours orienté de la gauche vers la droite, pour refléter la chronologie du projet. Souvent appelé, incorrectement, diagramme PERT.

Graphe du projet (*Logic diagram*).

Grille d'affectation des responsabilités (*Accountability matrix*). *Voir* Grille des responsabilités.

Grille des responsabilités (*Responsability chart*). *Voir* Matrice d'affectation des responsabilités.

Identification des activités (*Activity definition*). Identification des activités spécifiques qui doivent être effectuées en vue de la production des divers livrables du projet.

Identification des risques (*Risk identification*). Identification des menaces qui pèsent sur le projet.

Indice de performance-coûts (*Cost performance index*) (*CPI*). Rapport du coût budgeté au coût réel (BCWP/ACWP) ou (CBTE/CRTE). On utilise souvent le CPI pour prévoir l'amplitude d'un dépassement de coût éventuel, en utilisant la formule suivante : estimation initiale/CPI = Coût prévisionnel à l'achèvement. *Voir aussi* : Valeur acquise.

Indice de performance-délais (*Schedule performance index*) (*SPI*). Rapport du travail réalisé au travail prévu (BCWP/BCWS). *Voir* Valeur acquise.

Ingeniérie simultanée (*Concurrent engineering*). Approche de l'organisation de projet qui, d'une façon générale, implique la participation des utilisateurs dans la phase de conception des études. Quelquefois confondue avec l'exécution accélérée par chevauchement (*Fast tracking*).

Invitation à soumissionner (*Solicitation*). Obtention des devis, cotation, offres ou propositions nécessaires. *Voir* Appel d'offres.

Jalon (*Milestone*). Événement significatif dans le cours d'un projet, généralement l'achèvement d'un livrable important.

Liaison (logique) (*Dependancy*).

Liaison (logique) (*Link*).

Liaison Début-Début (*Start to start*). *Voir* Liaison logique.

Liaison Début-Fin (*Start to finish*). *Voir* Liaison logique.

Liaison Fin-Début (*Finish to start*). *Voir* Liaison logique.

Liaison Fin-Fin (*Finish to finish*). *Voir* Liaison logique.

Liaison logique (*Logical relationship*). Relation de dépendance entre deux activités de projet, ou entre une activité et un jalon. *Voir aussi* Antécédent. Les quatre types possibles de relations d'ordre sont : a) Fin-Début : l'activité amont doit être terminée avant que l'activité aval ne puisse commencer ; b) Fin-Fin : l'activité amont doit être terminée avant l'activité aval ; c) Début-Début : l'activité amont doit commencer avant l'activité aval ; d) Début-Fin : l'activité amont doit commencer avant la fin de l'activité aval. (Également : Liaison).

Liste des postes budgétaires (*Chart of accounts*). Système d'identification utilisé pour contrôler les coûts de projet par catégories (à savoir : heures, fournitures, matériaux). La liste des postes budgétaires d'un projet suit habituellement le code des coûts en usage dans l'entreprise pilote du projet. *Voir aussi* Code des postes de coûts.

Livrable (*Deliverable*). Tout résultat, document, produit ou objet, mesurable, tangible ou vérifiable, qui résulte de l'achèvement d'un projet ou d'une partie de projet. Souvent employé dans un sens plus restreint pour désigner un *livrable externe*, qui est une donnée de sortie soumise à l'approbation d'un répondant ou d'un client.

Logiciel de gestion de projet (*Project management software*). Application informatique spécialement conçue pour aider la prévision et le suivi des coûts et délais.

Logique (*Logic*). *Voir* Graphe de projet.

Logique du réseau (*Network logic*). Ensemble des relations d'ordre qui conduisent au graphe de projet (diagramme figurant le réseau du projet).

Lot de travail (*Work package*). Livrable, au niveau inférieur du WBS (SDP). Un lot de travail peut être divisé en tâches.

Maîtrise (*Control*). Processus comportant la comparaison des résultats réels avec ceux attendus, l'analyse des écarts, l'évaluation d'alternatives possibles, et l'adoption de actions correctives appropriées, si nécessaire.

Maîtrise de l'échéancier (*Schedule control*). Maîtrise des modifications de l'ordonnancement des activités. (Également : Maîtrise des délais.)

Maîtrise de la qualité (*Quality control*) (*QC*). a) Processus de maîtrise des résultats spécifiques du projet, pour vérifier s'ils sont conformes aux standards de qualité définis, et définir les moyens pour éliminer les causes de performances insuffisantes. b) Service chargé de la maîtrise de la qualité.

Maîtrise des coûts (*Cost control*). Maîtrise des variations du budget d'un projet.

Maîtrise des mesures de mitigation (*Risk response control*). Adaptation de la prise en compte des risques en fonction des évolutions dans le cours du projet.

Maîtrise des modifications du contenu (du projet) (*Scope change control*). Suivi et maîtrise des évaluations du contenu.

Management de l'intégrité du projet (*Project integration management*). Sous-ensemble du management de projet, qui recouvre les processus nécessaires pour la coordination correcte des divers éléments du projet. Il comporte l'élaboration du plan de projet, la mise en œuvre du plan de projet et la gestion des modifications.

Management de la qualité du projet (*Project quality management*). Sous-ensemble du management de projet, qui recouvre les processus nécessaires pour s'assurer que le projet répondra aux besoins pour lesquels il a été entrepris. Il comporte la planification de la qualité, l'assurance de la qualité et la maîtrise de la qualité.

Management de la qualité totale (*Total quality management*) (*TQM*). Approche pour introduire dans une organisation un programme d'amélioration de la qualité.

Management de projet (*Project management*). Application des connaissances, de l'expérience, des outils et méthodes nécessaires pour que le résultat du projet atteigne ou dépasse les besoins et les attentes des parties prenantes.

Management de projet moderne (*Modern project management*) (*MPM*). Expression utilisée pour souligner les préoccupations élargies du management de projet actuel (configuration, coût, délai, qualité, risque, etc.) par rapport à la gestion traditionnelle centrée sur le coût et le délai.

Management des approvisionnements du projet (*Project procurement management*). Sous-ensemble du management de projet, qui recouvre les processus nécessaires pour acquérir des produits et des services auprès d'organismes extérieurs à l'entreprise en charge du projet. Il comporte le programme des approvisionnements, la planification de l'invitation à soumissionner, les invitations à soumissionner, le choix des fournisseurs, l'administration des contrats et la clôture des contrats.

Management des communications du projet (*Project communication management*). Sous-ensemble du management de projet qui recouvre les processus nécessaires à la collecte, et à la diffusion des informations concernant le projet. Il comprend : la planification des communications, la diffusion de l'information, les rapports d'avancement, la clôture administrative.

Management des coûts du projet (*Project cost management*). Sous-ensemble du management de projet, qui recouvre les processus nécessaires à l'exécution du projet dans les limites budgétaires fixées. Il comporte la planification des ressources, l'estimation des coûts, la budgétisation et la maîtrise des coûts.

Management des délais du projet (*Project time management*). Sous-ensemble du management de projet qui recouvre les processus nécessaires pour assurer la réalisation du projet en temps voulu. Il comporte l'identification des activités, l'estimation des durées des activités, et la maîtrise de l'échéancier.

Management des ressources humaines du projet (*Project human resource management*). Sous-ensemble du management de projet, qui recouvre les processus nécessaires au meilleur emploi possible des personnels impliqués dans le projet. Il comporte la planification de l'organisation, l'obtention des ressources humaines, le développement de l'équipe.

Management des risques du projet (*Project risk management*). Sous-ensemble du management de projet, qui recouvre les processus nécessaires pour identifier, analyser et faire face aux risques d'un projet. Il comporte l'identification des risques, la quantification des risques, l'élaboration des mesures de mitigation et la maîtrise des mesures de mitigation.

Management du contenu du projet (*Project scope management*). Sous-ensemble du management de projet, qui recouvre les processus nécessaires pour s'assurer que le projet prévoit toutes les activités nécessaires et seulement elles, pour réaliser le projet avec succès. Il comporte le démarrage du projet, la planification du contenu, la définition du contenu, la vérification du contenu et la maîtrise des modifications du contenu.

Marge (*Float*). Durée dont une activité peut être retardée, au-delà de sa date de début au plus tôt, sans retarder la date d'achèvement du projet. La marge est le résultat d'un calcul arithmétique, et peut varier au cours de l'avancement du projet, si des modifications au programme du projet sont intervenues. (Également appelée flottement, marge totale ou marge du chemin (critique).)

Marge (*Free float*). Durée dont une activité peut être retardée sans retarder la date de début au plus tôt des activités immédiatement consécutives.

Marge (*Slack*). Terme utilisé dans la méthode PERT.

Marge d'un chemin (*Path float*). *Voir* Marge.

Marge totale (*Total float*). *Voir* Marge.

Matrice ou **Grille d'affectation des responsabilités** (*Responsability assignment matrix*) (*RAM*). Tableau faisant apparaître le croisement de la structure de découpage du projet avec la structure organisationnelle du projet, en vue de vérifier que toutes les activités du projet sont affectées à un responsable.

Membres de l'équipe (*Team members*). *Voir* Membres de l'équipe de projet.

Membres de l'équipe de projet (*Project team members*). Personnes qui en réfèrent directement ou indirectement au chef de projet.

Méthode d'estimation paramétrique (*Parametric estimation*). Technique d'estimation qui utilise des relations statistiques entre les données historiques et les autres paramètres (tels que cubage en génie civil, ou lignes de code en génie logiciel) pour estimer les coûts.

Méthode de Monte-Carlo (*Monte Carlo analysis*). Technique d'évaluation du projet, en vue de calculer une distribution des résultats possibles.

Méthode des antécédents (*Precedence diagramming method*) (*PDM*). Technique de construction des réseaux, où les activités sont figurées dans des rectangles (ou nœuds). Les activités sont reliées par des relations d'antériorité, pour montrer dans quel ordre elles doivent être exécutées.

Méthode du chemin critique (*Critical path method*). Technique d'analyse de réseau utilisée pour prévoir la durée d'un projet, par l'analyse des séquences d'activités (chemin) dont l'ordonnancement présente la moindre flexibilité (marge la plus faible). Les dates au plus tôt sont calculées par un calcul progressif, à partir de la date de début de projet spécifiée, et les dates au plus tard par un calcul à rebours, à partir de la date spécifiée pour l'achèvement (généralement, la date au plus tôt, obtenue par le calcul progressif).

Méthode du diagramme fléché (*Arrow diagramming method*) (*ADM*). Méthode de construction graphique d'un réseau, dans lequel les activités sont représentées par des flèches. La queue de la flèche représente le début de l'activité, et la pointe, sa fin (la longueur de la flèche ne représente pas la durée attendue de l'activité). Les activités sont reliées à des points appelés nœuds (représentés généralement par de petits cercles), pour figurer l'ordre dans lequel les activités doivent se succéder. *Voir aussi* Méthode des antécédents.

Méthode potentiel-tâches (*Activity on node*). *Voir* Méthode des antécédents.

Mise en œuvre du plan de management de projet (*Project plan execution*). Mise en œuvre du plan de management, par l'accomplissement des activités qui y sont incluses.

Mitigation (*Mitigation*). Adoption de mesures pour diminuer les risques, en diminuant la probabilité d'occurence des événements défavorables ou en réduisant leurs conséquences s'ils surviennent.

Modification du contenu (*Scope change, Change in scope*). Toute modification du contenu du projet. Une modification du contenu entraîne presque toujours un réajustement du coût et du délai.

Niveau d'exigence (*Grade*). Catégorisation ou typologie utilisée pour regrouper des objets ayant le même usage fonctionnel (par exemple « marteau »), mais qui ne partagent pas les mêmes exigences de qualité (par exemple, on peut différencier différents marteaux par leur solidité). (Également : Classe de qualité).

Niveau de charge (*Level of effort*) (*LOE*). Activité d'appui (par exemple, liaison avec vendeur ou acheteur) qui ne peut pas être mesurée par des critères quantitatifs. Elle est en général caractérisée par un taux d'activité uniforme pendant un certain laps de temps.

Nivellement (des ressources) (*Resource leveling*). Toute forme d'analyse de réseau dans laquelle les décisions d'ordonnancement (dates de début et de fin) sont prises en fonction des impératifs de moyens (c'est-à-dire, disponibilité limitée des ressources ou maîtrise insuffisante).

Nœud (*Node*). Point défini d'un réseau ; point où se rejoignent deux ou plusieurs liaisons. *Voir aussi* Méthode du diagramme fléché et Méthode des antécédents.

Note de mission (*Project charter*).

Obtention des ressources humaines (*Staff acquisition*). Réunion des ressources humaines qu'il faut affecter et employer pour le projet.

Ordonnancement (*Schedule analysis*). *Voir* Analyse du réseau.

Organigramme fonctionnel (OF) (*Organizational breakdown structure*) (*OBS*). Description de l'organisation d'un projet qui permet d'affecter les lots de travaux aux services qui les réalisent.

Organisation croisée. *Voir* Organisation matricielle.

Organisation fonctionnelle (*Functional organization*). On dit souvent structure hiérarchique. Type de structure dans laquelle les personnels sont regroupés hiérarchiquement par spécialité (par exemple, production, marketing, ingénierie, comptabilité, au premier niveau, l'ingénierie étant elle-même divisée en mécanique, électricité, etc.).

Organisation matricielle (*Matrix organization*). Structure organisationnelle dans laquelle le chef de projet partage avec les responsables fonctionnels la responsabilité de définir les priorités et les tâches des personnels affectés à un projet.

Organisation par projet (*Projectized organization*). Structure organisationnelle dans laquelle le chef de projet a une pleine autorité pour définir les priorités et diriger le travail des personnels affectés au projet.

Partie prenante (*Stakeholder*). Personne ou organisme, impliqué(e) ou touché(e) par des activités de projet.

Phase (*Phase*). *Voir* Phase du projet.

Phase du projet (*Project phase*). Ensemble d'activités de projet, liées logiquement, aboutissant en général à la fourniture d'un livrable important.

Plan de projet (*Project plan*). Document formalisé et approuvé, utilisé pour guider l'exécution et la maîtrise du projet. Le plan de projet est d'abord employé pour confirmer par écrit les hypothèses et les décisions concernant le programme de réalisation, faciliter les communications entre les parties prenantes et confirmer le contenu, la configuration, le coût et le planning de référence. Un plan de management peut être détaillé ou résumé.

Planification à ressources limitées (*Resource-limited schedule*). Planning dont les dates de début et de fin d'activités tiennent compte de la disponibilité des ressources. L'ordonnancement final d'un projet doit toujours être à ressources limitées.

Planification de l'invitation à soumissionner (*Solicitation planning*). Établissement de la liste des besoins de produits à acquérir et identification des fournisseurs potentiels.

Planification de l'organisation (*Organizational planning*). Identification, documentation et affectation des rôles, des responsabilités et des relations de contrôle dans un projet.

Planification de la qualité (*Quality planning*). Détermination des standards de qualité applicables au projet, et de la manière de les atteindre.

Planifications des approvisionnements (*Procurement planning*). Détermination de ce qui doit être acquis par achat, et quand.

Planification des communications (*Communication planning*). Définition des besoins d'information et de communication avec les parties prenantes du projet.

Planification des ressources (*Resource planning*). Détermination des moyens (en personnel, en équipement, en matériaux) et des quantités nécessaires pour réaliser les activités du projet.

Planification du contenu (*Scope planning*). Établissement d'un document écrit qui précise la justification du projet, la liste de ses principaux livrables et les objectifs du projet.

Planification du projet (*Project planning*). Mise en forme et mise à jour du plan de projet.

Planning d'ensemble (*Master schedule*). Planning résumé qui fait apparaître les activités principales et les jalons clés. *Voir* Échéancier des jalons. (Également : Planning général.)

Planning-objectif (*Target schedule*). (Également : Échéancier de référence.)

PMP (Project management professionnal). Non traduit. Personne certifiée comme telle par le PMI.

Pourcentage d'avancement physique (*Percent complete*). Estimation, exprimée en %, de la quantité de travail réalisée, sur une activité ou un groupe d'activités.

Programme (*Program*). Ensemble de projets gérés de façon coordonnée. Les programmes comportent généralement le suivi des activités en cours.

Projet (*Project*). Entreprise temporaire décidée pour obtenir un produit ou un service unique.

Provision pour aléas (*Contingency reserve, Contingency allowance*). Montant mis en provision pour faire face à des situations ultérieures qui ne peuvent être décrites qu'incomplètement (parfois appelée « connus-inconnus »). Par exemple, des modifications sont certaines, mais leur montant ne l'est pas. Les provisions pour aléas peuvent concerner le coût, le délai ou les deux. Elles sont prévues pour réduire l'effet d'un écart sur les objectifs de coût ou de délai. Elles doivent être comprises dans le référentiel du projet pour les coûts et les délais.

Provision pour aléas (*Contingencies*).

Quantification des risques (*Risk quantification*). Évaluation de la probabilité de concrétisation des menaces et de leurs conséquences.

Rapport coût/délai intégrés (*Integrated cost/scheduled reporting*). *Voir* Valeur acquise.

Rapport d'avancement (*Performance reporting*). Collecte et diffusion des informations concernant les performances du projet, pour contribuer à son avancement.

Rapport par exception (*Exception report*). Document qui ne contient que les divergences majeures d'avec les prévisionss (plutôt que l'ensemble des différences).

Référence de base (*Baseline*). Cadre initial (d'un projet, d'un lot de travail ou d'une activité), plus ou moins les changements approuvés. Habituellement utilisé avec un qualificatif (par exemple, de données de coût, de délais, de contenu, de mesure des performances). (Également : Donnée de base ou Référence de base.)

Relation d'antériorité (*Precedence relationship*). Terme utilisé dans la méthode PDM pour les liaisons logiques (liaisons). Dans l'usage courant, ces termes sont largement employés, quelle que soit la méthode de représentation graphique.

Réserve (*Reserve*). Montant réservé dans le plan de projet pour faire face aux risques de coût ou de délai. Souvent utilisé avec un qualificatif (par exemple, provision globale, provision pour aléas) pour préciser quel genre de risques sont censés être couverts. La signification précise du qualificatif varie avec le domaine d'application.

Réserve pour imprévus (*Management reserve*). Montant mis en réserve pour faire face à des situations imprévisibles (appelées parfois « inconnus-inconnus »). Ce montant peut concerner des coûts ou des délais. Il est prévu pour réduire le risque de manquer les objectifs de coût ou de délai. L'utilisation de cette provision implique une modification du référentiel du projet.

Responsable fonctionnel (*Functional manager*). Responsable en charge des activités d'un département de l'entreprise ou d'une fonction (par exemple ingénierie, production, marketing). (Également : responsable hiérarchique.)

Responsable hiérarchique (*Line manager*). a) Responsable d'une entité qui fabrique un produit ou rend un service. b) Responsable fonctionnel.

Retard. *Voir* Écart de délai, Délai.

Retenue de garantie (*Retainage*). Partie du prix total d'un contrat, qui n'est pas réglée avant l'achèvement de celui-ci, pour assurer le respect total des termes du contrat.

Rupture d'activité (*Hanger*). Interruption involontaire dans un chemin d'un réseau. Les discontinuités sont dues généralement à des activités manquantes ou à des liaisons logiques manquantes.

Séquencement des activités (*Activity sequencing*). Détermination de l'ordre dans lequel les activités doivent se succéder.

Sous-réseau (*Fragnet, Subnet* ou *Subnetwork*). Une partie d'un graphe de projet représentant un sous-projet. (Également : Maille.)

Structure de découpage du projet (SDP) (*Work breakdown structure*) (*WBS*). Décomposition formalisée des éléments d'un projet, qui organise et définit l'ensemble des tâches de celui-ci. Chaque niveau (en descendant) constitue une définition plus détaillée des éléments du projet. Ceux-ci peuvent être des produits ou des services. (Également : Structure dédiée).

Structure hiérarchique. *Voir* Organisation fonctionnelle.

Structure matricielle. *Voir* Organisation matricielle.

Successeur (*Successor activity*). a) Dans la méthode du diagramme fléché, activité qui débute à partir d'un nœud. b) Dans la méthode des antécédents, activité à laquelle aboutit une relation d'ordre.

Surveillance (*Monitoring*). Recherche, analyse et rapport sur les performances du projet, en général, pour les comparer au programme initial. (Également : Suivi d'avancement.)

Tâche (*Hammock*). Regroupement ou activité résumée (un ensemble d'activités conjointes est figuré comme une activité unique, et suivi globalement). Une tâche peut avoir ou non un découpage interne.

Tâche (*Task*). *Voir* Activité.

Tâche (*Work item*). *Voir* Activité.

Technique d'évaluation et de suivi des projets ou **PERT** (*Program evaluation and review technique*) (*PERT*). Technique d'analyse des réseaux orientée « étapes », utilisée pour estimer la durée des projets lorsque l'on a une grande incertitude sur la durée des activités élémentaires. Le PERT applique la méthode du chemin critique à des durées moyennes pondérées.

Technique d'évaluation et de suivi graphique (*Graphical evaluation and review technique*) (*GERT*). Technique d'analyse des réseaux qui permet un traitement aléatoire et probabiliste des liaisons logiques (c'est-à-dire que certaines activités peuvent ou non se réaliser).

Unité calendaire (*Calendar unit*). La plus petite unité de temps utilisée dans l'ordonnancement d'un projet. Les unités calendaires sont généralement des heures, des jours ou des semaines, mais peuvent aussi être des postes ou même des minutes. Cela concerne principalement les logiciels de management de projet.

Valeur acquise (*Earned value*) (*EV*). a) Méthode pour mesurer les performances d'un projet. On compare la quantité de travail, qui avait été prévue pour réaliser une activité (ou un projet) avec celle réellement dépensée, pour voir si le coût et le délai sont ceux attendus. *Voir aussi* a) Coût réel du travail effectué, Coût budgeté du travail prévu, Coût budgeté du travail effectué, Écart de coût, Indice de performance-coût, Écart de délai. b) Coût budgeté du travail effectué, pour une activité, ou un groupe d'activité.

Valeur monétaire attendue (*Expected monetary value*). Conséquence de la probabilité d'un événement et profit ou perte qui en résulte. Par exemple, s'il y a une probabilité de pluie de 50 % et s'il y a une perte de 100 $ en cas de pluie, la valeur monétaire attendue sera de 50 $ (0,5 × 100 $).

Vérification du contenu (*Scope verification*). Vérification de l'achèvement satisfaisant de tous les livrables identifiés du projet.

L O U I S - J E A N
avenue d'Embrun, 05003 GAP cedex
Tél. : 04.92.53.17.00
Dépôt légal : 814 — Septembre 1998
Imprimé en France